Klaus R. Allerbeck · Leopold Rosenmayr

Einführung in die Jugendsoziologie

Theorien, Methoden und empirische Materialien

Quelle & Meyer · Heidelberg

CIP-Kurztitelaufnahme der Deutschen Bibliothek

Allerbeck, Klaus R.
Einführung in die Jugendsoziologie : Theorie, Methoden, empir. Materialien / Klaus R. Allerbeck ; Leopold Rosenmayr. – 1. Aufl. – Heidelberg : Quelle und Meyer, 1976.
ISBN 3-494-00806-X

NE: Rosenmayr, Leopold :

 Printed in Germany. Satz und Druck: Druckhaus Darmstadt GmbH, Darmstadt.

ISBN 3-494-00806-X

Vorwort

Die Notwendigkeit der Neuorientierung der Jugendsoziologie ist seit einigen Jahren unbestritten. Wir selbst hatten diese Neuorientierung gefordert, als wir 1971 einen Sammelband internationaler Arbeiten* vorlegten, welcher die Vielfalt der Ansätze hierzu zeigte. Diese Einführung soll zur Einlösung unserer Forderung beitragen. So begnügt sie sich nicht mit der Gegenüberstellung unterschiedlicher Theorien, sondern sie unternimmt es auch, die Ergebnisse einer kritischen Durchsicht des umfangreichen Materials darzustellen, welches von der empirischen Jugendforschung mehrerer Jahrzehnte geliefert wurde. Wo an zentralen Stellen solche Ergebnisse ergänzungsbedürftig waren oder der Aktualisierung bedurften, haben wir neue Analysen (teils zur Sekundäranalyse freigegebener Daten anderer Forscher, teils eigener Daten aus laufenden Untersuchungen) durchgeführt. Die Resultate dieser Analysen sind hier erstmals veröffentlicht. So verstehen wir diese Einführung zugleich auch als eine Weiterführung der Jugendsoziologie.

Den Leser, der hier erstmals der Jugendsoziologie begegnet, soll diese Einführung zur umfassenderen und selbständigeren Weiterarbeit befähigen. Den inhaltlichen Darlegungen ist deshalb ein systematischer begrifflicher und methodischer Teil vorangestellt. Wir haben dabei versucht, einen Einblick in den Prozeß der *Forschung* und in die spezifischen Schwierigkeiten der *Jugend*forschung zu geben, weil jeder, der an wissenschaftlicher Information ernsthaft interessiert ist, Kenntnisse über die Herkunft dieser Information braucht. Dies gilt um so mehr für den, der – z. B. als Pädagoge oder Sozialarbeiter – mit Ergebnissen der Jugendsoziologie in der beruflichen Praxis befaßt ist.

Dabei wollten wir auf die möglichst knappe und übersichtliche Abbildung einer eigenen Position nicht verzichten, um so zu Problemerklärungen gelangen zu können, wo dies möglich schien, und – wo erforderlich – Problematisierungen vorzunehmen. Denn die Konfrontation mit einer Position erzeugt, wenn dabei nichts suggeriert wird, auch am ehesten das, was nach *Michel de Montaigne* oberstes Ziel der Erziehung ist: *eigene Urteilsfähigkeit.*

Der Grundriß, den wir als Einleitung vorlegen, verlangt klare Grenzziehungen. Nicht alles, was zuweilen unter dem Etikett Jugendsoziolgie betrieben wird, ist hier abgehandelt. Wir waren bemüht, der Versuchung zu ideologischer Auseinandersetzung zu widerstehen, in die das Thema »Jugend« leichter führt als andere sozialwissenschaftlich bedeutsame Themen, welche nicht so unmittelbar an das Selbst und die immer pro-

* Aufstand der Jugend? Neue Aspekte der Jugendsoziologie. München 1971.

blemreiche, meist auch schmerzhafte *Erfahrung* einer eigenen Lebensphase appellieren. Der Begriff »Jugend« wirft stets auch Fragen gesellschaftlicher Vorausschau, einer ersehnten oder befürchteten Zukunft und damit auch des Sinns des eigenen Wirkens in der Gegenwart mit auf. Hinzu kommt noch, daß man im letzten Jahrfünft, besonders in Deutschland, gleichsam als Folge der Bildungsrevolten und mit einem darin teils geschärften, teils vernebelten Bewußtsein, ideologische und daraus entspringende wissenschaftstheoretische Diskussionen im Medium der Jugendsoziologie, vielleicht sogar auf dem Buckel dieser, geführt hat.

Doch nicht alle Verzichte, die uns unser Grundriß und die Umfangsbeschränkung auferlegten, fielen uns leicht. Wir haben schließlich auf ein langes Kapitel zur Geschichte der Jugendsoziologie verzichtet. Was wir historisch über den Jugendbegriff sagen, soll eher die Betrachtungsweise und ihr Deutungspotential für die Gegenwart exemplifizieren. Beides ist ausführlicher an anderer Stelle dargestellt*; dort wird auch auf die wissenschaftstheoretische Diskussion eingegangen.

Während wir z. B. über Probleme der Jugendorganisationen, wie sie sich heute stellen, in dieser Arbeit berichten, haben wir einen Überblick über neue Methoden und Themen der Sozialarbeit für Jugendliche und junge Erwachsene hier gerade deswegen nicht gegeben, weil wir das Thema für zu wichtig halten, um es en passant zu behandeln. Uns scheint die Fragestellung der gesellschaftlichen Infrastrukturen für Dienstleistungen der Beratung, Animation, Hilfe bei der Selbstklärung, Stützung, Rehabilitation usw. als so bedeutsam, daß wir von dorther neue theoretische Entwürfe für individuelle und soziale Prozesse der Selbstfindung im Lebensablauf ableiten würden. Dabei wären die Probleme der Berufsfindung, der Bewährung im Beruf, der Strukturerneuerung von Freizeit, Chancen der Weiterbildung mit Hilfe der verschiedenen Medien etc. auch zur Sprache gekommen: alles dies hätte jedoch unweigerlich einen zweiten Band ergeben . . .

Auch in der Sprachform waren wir bemüht, das Versprechen einer Einführung einzulösen. Der Soziologie wird von ihren Gegnern, an denen es ja nicht mangelt, oft vorgeworfen, sie hätte nichts als eine sprachliche Verfremdung der Wirklichkeit, und eine unverständliche zudem, zu bieten. Daß wir als Soziologen diesen Vorwurf für falsch halten, wird niemand überraschen. Wir hoffen, daß es uns gelungen ist, den Erkenntnisgewinn, den soziologische Jugendforschung ermöglicht, hier sichtbar zu machen.

Dem Ziel einer *Einführung* entsprechend haben wir es unternommen, die wichtigsten Dimensionen der Probleme herauszuarbeiten und für sie

* L. Rosenmayr, Jugend, in R. König (Hrsg.), Handbuch der empirischen Sozialforschung, Bd. 6, Stuttgart[3] 1976.

wichtige Forschungsergebnisse *exemplarisch* darzustellen. Wir wollten und konnten in diesem Rahmen nicht sämtliche Ergebnisse der internationalen Jugendforschung und alle Beiträge der Fachliteratur referieren. Die erforderliche Auswahl setzte allerdings eine Bestandsaufnahme voraus; diese notwendigen Vorarbeiten wurden durch die Unterstützung des österreichischen Bundesministeriums für Wissenschaft und Forschung erleichtert.

Wir haben beide mit Methoden der empirischen Sozialforschung Jugenduntersuchungen durchgeführt, so daß wir mit fast allen Problemen der Methodologie, die wir hier behandeln, aus eigener Praxis vertraut sind und die Diskrepanz zwischen Theorieanspruch und Forschungsvorgang selber oft genug empfunden haben. Das gibt manchen Abschnitten vielleicht eine gewisse Nüchternheit. Wir wollen die Hoffnungen auf künftige Qualitätsverbesserung nicht zu Illusionen über die Gegenwart degenerieren lassen.

Ein wesentlicher Teil der Forschungsergebnisse, die hier erstmals veröffentlicht werden, beruht auf einer umfangreichen Erhebung, die durch eine Sachbeihilfe der Deutschen Forschungsgemeinschaft ermöglicht wurde; die Unterstützung der DFG sei hier dankbar vermerkt.

Auch Jugendsoziologen benutzen freilich als Mittel der Erkenntnis nicht nur das Instrumentarium empirischer Sozialforschung, einschließlich Statistik und computerunterstützter Datenanalyse. Auch sie sind nicht gegen die Art von Primärerfahrungen immun, welche all denen als Wissensschatz dient, die sich für Jugend-»Experten« halten, weil sie »schließlich auch einmal jung« waren (ein Expertentum, dem die jeweils gegenwärtige Jugend oft skeptisch gegenübersteht). Allerdings gibt es Möglichkeiten, sich vor der Verabsolutierung nur eines Erfahrungshintergrunds zu schützen. Durch das Lebensalter um fast zwei Jahrzehnte getrennt (Allerbeck geb. 1944, Rosenmayr geb. 1925), verfügen wir über die Primärerfahrungen der Mitglieder verschiedener Jugendgenerationen. Der Alters- und Generationsunterschied, der unsere mehrjährige Zusammenarbeit gefördert hat, hat uns, wie wir hoffen, die erforderliche Relativierung eigener Erfahrung erleichtert. Wenn wir ein Resultat dieser Zusammenarbeit jetzt dem kritischen Leser überantworten, wünschen wir uns, daß er nicht nur seine eigene, spezifische Jugenderfahrung zum alleinigen Maßstab der Kritik macht, welcher Jugendgeneration er auch angehört.

Cambridge und Grünsting, im März 1976

Klaus R. Allerbeck Leopold Rosenmayr

Inhalt

1. Einleitung

Jugendsoziologie als wissenschaftliche Teildisziplin sieht sich besonderen Schwierigkeiten ausgesetzt. Auf ihren Objektbereich kann sie kein Monopol reklamieren. Ihre eigene Abgrenzung ist unscharf. Die bisherigen Arbeiten auf dem Gebiet wissenschaftlicher Jugendforschung sind alles andere als kumulativ. Diese Schwierigkeiten zu benennen, ist keine Captatio benevolentiae der eine systematische Einführung in die Soziologie der Jugend versuchenden Autoren. Vielmehr ist es erforderlich, derartige Schwierigkeiten und besondere Probleme der Jugendsoziologie zu identifizieren und zu analysieren, um Jugendsoziologie in systematischer Weise darzustellen und damit zugleich als wissenschaftliche Teildisziplin zu rekonstituieren.

Soziologen sind es gewohnt, daß ihr Objektbereich ihr Monopol nicht ist. Die Erklärungen sozialer Phänomene, welche die Soziologie anbietet, haben Konkurrenz: Alltagserfahrungen, »gesunder Menschenverstand«, politische Ideologien, Sozialphilosophie und Morallehren bieten »Erklärungen« und »Verständnis« derselben Phänomene. Anders als für die Objektbereiche anderer Wissenschaften gilt nicht von vornherein als ausgemacht, daß die wissenschaftlichen Erklärungen, welche von der Soziologie geboten werden, anderen Erklärungsversuchen überlegen sind. Dies hat gewiß auch damit zu tun, daß auch Ideologien, Morallehren und Sozialphilosophie durch eigene Sprachsysteme ein hinreichendes Maß an Verfremdung der Alltagserfahrung anbieten, um den Schein der Wissenschaftlichkeit aufzuweisen. Unter den speziellen Soziologien gilt dies Problem für die Jugendsoziologie in besonderer Weise. Ihre Konkurrenz ist noch größer. Entwicklungspsychologen und Pädagogen beanspruchen ihren Objektbereich oft ebenfalls mit Ausschließlichkeit. Entwicklungspsychologen sehen Jugend oft als ein für alle Individuen in gleicher Weise zu absolvierendes Stadium im Laufe einer natürlichen Entwicklung. Pädagogen betrachten Jugend oft überwiegend unter normativen Aspekten als Erziehungsobjekt. Die Wertgeladenheit des Themas Jugend ist noch stärker, als dies gemeinhin bei Themen der Soziologie der Fall ist. Wenn es so ist, daß, wer die Jugend hat, auch die Zukunft bestimmt, oder wenn dies nur geglaubt wird, ist die Beschlagnahme des Themas für politische Bewegungen und innerweltliche Erlösungsbewegungen nur zu verständlich. Wertvorstellungen und Normen werden dann wesentlich wichtiger als die Feststellung und kritische Analyse der Wirklichkeit. Die Vorstellungen darüber, was sein soll, verstellen den Blick auf das, was ist. Diese Problematik wird noch verschärft, wenn sich die Gesellschaft selbst oder ihre Eliten in einer Identitätskrise sehen und ihre Probleme in die Jugend hineinprojizieren.

1.1. Zur Entwicklung jugendsoziologischer Forschung

Das auffallendste Merkmal der bisherigen soziologischen Jugendforschung ist ein außerordentlicher Mangel an Kontinuität. Der Mangel an Kontinuität entspricht hierbei dem Ablauf der Veränderungen der Jugendgenerationen und der Entwicklung der Gesellschaft selbst.

Von Beginn der Jugendforschung an war sie mit den beobachteten Eindrücken und der Entwicklung der Jugend selbst in engster Weise verbunden. Die *Verbindung zwischen der deutschen Jugendbewegung* und *der Entstehung der wissenschaftlichen Jugendkunde* nach der Jahrhundertwende ist ein frühes Beispiel.

Dies gilt insbesondere für die deutsche Situation. Aufgrund einer Verschärfung der gesellschaftlichen Identitätsproblematik liegt für Deutschland eine Vielzahl von Veröffentlichungen und Untersuchungen über Jugend vor, die bei weitem das übersteigt, was in anderen Gesellschaften und anderen Sprachen zum Thema Jugend vorliegt. Selbstverständlich wurde auch die psychologische und jugendsoziologische Forschung von der allgemeinen Zäsur in der Entwicklung der Sozialwissenschaften während der Zeit des Nationalsozialismus und des Krieges betroffen. Schon von daher mußten die Traditionen wissenschaftlicher Jugendforschung, welche insbesondere in der Wiener Schule um Ch. *Bühler* und P. *Lazarsfeld* begründet wurden, verschüttet werden.

Die Entwicklung der soziologischen Jugendforschung in der Nachkriegszeit in Deutschland war bestimmt durch zwei Hauptfaktoren: Erstens durch die Rolle der Jugendforschung im Prozeß der Identitätsfindung der deutschen Gesellschaft der Nachkriegszeit und zweitens durch das insbesondere von der amerikanischen Besatzungsmacht geförderte Umerziehungsprogramm, in dem besonderes Gewicht auf die verschiedenen Formen demokratischer Jugenderziehung und Jugendtätigkeit gelegt wurde und in dem ebenfalls Jugendforschung eine wichtige Rolle spielte, welche auch nach Beendigung des eigentlichen Umerziehungs- und Demokratisierungsprogramms fortwirkte, wobei die in seinem Rahmen geschaffenen und unterstützten Institutionen begonnene Programme fortsetzten und Orientierungen beibehielten.

K. *Bednariks* Buch »Der junge Arbeiter – ein neuer Typ?« ist ein Beispiel für Jugendforschung und Jugenddarstellung, welche motiviert ist aus Verzweiflung über eigene Identität und dem Versuch, eigene gesellschaftliche Identität zu entwickeln. *Bednariks* Erfahrungshintergrund war die Begeisterung der Jugendbewegung und der sozialdemokratischen Arbeiterbewegung in den zwanziger und frühen dreißiger Jahren. Als Schriftsteller gab er nun beredt der Enttäuschung darüber Ausdruck, daß der junge Arbeiter der fünfziger Jahre einen völlig anderen Typ repräsentiere, der im Unterschied zu den jungen Arbeitern der zwanziger Jahre, welche von einer Idee und einer Bewegung erfaßt wurden, ideologisch und politisch desinteressiert sei und sein Hauptinteresse auf den eigenen Aufstieg und die klaglose Integration in die gegebene Gesellschaft richte. Dieses Buch und diese Feststellung gaben einen entscheidenden Anstoß für ein Buch von enormer Popularität, welches möglicherweise das am weitesten verbreitete sozialwissenschaftliche Buch der fünfziger Jahre in Deutschland war: H. *Schelsky*s Werk »Die skeptische Generation« 1957. In diesem Buch leistet *Schelsky* nicht nur die Definition dreier Typen deutscher Jugendgenerationen, die in diesem Jahrhundert seiner Auffassung nach aufeinander folgten (siehe Seite 48). *Schelsky* sucht auch die neue Generation von Jugendlichen, welche er als unpolitisch, funktionstüchtig und aufstiegsorientiert sieht, zu beschreiben und die Ursachen dieser Orientierungen zu erkennen. *Schelskys* Darstellung der »skeptischen Generation« liefert jedoch wenig für die *junge Generation* dieser Zeit *spezifische* Beschreibung. Die vermeintliche Beschreibung der jungen Nachkriegsgeneration ist eher Ausdruck des Selbstverständnisses einer um ihre Identität ringenden Generation von Erwachsenen, welche durch die tiefgreifenden wirtschaftlichen, politischen und sozialen Veränderungen nach Ende des Zweiten Weltkrieges in ihrem Selbstverständnis erschüttert wurde. *Schelsky* verwendet illustrativ eine Fülle von Einzelergebnissen der Meinungsforschung bei Jugendlichen, welche insbesondere von den Emnid-Instituten in den fünfziger Jahren durchgeführt wurden. Diese Verwendung quantitativer Daten wird jedoch dominiert durch die der Datensammlung vorgängige Projektion spezifischer Probleme der damaligen Erwachsenengeneration in die Nachkriegsjugend hinein.[1]

Wichtige Impulse für die quantitativ orientierte empirische Jugendforschung gingen von Behörden der amerikanischen Militärregierung und ihrer Nachfolgeinstitution im Nachkriegsdeutschland aus. Im Rahmen großangelegter sozialwissenschaftlicher Studien, welche in dieser Zeit gefördert wurden, fanden z. B. die Untersuchungen der deutschen Nachkriegsjugend durch *Baumert* am Beispiel Darmstadts statt. Neben diesen Untersuchungen standen nationale Jugenduntersuchungen, welche insbesondere den politischen Orientierungen galten. Es sollte ermittelt werden, in welchem Umfang demokratische Einstellungen sich bei der deutschen Nachkriegsjugend durchgesetzt hatten und inwieweit die jüngere Generation eine Gewähr dafür biete, daß sich der Nationalsozialismus in Deutschland nicht neuerlich erhöbe. Die Anfälligkeit für nationalsozialistische Propaganda und ein autoritäres politisches Potential sind in dieser Zeit die Fragestellungen, unter denen politische Einstellungen und Verhaltensweisen Jugendlicher untersucht werden. Dies ist auch die Orientierung der Fragestellungen der Studentenuntersuchungen des Frankfurter Instituts für Sozialforschung [2]. Es ist bemerkenswert, daß diese Fragestellung nicht nur die Frankfurter Studentenuntersuchung aus den späten fünfziger Jahren charakterisiert, sondern auch L. v. *Friedeburgs* Studentenuntersuchung an der Freien Universität Berlin, welche im Frühjahr 1964 kurz vor Beginn dessen, was als Studentenrevolte bekannt wurde, durchgeführt wurde [3].

Das von den Besatzungsbehörden geförderte importierte Instrumentarium empirischer Sozialforschung zur Erforschung von Jugend erwies seine vielfältige Verwendbarkeit. Das Potential der Sozialforschung, national repräsentative Berichte über die Lage der Jugend in deren eigener Sicht zu erstellen, führt zu einer Nachfrage nach solchen nationalen Berichten durch Regierungen und Administrationen. Dies ist nicht nur für Deutschland, sondern auch für eine Reihe anderer europäischer Länder charakteristisch. Sehr sichtbares, von den Massenmedien intensiv behandeltes abweichendes Verhalten von Jugendlichen (wie in den »Halbstarken«-Krawallen von 1956) erhöht das Bedürfnis nach Berichterstattung über Jugend und Interpretation ihrer Lage [4]. Die zunehmende Bedeutung der Massenmedien verstärkt den Zwang für Politiker, jederzeit und umfassend die Lage für das Selbstverständnis der Nation wichtiger gesellschaftlicher Gruppen wie der Jugend interpretieren zu müssen. Die Ratlosigkeit von Ministern setzt sich um in Aufträge an ihre Behörden, die Situation wissenschaftlich untersuchen zu lassen; Forschungsaufträge sollten Interpretationen und Maßnahmen der Jugendpolitik auf eine wissenschaftliche Grundlage stellen. Diesen Aufträgen fehlte es an spezifizierten Fragestellungen. Vorherrschend war das Bemühen, die Lage der Jugend möglichst umfassend darzustellen. So entstanden Panorama-Studien, welche eine umfassende Bestandsaufnahme boten.[5] Dabei unterblieb allerdings meistens die Erhebung von Daten in Vergleichsgruppen. Insbesondere gab es für viele dieser Fragestellungen keine Vergleichsuntersuchungen bei Erwachsenen, so daß allgemeine Abweichungen der gesellschaftlichen Realität von bestimmten normativen Vorstellungen als spezifische Merkmale der Jugend interpretiert wurden.

In dieser Situation unterblieb auch eine Präzisierung des Gegenstands. Die Zielgruppe staatlicher Jugendpolitik ist mit der Jugend repräsentativer Umfragen nicht identisch. Staatliche Institutionen, welche durch ihre Bezeichnung den Anspruch darauf erheben, für Jugend zuständig zu sein, konzentrieren sich in der Regel auf zwei Teilgruppen von Jugend. Eine dieser Teilgruppen ist die durch Jugendorganisationen und Jugendabteilungen gesellschaftlicher Organisationen organisierte Jugend. Staatliche Förderung von Jugendarbeit heißt in den meisten Fällen Förderung der Arbeit dieser Jugendverbände. Die zweite Gruppe von Jugendlichen besteht überwiegend aus denjenigen Jugendlichen, welche für die Gesellschaft zum Problem geworden sind. Beispiele hierfür sind jugendliche Ausreißer, Straffällige und Drogenabhängige. Das Behörden und ihren Maßnahmen gemeinsame Etikett Jugend verdeckte die Unterschiedlichkeit ihrer Teilaufgaben und die Verschiedenheit ihrer Adressatengruppen. Der Umfang der Zuständigkeit und der Zielgruppen von Jugendabteilungen in Ministerien und Behörden wird deutlich, wenn man bedenkt, daß die umfassendste und zentralste staatliche Veranstaltung, die in das Leben aller Jugendlichen eingreift und es bestimmt, nämlich das Schul- und Bildungswesen, in den meisten europäischen Ländern administrativ mit den sogenannten Jugendabteilungen in Behörden und Ministerien nichts zu tun hat. Der Jugendbegriff der verschiedenen Institutionen wurde freilich von der Jugendforschung für lange Zeit nicht thematisiert.

Der in Jugend-Untersuchungen dieser Zeit dominante Befund einer anpassungswilligen und integrationsbereiten Jugend war kein nationales Spezifikum. Aus Untersuchungen in vielen Industriegesellschaften spricht ein Erstaunen darüber, wie wenig Jugend der Gegenwart *im eigentlichen Sinne jugendlich* sei. Ausführlich konstatierten diese Untersuchungen nicht nur was war, sondern auch was fehlte: Verbreitete jugendliche Auflehnung, Bereitschaft, die Welt zu verändern, Kritik an und aktive Auseinandersetzung mit den von Jugend vorgefundenen gesellschaftlichen Verhältnissen. Die verschiedenen internationalen Beiträge, welche L. v. *Friedeburg* zum Beweis dieser Übereinstimmung in seiner Sammlung »Jugend in der modernen Gesellschaft« zusammenstellte, waren repräsentativ für die internationale Jugendforschung in dieser Zeit. Zusätzlich zum Befund jugendlicher Anpassungs- und Integrationsbereitschaft boten Jugendsoziologen vielfältige Erklärungen für diesen Tatbestand.

1.2. Erklärungstypen von Konformität und Abweichung

Die Vielfalt der verschiedenen Erklärungen ist hier nicht darzustellen. Sie reichen von der Behauptung des Strukturgegensatzes von Familie und moderner Gesellschaft zu der gegenteiligen Vermutung der erfolgreichen Integration der modernen Gesellschaft. Gemeinsam ist ihnen die Beschreibung der Jugend als etwas von den Erwartungen an Jugend Abweichendes. Diese Abweichung wird erklärt durch Faktoren, welche außerhalb der Absichten und Vorstellungen der Jugendlichen selbst liegen. Dieser Erklärungstyp, welcher die Motive der Jugendlichen außer acht läßt, bedarf näherer Untersuchung.

Es ist zweckmäßig, zwei Typen von Erklärungen sozialen Verhaltens voneinander zu unterscheiden: kausale und intentionale. Intentionale Erklärungen suchen das Verhalten der Akteure durch ihre eigenen Absichten zu erklären. Kausale Erklärungen tendieren demgegenüber dazu, die Intentionen und bewußten Motive der Akteure zu vernachlässigen und den Schwerpunkt auf außerhalb des Bewußtseins der Akteure liegende Ursachen und Bedingungen zu legen. *Schütz* beschrieb diese zwei Formen von Erklärungen in seinem klassischen Werk über den »Sinnhaften Aufbau der sozialen Welt« als *Weil-* und *Um-zu*-Erklärung. Diese Unterscheidung spielt, nachdem sie als gesunkenes Kulturgut in die amerikanische Sozialpsychologie einging, dort gegenwärtig in der Attributionstheorie eine zentrale Rolle. Uns interessiert an dieser Unterscheidung jedoch hier nur ein Aspekt: der Zusammenhang zwischen unserer *Bewertung* des zu erklärenden Phänomens und der Wahl eines *kausalen* oder *intentionalen* Erklärungstyps, einer Weil- oder einer Um-zu-Erklärung.

Ob im Alltag Phänomene intentional oder kausal erklärt werden, ist weitgehend von der Sympathie des Erklärenden für das Phänomen selbst abhängig. Akzeptierte und positiv bewertete Phänomene werden üblicherweise mit den Intentionen der Akteure erklärt. Für nicht akzeptierte und abgelehnte Verhaltensweisen wird nach kausalen Erklärungen gesucht. Wenn ein Bankräuber auf die Frage »Warum haben Sie den Banküberfall begangen?« die Antwort gibt: »Um dort an Geld zu kommen«, so erscheint dies nicht als akzeptable Begründung seines Verhaltens. Hinweise in der Vernehmung zur Person, daß der Vater des Bankräubers ein Säufer war und seine Eltern bei der Erziehung versagten, erscheinen eher als plausible Erklärung. Antwortet dagegen ein Bankkassierer, der unter Lebensgefahr das Geld der Bank vor dem Zugriff des Räubers rettet, auf die Frage, warum er das getan habe, »Um meine Pflicht zu tun«, so hat diese intentionale Erklärung seines Verhaltens mit seinen Motiven Aussicht darauf, als Erklärung akzeptiert zu werden; nach den Kindheitserlebnissen des Bankkassierers wird nicht gefragt. Die Verwendung intentionaler Erklärungen für positiv bewertetes Verhalten und kausaler Erklärungen für negativ bewertetes Verhalten ist nicht auf den Alltag beschränkt. Strukturell ähnliche Mechanismen finden sich in der politischen Auseinandersetzung und in der Ideologiekritik. Eigene Ideen werden als durch Einsicht in die Wahrheit gewonnen dargestellt; Ideen des politischen oder weltanschaulichen Gegners werden auf Interessen zurückgeführt oder/und in psychoanalytischer Interpretation auf dem Bewußtsein der Akteure entzogene Aspekte der Persönlichkeitskonstellation. Dieses Vorgehen erlaubt, die Ernsthaftigkeit der Intentionen des politischen Gegners zu bestreiten.

Für die Jugendsoziologie der 50er Jahre erschien die Wahl einer kausalen Erklärung für die Anpassung der Jugend als selbstverständlich; sie wurde nicht in Frage gestellt. Zur Erörterung der verschiedenen Typen von Erklärungen wäre denn auch kein Anlaß, wenn sich nicht der Objektbereich von Jugendsoziologie zu ihrer eigenen Überraschung in entscheidender Weise verändert hätte. »Gerade als zahlreiche Soziologen sich darauf geeinigt hatten, daß die These von der Jugend als Subkultur falsch sei, daß die Jugend – leider oder gottlob – voll integrierter Bestandteil der Gesellschaft sei, daß Jugendliche durch emotionale Tiefenbindungen an die Eltern, durch Elternhaus und Schule an die soziale Schicht, durch Massenmedien und Wirtschaft an das ökonomische und kulturelle System der Gesellschaft gebunden seien, erhob sich der Protest der Schüler und Studenten gegen Familie, Bürgertum, Meinungsmache, Konsumdenken und Wirtschaftssystem«. (*Eckert* 1973: 10)

Diese Überraschung durch die Realität veränderte das, was als Jugendsoziologie betrieben und ausgegeben wurde, in nachhaltiger Weise[6]. Der scharf gegensätzlichen Bewertung der Proteste von Jugendlichen und Studenten durch Soziologen verschiedener politischer Orientierung entsprachen die unterschiedlichsten Erklärungsversuche. Für manche Soziologen zeigte diese wiederum neue Generation von Jugendlichen endlich das Verhalten, was je schon von Jugendlichen erwartet worden war: Auflehnung und Kritikbereitschaft. Da die Protestbewegung der Jugendlichen und Studenten ihren Vorstellungen entsprach, wurden von diesen Soziologen die Absichten der Bewegung ernst genommen und von diesen her interpretiert. Die Erklärung der Protestbewegungen war für sie die Beantwortung der Frage, welche ihre vielfache Eignung als Titel von Büchern und Veranstaltungsreihen bewies: »Was wollen die Studenten?« Soweit empirische Untersuchungen von diesen überhaupt betrieben wurden, richteten sich diese auf Ermittlungen des Umfangs abweichender Orientierungen; der Zusammenhang umfassenderer Wertorientierungen mit politischen Vorstellungen sollte das politisch abweichende Verhalten erklären.

Soziologen, welche der Protestbewegung der Studenten und Jugendlichen gegenüber negativ eingestellt waren, konzentrierten sich demgegenüber darauf, in Familienkonstellationen, Persönlichkeitsmerkmalen, Studienbedingungen und antizipierten Berufschancen Erklärungen für den Protest zu suchen, welche außerhalb des Bewußtseins der Akteure lagen[7].

1.3. Das Problem der fehlenden Kontinuität

Charakteristisch für diese Phase ist es, daß die frühere Jugendsoziologie und ihre Ergebnisse durchgängig ignoriert werden. Soweit ein Versagen der früheren Jugendsoziologie konstatiert wird, werden die Ursachen dieses Versagens kaum untersucht. Statt eine Revision der früheren Jugendsoziologie zu versuchen, wird sie schlicht außer acht gelassen, um dem Erklärungsdruck aus der Situation heraus ohne Zeitverzug

Genüge zu tun. Angesichts der völligen Unterschiedlichkeit der Erklärungstypen ist ein Konsens der Jugendsoziologie nach der Revolte nicht festzustellen. Dieser Situation der Verwirrung der Jugendsoziologie entspricht es, daß die dominante Form der Publikation jugendsoziologischer Arbeiten die der Sammlung von Beiträgen verschiedener Autoren ist[8]. Die Gefahr, die Verwirrung der Jugendsoziologie und die Gegensätzlichkeit der vertretenen Perspektiven als Einzelautor zu vertreten, wird so von den meisten Jugendsoziologen vermieden. Ausnahmen wie *Kreutz* (1974) bestätigen, wie schwierig, wenn nicht unmöglich, die Integration der verschiedensten Perspektiven vom Anspruch der Progessivität bis hin zum verspäteten Rezipieren des Funktionalismus der fünfziger Jahre und der korrespondierenden Sozialisationstheorie ist.

Es kann nicht überraschen, daß von Forschungskontinuität auf dem Gebiet der Jugendsoziologie in den letzten 25 Jahren demzufolge nicht die Rede sein kann. In den fünfziger Jahren und in den frühen sechziger Jahren wurden in empirischen Arbeiten der Jugendsoziologie, welche sich überwiegend der Umfrageforschung bedienten, im wesentlichen umfassende Bestandsaufnahmen der Integration von Jugend in den verschiedenen gesellschaftlichen Bereichen vorgenommen, ohne Versuche zu machen, das Potential an jugendlicher Abweichung zu ermitteln. Allenfalls wurde das autoritäre Potential in der Jugend, welches für rechtsextreme Bewegungen mobilisierbar sein könnte, zu bestimmen gesucht. Derartige Versuche der Potentialbestimmung bildeten jedoch bereits eine Ausnahme. Jugendsoziologische Forschung nach Beginn der sog. Revolte von Jugend und Studenten konzentrierte sich in ihren Fragestellungen auf politisches Verhalten, politisches Potential und Ausmaß der gesellschaftlich-ideologischen Kritik bei Jugendlichen. Frühere Fragestellungen wurden kaum aufgenommen; eine Replikation auch nur von Teilen der früheren Umfragen und ihrer Indikatoren fand so gut wie gar nicht statt. Auch die Methode der Umfrageforschung selbst, welche früher so dominant war, wurde in Frage gestellt. Diese Kritik der Umfrageforschung suchte in ihr den Schuldigen für die mangelnde Prognosekraft der früheren Jugendsoziologie, welche nicht imstande gewesen war, das Abweichungspotential der Jugendlichen zu erkennen und den Protest vorauszusagen. Statt das Instrumentarium der Umfrageforschung zu verfeinern, wurde vorgeschlagen, an seine Stelle andere Methoden der Forschung zu setzen, welche besser imstande seien, die Intentionen der Jugendlichen und ihre Vorstellungen zu erfassen; von Gruppendiskussionen und der sog. Aktionsforschung wurde vermutet, daß sie besser als Umfrageforschung in der Lage seien, Informationen über den Gegenstandsbereich der Jugendsoziologie zu liefern. Mit dieser Hinwendung zu Verfahren, welche der Subjektivität der Akteure mehr

Spielraum zuweisen, wird freilich die Kontrollierbarkeit der Datengewinnung vernachlässigt und die Vergleichbarkeit von jugendsoziologischer Forschung im historischen Prozeß als Ziel vollends aufgegeben.

Trotz des großen Umfangs empirischer Arbeiten und empirischer jugendsoziologischer Veröffentlichungen ist es also nicht möglich, etwa einen Vergleich der verschiedenen Jugendgenerationen in einem Lande in den letzten 25 Jahren vorzunehmen, der auf empirischer Grundlage beruht und stichhaltig ist; die jugendsoziologischen Veröffentlichungen erlauben meist nur einen Vergleich der verschiedenen Vorstellungen über Jugend von Jugendsoziologen zu verschiedenen Zeitpunkten im historischen Prozeß. Jugendsoziologie muß diese Diskontinuität überwinden. Weder eine der Diskontinuität isomorphe Darstellung, welche nur Ausdruck der Schwierigkeiten ist, noch die Auflösung der Jugendsoziologie selbst wird die Erkenntnis ihres Objektbereichs voranbringen. In diesem Stadium scheint vielmehr eine Rekonstruktion der Jugendsoziologie erforderlich. Die Rekonstruktion der Jugendsoziologie muß von einer kritischen Überprüfung ihrer Begriffsbildung und einer Besinnung auf die Grundlagen ihrer Methoden ausgehen. Sie wird dabei auf die Verabsolutierung eines einzigen Verfahrens verzichten müssen und aus dem Gesamt-Arsenal an Verfahren empirischer Sozialforschung die ihr angemessenen Instrumente auszuwählen haben. Zugleich ist auf größere methodische Kontinuität zu drängen, welche jugendsoziologische Untersuchungen vom Momentaufnahmehaften befreit, und es ihnen erlaubt, historische Entwicklungen quantitativ zu präzisieren. Durch solche methodische Erneuerung, welche die Grundlagen für eine Unterscheidung zwischen Jugendphase und verschiedenen Jugendgenerationen schafft, entzieht sich die Jugendsoziologie Situationszwängen und Augenblicksbedürfnissen nach Interpretation, deren Beliebigkeit im letzten Jahrzehnt nur allzu deutlich geworden ist. Jugendsoziologie muß dabei ausgehen von vergleichbaren objektiven Daten. Sie darf sich nicht auf solche Daten beschränken, welche unter dem Etikett jugendsoziologischer Forschung gesammelt wurden. Sie muß in anderen institutionellen Zusammenhängen produzierte Daten, soweit sie für ihren Gegenstandsbereich relevant sind, zur Kenntnis nehmen und integrieren. Hierzu gehören die Daten der amtlichen Statistik und Daten anderer Soziologien, soweit sie für die Jugendsoziologie selbst von zentraler Bedeutung sind.

1.4. Alter als soziale Kategorie

Grundkonzept jeder Theorie, die sich Altersgruppen, Phasen im Lebenslauf oder jeweils einer unter diesen Phasen zuwendet, muß der soziologisch bedingte (nicht einfach als biologische »Letztgröße« zu interpretierende) Altersaufbau bzw. die Lebensspanne, gemessen an Maßzahlen der Lebenserwartung bzw. der Sterblichkeit sein. Vom analytischen Begriff der *Altersstratifikation* hat sich sowohl in der französischen als auch in der neueren amerikanischen Forschung – nicht nur der soziologischen – ein lebhafter theoretischer Aufschwung für ein umfassenderes Aufgreifen von Themen der Jugendsoziologie vollzogen und überhaupt eine neue theoretische Diskussion entsponnen, die der allgemeinen Soziologie und der Sozialforschung neue Impulse gibt. Beim Begriff der Altersstratifikation, der Altersgruppen bzw. des Alterns überhaupt, ja hinsichtlich der Lebensspanne (und ihrer Teilphasen) liegt, ähnlich wie beim Begriff des Geschlechtes, aber *anders* als bei der überwiegenden Mehrzahl der soziologischen oder für soziale Gliederung verwendeten Begriffe, eine unauflösliche Bindung zwischen biologischen und sozialen Gesetzmäßigkeiten und Gestaltungen vor.

Ausgangspunkt für die Theorie der Lebensspanne und der Altersstratifikation ist die *soziale Gestaltung des Alterns,* welche *auf die Lebensspanne und ihre innere Differenzierung* in Phasen einwirkt bzw. die *Konstituierung von Altersgruppen und ihr Verhältnis zueinander* fundiert.

Natürlich mischen sich dann in die Prozesse der altersspezifischen Gruppenkonstituierung und -profilierung gesellschaftliche Tendenzen, die *nicht von der sozialen Bewältigung des Alters* ihren Ausgang nehmen, wie z. B. Vorurteile, Aggressionsformen etc. Überhaupt darf man das *Produkt*, die soziale Differenzierung nach dem Alter, nicht mit den *Motiven* verwechseln. Die soziale Altersdifferenzierung ist kein direktes Produkt von Bemühungen, die Gesellschaft nach dem Alter einzuteilen.

Als unter dem Einfluß von R. *Linton* (1936) der aus der Ethnologie und dem Behaviorismus entwickelte Funktionalismus die *augenscheinlich* vorhandene (in der primitiven Gesellschaft häufig deutliche) Segregation von Altersgruppen mit der gesellschaftlichen Genese der Altersstrukturen und deren Ursachen verwechselte, drang von hier die überaus folgenreiche – jedoch kurzschlüssige und irrige – theoretische Grundannahme in die damals sehr stark expandierende amerikanische Soziologie ein, wonach die Altersstratifikation als solche ein grundlegendes Gliederungs- bzw. sogar *Organisationsprinzip* der Gesellschaft darstelle. Dieser (pseudo-)theoretische Ansatz hat die Genese und gesellschaftliche Konstituierung von Altersgruppen (und natürlich besonders von Generationen) so sehr verschüttet, daß sie gar nicht mehr rekonstruierbar werden. Die bisher differenzierteste Ausarbeitung des Lebensalters- und Altersgruppenbegriffs wurde von M. *Riley* und Mitarbeitern in dem dreibändigen Werk »Aging and Society« geleistet, das von Umfang und Qualität her als ein Markstein zu bezeichnen ist, aber dem eben genannten theoretischen Kurzschluß erliegt.

In dieser Arbeit werden nicht nur Forschungsergebnisse kompiliert, sondern auch wesentliche theoretische Beiträge zur Soziologie des Alterns geleistet. Hier wird in systematischer Weise die Bedeutung von Zeit für die soziologische Analyse untersucht.

»Für das Individuum, oder für die Kohorte von Individuen, beinhaltet das Konzept Alter zwei parallele Dimensionen von Zeit, die eine indiziert durch die Lebensjahre im Lebenslauf einer Person (oder Kohorte von Personen), und die zweite indiziert durch die Kalenderjahre, die sich auf die Geschichte der Gesellschaft beziehen, in der die Person lebt« (M. *Riley et al.* 1972: 19).

Die sich mit den Begriffen von Kohorten und Generationen eröffnenden Möglichkeiten einer historischen Betrachtungsweise werden jedoch in dieser Arbeit nicht ernsthaft genutzt. Statt dessen bleibt sie in der funktionalen Tradition einem leeren Rollenbegriff als Zentralkategorie verhaftet, und begnügt sich mit recht oberflächlichen Analogien von Alter und anderen soziologischen Kategorien wie der der Schichtung.

Dabei wird Alter zu einer »Achse«, »welche die Gesellschaft einteilt ebenso wie die soziale Schichtung, die aber Leute und Rollen nach Alter statt nach wirtschaftlicher Position ordnet« (A. *Foner* 1974: 188).

Altern wird als Teilnahme in einer Abfolge von Rollen verstanden, wobei die Individuen in bestimmte Rollen eintreten, andere aber »verlassen« bzw. aufgeben (M. *Riley et al.* 1972: 10). Die Erklärung, warum – illustriert an der Jugend – die Solidarität in manchen Altersgruppen stärker ausgeprägt ist als in anderen, muß – nach *Riley* – darin gesehen werden, daß die Jugend eine starke Ähnlichkeit der Rollensyndrome aufweise. Weil Jugendliche relativ *wenig* zentrale Rollen ausfüllten, sei die Wahrscheinlichkeit, daß sie von bestimmten Haupttypen von Rollensyndromen abweichen, gering. Denn auch die Anzahl der logischen Möglichkeiten der Kombinationen der Rollen untereinander sei gering (M. *Riley et al.* 1972: 436). Um den Bezug zu übergreifenden bzw. gesamtgesellschaftlichen Phänomenen zu finden, operieren *Riley et al.* mit dem Begriff »Environment«. Dieses wirke von »außen« auf die Altersstruktur ein; eine Vorstellung, die überflüssig wird, wenn Faktoren, die *Riley* zum »Environment« zählt, prinzipiell schon in den Ansatz der Altersstruktur miteinbezogen werden.[9]

M. *Riley*, A. *Foner u. a.* haben die Altersgruppengliederung der Gesellschaft analog zur Klassenstruktur zu konzipieren versucht, dabei allerdings den grundlegenden Unterschied gesehen, daß ein Individuum in der *sozialen* Stratifikation *wechselweise auf- und absteigen* kann, während es sich hinsichtlich des chronologischen Lebensalters in *nur einer Richtung* zu bewegen imstande ist.

Dieser Ausgangspunkt und die daran schließende Vorstellung einer bloßen Koordination von Rollen als Grundlage einer Alterstheorie scheint der soziologischen Erklärung so gut wie völlig zu entbehren. Denn Vorstellungen über bloße Koordination von Rollen und deren Allokation werden keineswegs zureichen, die *Bewertung verschiedener Positionen im Lebenskontinuum,* – also Alterspositionen – *in der jeweils gesellschaftlich vorgezeichneten und ebenso differenzierten Altersspanne zu* erklären. Gerade eine solche Erklärung zu erbringen, ist aber die Leistung, die von der Soziologie der Altersstratifikation gefordert werden muß.

Welche Alternative bietet sich zu dem in der Tradition von T. *Parsons* und S. N. *Eisenstadt* von M. *Riley* entwickelten Ansatz? Warum ist überhaupt eine Alternative zum Funktionalismus notwendig? Wegen der inneren Integration von soziologischer und historischer Analyse. Diese letztere ist für die Altersgruppensoziologie und die Soziologie des Lebensablaufs und damit natürlich auch für die Jugendforschung wegen der Einbeziehung von geschichtlichen *Ereignissen* verschiedenen Kalibers nötig. Historie läßt sich aber vom a-historischen Funktionalismus und seiner Vorstellung des »*Durchmarsches*« durch Rollen nicht »greifen«. Übergeordnete Standpunkte und Begriffe sind nötig, um *beide,* geschichtliche Kategorien- und Altersgruppenforschung, zu verbinden, so z. B. der Arbeitsteilung, der Informations- und Wertvermittlung, der sozialen Kontrolle, der Institutionalisierung und De-Institutionalisierung etc.

Ferner: die in einer Gesellschaft generell oder bloß in einer ihrer Teilgruppen wirksame Differenzierung und Bewertung der Altersstruktur erscheint selbst als idealtypische Konstruktion übertrieben. *Riley* sieht dieses Problem, aber verfolgt es nicht weiter (M. *Riley* et al. 1972, Bd. 3: 19). Die vielen kalendarisch bezeichneten und von verschiedenen Rechtsquellen fixierten Schwellen vom Kindergarten-, Schuleintrittsalter bis zum Pensionierungsalter täuschen über eine weitaus vielschichtigere und unsichere soziale Bewertungsstruktur nach dem Alter hinweg.

Wir müssen mit einem *Pluralismus* von Altersstufen-Konzepten rechnen; neuerdings ist auch die diesbezügliche Verschiedenheit zwischen Männern und Frauen in die Diskussion gebracht worden (M. *Philibert* 1968: 123), was jedoch nur ein Hinweis für eine viel stärker aufgesplitterte Vielheit von altersspezifischen Erwartungen und Ordnungen in ein und derselben Gesellschaft sein soll. Auch die Variation der Altersgruppenkonstruktion nach Altersgruppen wäre zu berücksichtigen!

Der Ausgangspunkt für eine interdisziplinäre Soziologie, Sozialgeschichte und Tiefenpsychologie verbindende Auffassung müßte sein:

Alter ist ein auf der Grundlage biologischer Vorgegebenheit und in Wechselwirkung mit ihr sozial und individuell hervorgebrachtes Artefakt, das differenzierten Kräften der Gesellschaft entspricht, wie sie als Produktion und Arbeitsteilung, als Informations- und Erkenntnisprozesse und als politische Macht das soziale System bestimmen und damit eine bestimmte normative Herausforderung für den einzelnen ergeben. Die soziale Gestaltung des Alters ist bisher nicht in ausreichendem Maß erforscht worden, verlangt ihre Untersuchung doch systematische Vergleiche verschiedener Gesellschaften oder Vergleiche derselben Gesellschaften zu verschiedenen Zeitpunkten. Nur für Teilphasen wie die der Jugend liegen solche Untersuchungen in schon erheblichem Umfang vor (vgl. Kapitel 7). In einer derartigen Betrachtung, die historische Momente berücksichtigt und interkulturelle Vergleiche nicht scheut, wird die *soziale* Gestaltung von Alter sichtbar und das Mißverständnis von Alter als einer naturwüchsigen Kategorie vermieden.

1.5. Thematische Schwerpunkte

Der Begriff der Jugend selbst ist klärungsbedürftig. Die Problematik der Definition, welche in jedem Versuch der Präzisierung des vermeintlich offensichtlichen Begriffsinhalts zum Ausdruck kommt, illustriert die Schwierigkeiten der Jugendsoziologie, welche aus dem mangelnden Monopolanspruch für ihren Objektbereich resultieren. Da die Probleme der Definition dem Gegenstand nicht äußerlich sind, widmen wir dem Jugendbegriff ein eigenes Kapitel.

Besondere Bedeutung für die Weiterentwicklung der Jugendsoziologie haben die von ihr zu verwendenden Forschungsmethoden. Ihre Techniken sind durchweg Teil des Arsenals der Techniken empirischer Sozialforschung, deren Anwendung hier jedoch oft vor spezifischen Problemen steht. Von besonderer Bedeutung ist es, die Möglichkeiten wechselseitiger Ergänzung der verschiedenen Verfahren wahrzunehmen. Es scheint wenig dadurch gewonnen (und viele Erkenntnismöglichkeiten gehen verloren), wenn aus der Kritik an der Dominanz der Umfrageforschung sich die Forderung nach ausschließlicher Verwendung etwa des Gruppendiskussionsverfahrens ergibt. Um einen sinnvollen Pluralismus verschiedener Techniken und Methoden der soziologischen Jugendforschung zu fördern und die spezifischen Anwendungsprobleme deutlich zu machen, gilt den Methoden der Jugendforschung ebenfalls ein eigenes Kapitel.

Ein Hauptteil unserer Darstellung ist die Situation der Jugend in den Industriegesellschaften der Gegenwart.

Das Verständnis von Jugend in der Industriegesellschaft verlangt die Analyse zweier tendenziell gegenläufiger Prozesse. Zum einen versucht die Gesellschaft, die hinzutretenden neuen Mitglieder der Gesellschaft so zu formen, daß sie sich ihr möglichst problemlos einfügen. In der Soziologie werden hierbei zwei verschiedene Arten solcher Einwirkung unterschieden. Der eine Prozeß wäre als *Sozialisation* zu benennen. Hierunter fallen solche Prozesse wie Erziehung in formalisierten und nicht formalisierten Ausprägungen durch ganz verschiedene Agenturen der Gesellschaft. Die zweite Art von Einwirkung wäre als ein Prozeß der *Plazierung* zu bezeichnen. Jugendliche werden dadurch, daß sie in einer bestimmten Familie aufwachsen, an einen bestimmten sozialen Ort gestellt: Sie wachsen in einem bestimmten Milieu, innerhalb einer bestimmten Schicht und in einer bestimmten Region auf. Die Plazierung an einem bestimmten sozialen Ort begrenzt zugleich die Optionen, die diese Jugendlichen haben, und bestimmt auf vielfältige Weise ihren Horizont. Nicht nur Prozesse der Sozialisation, sondern auch die der Plazierung bestimmen, was Jugendliche als normal erwarten und was sie als abweichend betrachten.

Diese Perspektive ist allerdings nicht vollständig. Während all diese Prozesse stattfinden, versucht Jugend, die in die Gesellschaft eintritt, die Gesellschaft nach ihren Vorstellungen umzugestalten. Sie mag versuchen, die Welt nach ihren Vorstellungen zu verändern; sie kann freilich auch versuchen, sich der Welt, so wie sie diese vorfindet, einfach möglichst reibungslos einzugliedern. Die »Gesellschaft« als handelndes Subjekt, das Menschen formt, ist selbstverständlich so nicht dingfest zu machen. Es gibt eine Vielzahl von Institutionen, die gleichsam als Agenturen der gedanklichen Abstraktion Gesellschaft tätig werden und in verschiedener Weise auf junge Menschen formenden Einfluß ausüben. Dies sind Institutionen wie das Elternhaus oder Arrangements wie Gruppen von Gleichaltrigen, dies ist das Erziehungs- und Ausbildungssystem in einer bestimmten Region, dies sind die Jugendpolitik des Staates und auf Jugend bezogene Unternehmungen von Verbänden und großen Organisationen. Dies sind einige der Institutionen, die sich unmittelbar die Einwirkung auf Jugend als Aufgabe stellen; darüber hinaus wirken auf Jugend unter anderem die Massenmedien ein, die vorhanden und zugänglich sind, die regionale Wirtschaftsstruktur und das ökonomische System, die Institutionen des politischen Systems usw. Auf diese Institutionen wirken sich jedoch auch die Veränderungsprozesse und -bemühungen aus, welche von Jugendlichen initiiert oder gefördert werden. So wurde in der Folge der Studentenbewegungen der sechziger Jahre und der mit diesen zusammenhängenden Veränderungen vielfach deutlich, daß etwa Handeln und Vorstellungen der Kinder Einstellungsänderungen bei ihren Eltern bewirken können. Die z. T. tiefgreifenden Veränderungen im Ausbildungswesen demonstrieren eindrucksvoll die Möglichkeit des Wandels von Institutionen, denen Sozialisationswirkungen zugeschrieben werden, aufgrund von Bemühungen der »Sozialisationsobjekte«.

Das Verständnis des Spannungsverhältnisses von Jugend als Objekt von Sozialisation und als Faktor sozialen Wandels wird jedoch nicht erleichtert durch vorschnelle Verallgemeinerung und der überprüfbaren Erfahrung vorgängige Abstraktion. Wird von Sozialisation und sozialem Wandel in Begriffsystemen gehandelt, in denen »Gesellschaft« oder »soziales System« nicht weiter aufgliederungsfähige oder aufgliederungsbedürftige zentrale Konzepte sind, ist der Zugang zu diesem Spannungsverhältnis allzu leicht verstellbar. Statt dessen läßt sich dann trefflich über die Scheinfrage streiten, ob der Jugend vornehmlich Subjekt- oder Objektcharakter zukomme, ob sie vornehmlich Objekt von Sozialisationsprozessen oder überwiegend Motor sozialen Wandels sei. Dieser Streit ist durchaus unfruchtbar. Wie unangemessen er ist, wird aus der genaueren Untersuchung der gesellschaftlichen Teilbereiche deutlich, in denen diese tendenziell gegenläufigen Prozesse konkret stattfinden.

Ist die Begrenzung des Objektbereichs von Jugendsoziologie auch dem Einteilungsprinzip der meisten anderen Bindestrichsoziologien quergelagert, so ist doch eine wichtige Unterscheidung zwischen diesen Bereichen von Überschneidung zu sehen. Für eine Reihe dieser gesellschaftlichen Bereiche, denen Bindestrichsoziologien korrespondieren, stellt Alter nur eine Variable unter anderen dar; die Erfahrungen von Jugendlichen in diesen Bereichen unterscheiden sich nicht prinzipiell von denen Erwachsener. Die Erfahrungen und Entwicklungen von Jugendlichen im Militär oder im Industriebetrieb unterscheiden sich nicht prinzipiell von den Erfahrungen etwa älterer Arbeiter oder Soldaten – soweit sie abweichen, ist das überwiegend bedingt durch ihr in diesem sozialen Bezug »Neu-Sein«, weniger durch ihr Alter bzw. Stadium im Lebenszyklus.

In anderen gesellschaftlichen Bereichen wie z. B. im Schul- und Bildungswesen oder in der Familie gibt es einen sehr viel engeren Bezug: das Lebensalter bzw. das Stadium im Lebenszyklus ist für die Beziehungen zwischen Jugendlichen und den Institutionen konstitutiv und von zentraler Bedeutung. Der Durchgang der Jugendlichen durch diese Institutionen ist zugleich für den Prozeß des Heranwachsens von konstitutiver Bedeutung und damit für Jugend als Stadium im Lebenszyklus wie als gesellschaftliche Teilmenge zentral.

Unsere Darstellung und Diskussion konzentriert sich deswegen auf diese für Jugend und damit Jugendsoziologie zentralen Bereiche. Insbesondere untersuchen wir die Stellung der Jugendlichen in der Familie, die Wirkung von Gleichaltrigen - Gruppen und der wichtigsten, formal strukturierten gesellschaftlichen Institution, welche für Jugend von konstitutiver Bedeutung ist: der Schule. Dies wird ergänzt durch die Betrachtung anderer gesellschaftlicher Veranstaltungen für Jugend. In allen diesen Bereichen ist die Differenzierung der sozialen Schichten von Bedeutung und bedarf besonderer Berücksichtigung. Welchen Einfluß Jugend auf die von ihr vorgefundenen Verhältnisse nehmen kann, wird besonders deutlich im politischen Handeln der Jugend, so wie es sich in der zweiten Hälfte der sechziger Jahre in vielen Industriegesellschaften manifestierte. Das Verhältnis von Jugend und Politik und die Ergebnisse der Forschung über die Jugend- und Studentenbewegungen machen deswegen einen weiteren Schwerpunkt unserer Diskussion aus, in dem die mögliche aktive Rolle der Jugend in der Gesellschaft stärker deutlich wird. Dabei ist zu beachten, daß die auf Jugend gerichteten Erwartungen einen Beitrag der Jugend zur Erneuerung der Gesellschaft durchaus annehmen, welche die Erwartung jugendlicher Abweichung einschließt. Diese wichtige Vorbedingung jugendlichen Handelns – die Abweichung als Norm – ist hierbei zu berücksichtigen und genauer zu untersuchen sowie in ihrem sozialen Ort zu bestimmen.

Die Besonderheiten der Situation der Jugend in den Industriegesellschaften der Gegenwart werden erst im Vergleich mit anderen Gesellschaftstypen deutlich. Dies macht die Diskussion der Stellung der Jugend in der Geschichte und den Vergleich mit ethnologischen Gesellschaften erforderlich. Durch diese Vergleiche wird sichtbar, daß das soziale Arrangement »Jugend« als Übergangsstadium zwischen Kindheit und Erwachsenenstatus zumindest als Massenphänomen eine erst für die modernen Industriegesellschaften charakteristische Erscheinung ist.

Ob sich diese Entwicklung jedoch in dieser Weise fortsetzt, ist zweifelhaft. Der Versuchung, die Verlängerung von Trendlinien in die Zukunft hinein als Prognose zu akzeptieren, gilt es zu widerstehen. Es ist erforderlich, die Haltbarkeit und Dauerhaftigkeit der sozialstrukturellen Faktoren zu untersuchen, welche die Bedingungen der Möglichkeit von Jugend als Massenphänomen sind.

Hierzu gehören die Trennung von Ausbildungsphäre und Arbeitswelt, die säkuläre Verlängerung der Ausbildungsdauer und die Segregation der Altersgruppen. Diese Aspekte wurden unlängst von einer wissenschaftlichen Beratungskommission der US-Regierung unter Vorsitz des Soziologen James *Coleman* kritisch erörtert. Die Kommission gelangte zu der Ansicht, daß die gegenwärtige soziale Organisationsform der Jugend besonders schlechte Voraussetzungen für die Vorbereitung auf den Erwachsenenstatus schaffe. Dementsprechend macht sie eine Reihe radikaler Vorschläge zur Änderung des Schul- und Ausbildungswesens, deren Verwirklichung drastische Folgen für Wesen und Erscheinungsbild von Jugend – sowohl als Phase im Lebenslauf als auch als sozialer Gruppe – hätte. Auf die Kritik und die Vorschläge der *Coleman*-Kommission, die die bedeutendsten Äußerungen der letzten Zeit zu diesem Themenbereich darstellen, werden wir eingehen, wenn wir zum Abschluß unserer Darstellung die Frage nach der Zukunft von Jugend ausführlicher erörtern.

2. Jugend: Begriffe und Deutungen

Wenn von »Jugend« die Rede ist, meint ein jeder zu wissen, was gemeint ist. Wer von Jugend spricht, bezieht diesen Begriff zumeist auf eine bestimmte Altersgruppe. Das scheint einfach und klar genug. Im Alltag bestehen kaum Verständigungsschwierigkeiten, wenn die Vokabel »jung« auftaucht. Die Schwierigkeiten beginnen indes, wenn der Versuch unternommen wird, genauer, allgemeiner und verbindlicher anzugeben, was mit »jung« und »Jugend« tatsächlich gemeint ist. Sobald dies versucht wird, zeigt sich, daß Lebensalter, und besonders das chronologisch gemessene, als allgemeingültige Bestimmung der Grenzen von »Jugend« ungeeignet sind.

Im alltäglichen Sprachgebrauch wird ad hoc entschieden, ob die Vokabel »jung« und »Jugend« am Platz sind oder nicht. Einem 35jährigen Funktionär einer Jugendorganisation wird durch Bezeichnungen wie »Berufsjugendlicher« die beanspruchte Zugehörigkeit zur »Jugend« mit breiter Zustimmung abgesprochen. Mit gleicher Selbstverständlichkeit gilt ein gleichaltriger Inhaber einer wirtschaftlichen Führungsposition als »junger Unternehmer«. Zu Zeiten des Bundeskanzlers Adenauer galt in Westdeutschland ein Politiker als »jung«, sofern er nur das Rentenalter noch nicht erreicht hatte.

Der alltägliche Sprachgebrauch kennt keine genau bestimmten Grenzen der Jugendphase, die von dem Gesellschaftsbereich, in dem sie angewandt werden, unabhängig wären. Die Verwendung der Vokabeln »jung« oder »Jugend« teilt offenbar mehr und anderes mit als nur bestimmte, in Jahren gemessene Lebensalter.

Die Relativität des Jugendbegriffs, so wie er in der modernen Gesellschaft gebraucht wird, drückt sich auch in der Verwendung von Altersnormen im Recht aus. Die Vokabel »Volljährigkeit«, die eine allgemein gültige Altersgrenze zwischen Jugend- und Erwachsenenstatus suggeriert, täuscht darüber hinweg, daß in Strafrecht, Zivilrecht und Staatsrecht die Altersbestimmungen der Grenze zwischen Jugendlichen-Status und Vollerwachsenenstatus sich beträchtlich voneinander unterscheiden.

Strafrechtliche Verantwortlichkeit, Ehemündigkeit, Religionsmündigkeit, Geschäftsfähigkeit, aktives und passives Wahlrecht, Wehrdienstpflicht usw. fallen durchaus nicht zusammen, soweit sie gesetzlich ohne Interpretationsspielraum genau festgelegt sind. Die rechtliche Zuerkennung des Vollerwachsenenstatus vollzieht sich graduell und ist erst mit dem letzten Schritt gänzlich vollzogen. Und so belanglos es auch für die meisten Menschen (und den politischen Prozeß selbst, in dem auch ohne rechtliche Verbote bestimmte Dinge »einfach nicht vorkommen«)

sein mag, so deutlich wird die bereichsspezifische Definition der Grenze zwischen »zu jung« und »alt genug«, der Grenze zwischen Jugend und Vollerwachsenenstatus, in grundgesetzlichen Festlegungen von Mindestaltern für bestimmte Ämter (z. B. das des Bundespräsidenten), weil sie hier weit von dem abweicht, was »im allgemeinen« diese Altersgrenze darstellt.

Wie diese Beispiele zeigen, ist der Jugendbegriff selbst weitaus problematischer als seine Gängigkeit vermuten läßt. Deswegen erweist sich eine Diskussion des soziologischen Jugendbegriffs und seiner Voraussetzungen als unerläßlich.

So wie der Jugendbegriff in der Jugendsoziologie überwiegend gebraucht wird, greift er nicht auf Lebensalter zurück, sondern faßt, sofern Jugend als Stadium im individuellen Lebensablauf betrachtet wird, den Begriff durch Abgrenzung von Kindheit und Erwachsenenalter etwa so ein, wie dies August *Hollingshead* (1949: 6–7) in seiner klassischen Untersuchung über die Jugend »Elmtowns« tat:

> »Soziologisch gesehen ist die Jugend (adolescence) die Periode im Leben eines Menschen, in welcher die Gesellschaft, in der er lebt, ihn ... nicht mehr als Kind ansieht, ihm aber den vollen Status, die Rollen und Funktionen des Erwachsenen noch nicht zuerkennt. Hinsichtlich des Verhaltens ist sie definiert durch die Rollen, die der junge Mensch kraft seines Status in der Gesellschaft spielen soll und darf, zu spielen genötigt oder verhindert ist. Sie ist nicht durch einen besonderen Zeitpunkt bestimmt, etwa durch die körperliche Pubertät, sondern nach Form, Inhalt, Dauer und Abschnitt im Lebensablauf von verschiedenen Kulturen und Gesellschaften verschieden eingegrenzt [1].«

Diese Art der Definition ist in der Jugendsoziologie weitgehend unstrittig. Die gelegentlich hieran geübte Kritik, diese Art der Bestimmung sei unbefriedigend, weil sie ausschließlich negativ (»nicht mehr Kind – noch nicht Erwachsener«) sei,[2] erwies sich bisher jedoch nicht als triftig, da noch keine überzeugende positive Definition von Jugend vorgeschlagen wurde, welche die Definition des Objekts nicht schon mit inhaltlichen Aussagen auf zweifelhafter empirischer Grundlage vermischt hätte.

Die in der Jugendsoziologie übliche Definition, etwa in der Formulierung *Hollingsheads*, impliziert durchaus nicht eine negative Bewertung des durch sie gefaßten sozialen Arrangements, so wie dies mancherorts unterstellt wurde. Vielmehr erlaubt sie es, empirisch überprüfbare Aussagen über das Jugendalter zu machen, ohne diese durch Einbezug in die Definition der Möglichkeit des Scheiterns an der Wirklichkeit zu entziehen. Eine Ergänzung und Verfeinerung des Jugendbegriffes werden wir nach seiner Gegenüberstellung mit dem Pubertätsbegriff vornehmen.

So nötig die begriffliche Trennung der Phase des Lebensablaufs »Jugend« von dem Tatbestand der Pubertät ist, wie dies auch in *Hollings-*

heads Klärung der Definition geschieht, so sehr ist andererseits ein Verständnis der Komplexität der physiologischen und biologischen Pubertät unerläßlich für ihr Verständnis.

2.1. Zum Begriff der Pubertät

Zeitpunkt und Verlauf der Pubertät sind wesentlich biologisch bestimmt. Die Pubertät ist eine Periode intensiver physischer und physiologischer Veränderung. Ausbildung der primären und sekundären Geschlechtsmerkmale, beschleunigtes Längenwachstum, Stimmverschiebung usw. sind die bekannten Erscheinungen dieser Phase. Während der Ablauf der einzelnen Pubertätserscheinungen weitgehend einem angebbaren Entwicklungsablauf folgt, unterscheiden sich das Einsetzen und die Dauer der Pubertät nicht nur zwischen den Geschlechtern, sondern auch zwischen Personen desselben Geschlechts beträchtlich.

Manche Jungen beginnen die Phase rapiden Wachstums mit 10¹/₂ und beenden sie mit 13, während bei anderen Jungen diese Phase erst mit 16 einsetzt. Die Hodenentwicklung beginnt zwischen 10 und 13¹/₂ Jahren und dauert bis zum Alter zwischen 14¹/₂ und 18 Jahren. Etwa gleichzeitig mit der Hodenentwicklung beginnt die Schambehaarung aufzutreten. Die Entwicklung des Penis setzt zwischen 11 und 14¹/₂ Jahren ein und schließt zwischen 13¹/₂ und 17 Jahren; die eigentlich genitale Entwicklung ist also zeitlich stärker umgrenzt als der Längenschub.

Beim Mädchen liegt der Beginn der Schambehaarung zwischen 8 und 14 Jahren, der des Längenwachstums im Mittel beim 11. Jahr, also früher als beim Knaben. Gleichzeitig setzt bei den Mädchen die Brustentwicklung ein. Die Menarche, den Beginn der Menstruation, gibt James *Tanner* (1962) mit einem Mittelwert von 13 Jahren und einer breiten Streuung von 10 bis 16¹/₂ Jahren an. Die Menarche variiert nach städtischer und ländlicher Bevölkerung, nach ethnischer Herkunft und verschiedensten anderen Faktoren. Besonders dramatisch ist die eindeutig merkbare Vorverlegung der Menarche von etwa 16 Jahren vor 130 Jahren auf gegenwärtig 13 Jahre (L. *Rosenmayr* 1969: 88). Um 1920 setzte eine »beschleunigte Verfrühung« der Menarche ein, die, wenn sie konstant bliebe, einer durchschnittlichen Geschwindigkeit von 6 Jahren in 100 Jahren entsprechen würde. Bei den Burschen ist übrigens ein stärkerer Zusammenhang zwischen Körperwachstum und Genitalreife festzustellen, d. h. es gibt eher hochaufgeschossene Mädchen, die noch kaum Merkmale der geschlechtlichen Entwicklung zeigen, und kleine, die bereits genital gereift sind.

Diese Daten sind zwar gelegentlich nach Stadt und Land, aber nicht nach anderen wichtigen soziologischen Merkmalen, wie dem der Sozialschicht, ausreichend untersucht worden. Denn erst neuerdings sind diese letzteren Merkmale auch für den Pädiater als sozialmedizinische Faktoren wichtig geworden.

Ernährungsgewohnheiten, die ja auch sozial stark variieren, nehmen beträchtlichen Einfluß auf das Längenwachstum. Unterschiedliche Mittelwerte des Längenwachstums zeigten sich bei Jugendlichen aus dem abgelegenen niederösterreichischen Waldviertel im Vergleich zu den Wienern (L. *Rosenmayr* 1976 b: 45). Untersuchungen von Franz *Wurst*, Hansjörg *Wassertheurer* und Karla *Kimeswenger* (1961) haben sehr deutlich Zusammenhänge zwischen Höhenlage des Wohnorts und Körpergröße gezeigt: die Kärtner Bergbauernkinder sind kleiner und haben verschiedene andere Merkmale als die Kinder, die im Tal oder sonst in einigen Hinsichten ähnlichen Verhältnissen heranwachsen. Von der Zahnkaries bis zum Längenwachstum gibt es viele Unterschiede nach sozialwirtschaftlichen und soziokulturellen Gegebenheiten.

Pubertät ist eine vielfältige, über mehrere Jahre sich erstreckende, sozial differenzierte Entwicklung. Die geisteswissenschaftliche Jugendpsychologie hatte den Schock, das abrupte Einbrechen des Sexuellen, das plötzliche Auftreten einer »neuen Welt« dramatisiert – was für die subjektive Perzeption des Auftretens von neuen Merkmalausprägungen für manche Jugendliche gelten mag, aber wohl weniger generell als angenommen, da die Streuung des Beginns und Abschlusses der verschiedenen Teilprozesse der Pubertät relativ groß ist und diese Prozesse von den Kindern und Jugendlichen im Zusammenleben mit Altersgenossen erfahren bzw. in den einzelnen Abschnitten erwartet werden.

Die in den letzten Jahrzehnten beobachtete Vorverlagerung der körperlichen Reife, die Reifungsakzeleration, wird häufig für die Beeinträchtigung der Intelligenz-Entwicklung und der Entwicklung der Arbeits- und Berufseinstellungen verantwortlich gemacht, was jedoch bereits durch die Längsschnittuntersuchungen von Wilhelm *Hagen* und Hans *Thomae* widerlegt wurde (1962).

Ein Zusammenhang besteht zwischen körperlicher Reife und dem Beginn der aktiven Kontaktnahme zwischen Knaben und Mädchen, reichend vom gemeinsamen Ausgehen und der gemeinsamen Unterhaltung bis zu den verschiedensten Formen erotischer und sexueller Kontakte. Doch kann man die Vorverlagerung des »dating« kausal keineswegs auf die körperliche Reifung zurückführen.

Dauer und Verlaufsform der Pubertät bilden ein theoretisches Zentralthema der Forschung über die menschliche Jugend, so daß hier der Mensch-Tier-Vergleich besonders angezeigt erscheint.

In »Wachstum und Reifung des Menschen« geht James *Tanner* (1962) von zwei Thesen aus, die er durch Forschungsmaterial ausführlich belegt:

1. »Im gesamten übrigen Tierreich nehmen alle Vorgänge, die mit der Fortpflanzung zusammenhängen, einen völlig anderen und wesentlich beschleunigten Verlauf. ... Die menschliche Pubertät ist aber gegenüber der des Tieres um eine erhebliche Zeitspanne hinausgezögert und außerdem im Gegensatz zum Tier mit einem deutlichen Schub an Gewichtszunahme verbunden, der die Kurve ein scharf abgezeichnetes, zweites Maximum erreichen läßt« (S. 237 und 247).
2. Der eigentliche puberale Entwicklungsschub ist ein gemeinsames Merkmal der Primaten, weil bei den übrigen Säugetieren die Beschleunigung a) nur gering ist und b) vom allgemeinen körperlichen Wachstum, das seit der Entwöhnung besteht, überdeckt ist.

Alle Diskussion über Jugend beim Menschen muß davon ausgehen, daß die Verzögerung des Eintritts der Pubertät – also die Längerstreckung der Kindheit – bei den höheren Primaten und beim homo sapiens darauf zurückzuführen ist, daß die zerebrale Auslösung der Pubertät erst spät erfolgt. Das Gehirn gibt für den Beginn der Geschlechtsreife erst lange nach der Entwöhnung von der Laktation durch die Mutter die Bahn frei, weil das zerebrale Steuerungszentrum der Primaten bzw. der Menschen »weiß«, daß es einen hohen Reifegrad erreicht haben muß, ehe es dem Organismus die Zeugung von Nachkommen freigeben »darf«. Bei den Primaten und beim Menschen müssen die Mutter bzw. die Familie Schutz und Aufzucht bieten. Für eine solche Mutter- bzw. Familienrolle können sich aber erst neurophysiologisch hochentwickelte, körperlich durchgereifte Individuen qualifizieren. Soziologisch ist zusätzlich von Bedeutung, daß für den Menschen die lange Kindheit ein gewisses Minimum von Bereitwilligkeit des Lernens ermöglicht, da die Lenkbarkeit größer ist und die Suche nach sexueller Partnerschaft noch fehlt. Die in der städtischen industriellen Gesellschaft sich abzeichnende Vorverlegung der körperlichen Reife, einerseits Ergebnis, andererseits Ursache sozialer Gegebenheiten, tritt in einen gewissen Konflikt mit der notwendigen Expansion der Lehrjahre. Das Lernen in der industriellen Gesellschaft ist nicht mehr so stark »biologisch geschützt«, wie der Mensch in der primitiven und in der vorindustriellen Gesellschaft durch die neurophysiologische »Spätzündung« ursprünglich geschützt war.

Das spezialisierte Gehirn kann nur ausgenützt werden, wenn eine entsprechend lange vorpubertäre kindliche Lernphase gegeben ist. Bei den niedrigen Tieren genügt eine sehr kurze Lehrzeit. Man könnte das Argument auch umkehren und sagen, daß die der sozialen Hilfe beim Lernen nicht bedürftigen tierischen Individuen vieler Arten von einem höher entwickelten Gehirn gar keinen vollen Gebrauch machen könnten.

Ein weiteres sehr wichtiges Argument geht über die bloße Verlängerung der Kindheit bei den höher und höchst entwickelten Tieren hinaus. Es betrifft die bei den Säugern gegenüber anderen Tieren stärker beschränkte Nachkommenschaft. Die höhere zerebrale Struktur erfordert eine stärkere individuelle Zuwendung und Lehr- bzw. Lernprozesse zwischen den Generationen in der Familie. Daher muß die Zahl der Individuen, die aus jeweils einem Mutterindividuum hervorgeht, beschränkt bleiben.

2.2. Die Plastizität der Jugendphase

Der wichtigste Unterschied zwischen Pubertät und Jugendphase ist darin zu sehen, daß die Pubertät ein von physiologischen Entwicklungsgesetzen weitgehend determiniertes, zwar soziologisch modifiziertes aber im Grunde durch biologische Prozesse vorangetriebenes Stadium der Reifung menschlicher Individuen ist, während die Jugendphase entscheidend und grundlegend von sozialen Faktoren bestimmt wird. Wie sehr letzteres der Fall ist, zeigen mit großer Deutlichkeit einmal der interkulturelle Vergleich, zweitens historische Untersuchungen über die Jugendphase in anderen Epochen, drittens der Vergleich verschiedener sozialer Schichten untereinander und viertens schließlich die neueste Sozialgeschichte.

Die Plastizität der typisch menschlichen Jugendphase belegt uns auch das reichlich vorhandene Forschungsmaterial über Initiationsriten (Jugendweihen) bei den *Naturvölkern,* wo es ein *Jugendalter im Sinne der Hochkulturen nicht gibt.* Der Übergang vom unreifen Alter in das Reifealter erfolgt schlagartig durch Probezeit bzw. eine Zeremonie. Ob diese Zäsur bei der einen Gruppe noch vor oder bereits nach dem Erreichen bestimmter Kriterien der Pubertät liegt, scheint gar nicht so wichtig zu sein.

Margaret *Mead* schildert Völker, z. B. die auf einer Insel nördlich von Neu-Guinea lebenden Manus, bei denen es keine Jugendweihe gibt. Der junge Mensch kann sich weiterhin von der Arbeit der Erwachsenen absentieren. Er bekommt allerdings eine Führerstellung bei der Gruppe der jüngeren Knaben (*Mead* 1930); aber auch das ist für ihn ein Vergnügen. Wodurch wird jedoch dann überhaupt bei den Manus eine Sozialisation zur Arbeit erreicht? Wie übernimmt der junge Mensch Arbeitsaufgaben und wie lernt er eine bestimmte Arbeitsrolle? Bei der von den Verwandten bestimmten Eheschließung wird der junge Mensch unter die Kontrolle jener Erwachsenen gestellt, die ihm die Frau verschafft haben. Er wohnt dann mit seiner jungen Frau hinten im Haus des Onkels, der ihn als Diener hält oder bestimmt, was er zu tun hat, und erst dadurch, mit der Übernahme von Arbeitsaufgaben durch die Ehe, wird die Jugendzeit beendet. Dieser Wandel tritt gleichsam an die Stelle der Jugendweihe.

Es gibt allerdings auch bei den Naturvölkern innerhalb der Gruppe der als reif Erklärten verschiedene Stufen und Stadien, die z. B. dadurch zum Ausdruck kommen, daß bestimmte Arbeiten nicht allen zugemutet werden. Generell gilt für die Naturvölker jedoch: Es existiert kein Lebensbild der Jugendlichkeit, das von der Gesellschaft besonders beachtet und dem ein besonderer Wert zugemessen würde. *Also tritt in Primitivgesellschaften die Jugend weder rein als eigene Gruppe auf, die sich als solche konstituieren und einen bedeutenden Faktor im gesamten Stammes- oder Gruppenleben bilden würde, noch existieren bestimmte, die Jugendlichkeit positiv betonende Vorstellungen.* In Erscheinung tritt nur die Überwindung, das Hinausgehen über die Unreife oder das Erreichen der Reife – hier: Status der Bewältigung der Umwelt – durch faktische oder rituelle Proben. Auch die Jugendhäuser, die wir als Zentren erotischer und sexueller Aktivität von unverheirateten jungen Menschen aus einigen wenigen Beispielen, etwa den Muria aus Zentralindien und den Wagawaza in Neu-Guinea kennen, sind nach unserer Auffassung eher zur Erprobung und Überleitung zum Erwachsenenstatus eingerichtet, als zum Aufbau einer jugendlichen Subkultur.

Die »zweite Geburt« (René *König*), die den Menschen zu einem Vollmitglied der Gesellschaft macht, wird in der Primitivkultur vielfach rasch und plötzlich vollzogen, sie steht stark unter dem Eindruck magischer und religiöser Vorstellungen, die in einem zumeist den ganzen Stamm involvierenden festlichen Akt zur Reifeerklärung herangezogen werden. Im Zusammenhang mit Initiationsriten sind für die männliche Jugend die Institution des Männerhauses und auch das Geheimbundwesen von Bedeutung. Der Akt z. B. des Beschneidens ist ja als ein Töten und Wiedererwecken aufzufassen, und stellvertretend nimmt das männliche Glied dabei die Funktion des gesamten Menschen ein. Diese religiös-kultische Handlung ist zeitlich auf wenige Minuten zusammengedrängt. Es handelt sich um einen übernatürlichen »Reifungs- bzw. Reifeerklärungsprozeß«, der im Unterschied zum realen Reifen durch Lernen und Erfahrungsammeln bzw. Geprüftwerden abrupt erfolgen kann.

Historische Untersuchungen wie die Walter *Hornsteins* (1966) oder Frank *Musgroves* (1964) versuchen nachzuweisen, in welchem Umfang die Jugendphase, so wie wir sie kennen und die wir für »natürlich« zu halten geneigt sind, eine Erscheinung der Neuzeit ist. Der britische Soziologe Frank *Musgrove* brachte die relative Neuheit der »Jugend« sehr pointiert zum Ausdruck (1964: 33): »Der Jugendliche wurde zur selben Zeit erfunden wie die Dampfmaschine. Der Hauptbaumeister der letzteren war *Watt* 1765, des ersteren *Rousseau* 1762. Nachdem der Jugendliche nun erfunden war, war die Gesellschaft mit zwei Hauptproblemen konfrontiert: wie und wo er in der Sozialstruktur zu plazieren sei, und wie man sein Verhalten in Übereinstimmung mit den Spezifikationen bringen könne«. (Wir werden dieser etwas vergröbernden Auffassung später in Abschnitt 7 unseren historischen Abriß gegenüberstellen.)

In der Gesellschaft der Gegenwart ist Jugend nicht durchgängig als identische Gestalt auffindbar: während Jugend für die Kinder der gehobenen Mittelschichten eine selbstverständliche Lebensphase ist, ist dies für Kinder der Unterschichten auch in der modernen Industriegesellschaft keineswegs der Fall. Siegfried *Bernfeld* wies bereits Anfang dieses Jahrhunderts auf diesen Sachverhalt hin, indem er (in einer gewissen Dehnung des Begriffs auf eine *Kultur*pubertät hin) von der »gestreckten Pubertät« in den höheren Schichten sprach; Paul *Lazarsfeld* ergänzte dies Ende der zwanziger Jahre durch den Hinweis auf die »verkürzte Pubertät« des jugendlichen Proletariers. Auch wenn seit Anfang des Jahrhunderts in den meisten Industriegesellschaften eine gewisse Ausbreitung des Jugendstadiums stattgefunden hat, sind recht dramatische Schichtunterschiede, was das Vorhandensein einer Jugendphase angeht, nach wie vor gegeben.

Krisensituationen und -perioden der jüngsten Geschichte machen deutlich, daß auch in der modernen Industriegesellschaft die Phase »Jugend« durchaus verzichtbar ist. Totale Mobilisierung im Kriege und wirtschaftliche Not in der Nachkriegszeit schafften die Jugendphase auch in den Gesellschaftsschichten weitgehend ab, wo sie zu anderen Zeiten normal war. Freilich wurde dies von den Betroffenen als eine Abweichung von einem quasinatürlichen Ablauf gesehen, wie sich etwa in Aussprüchen von der Jugend, die man eigentlich nicht gehabt habe, zeigt.

2.3. Dimensionen des Jugendbegriffs

Jugend bezeichnet einerseits eine Phase im individuellen Lebenslauf, andererseits eine *Teilmenge der Gesellschaft*, die von zumindest einigen *Alterskriterien* abhängig ist.

Die gesellschaftliche Teilmenge Jugend wird altersmäßig »von unten« her in der gegenwärtigen Forschung übereinstimmend – aber hierdurch chronologisch unscharf – durch den *Beginn der Sexualreife* begrenzt. Jedoch auch diese Begrenzung ist nicht ganz überzeugend, weil z. B. Kinder mit 11 oder 12 Jahren etwa durch »Dating« schon *vor* Beginn einer Geschlechtsreife ein sonst erst für Teenager charakteristisches Verhalten zeigen. Jugend kann zureichend weder biologisch noch chronologisch, sondern muß von einem *empirisch gehäuften Verhalten* (hinsichtlich einiger als relevant definierter Dimensionen) in einer grob umrissenen Altersspanne einerseits und von der noch *unvollkommenen Zuerkennung von Rechten und der noch ausstehenden Erreichung sozialökonomischer Positionen* andererseits her definiert werden.

Diese *Statusdefinition der Jugend* impliziert, daß die Begrenzung von Jugend noch »oben« (gegen das Erwachsenenalter hin) durch die Einführung der Begriffe »Jugendliche« und »junge Erwachsene« zu präzisieren ist, wobei »junge Erwachsene« dadurch definiert sein sollen, daß sie in gewissen Hinsichten einige Positionen bereits erreicht haben, die Jugendlichen noch nicht zugänglich sind. Andererseits aber können auch die »jungen Erwachsenen« den voll legitimierten (Erwachsenen-)Status sämtlicher sexueller, familiärer, haushaltsmäßiger, beruflicher und politischer Zugangsrechte noch nicht erreichen oder realisieren.

Jugend mit den Teilbegriffen »Jugendliche« und »junge Erwachsene« ist in diesem Sinne ein *Statusbegriff*. Diese Abgrenzungen erschweren zwar vorerst einen Überblick, weil sie verlangen, daß in jeder zu untersuchenden Gesellschaft die Begriffe »Jugendliche« und »junge Erwachsene« genau nach sozialen, ökonomischen und juristischen Statuskriterien festgelegt werden, was für zwischengesellschaftliche und interkulturelle Vergleiche aufwendige Verfahren nach sich zieht; sie sind aber Voraussetzung für eine verfeinerte und soziologisch fruchtbare Zurechnung von Individuen zu sozialen Teilmengen und/oder theoretischen Kollektiven, die dann Erklärungswert für Verhalten, Einstellungen usw. haben sollen.

»Jugend« ist insofern als *Kohorte* zu fassen, als sie zeitgeschichtlich gemeinsamen Bedingungen und Erlebnissen unterliegt, als *Generation* dann, wenn sie auch gemeinsame historisch bedeutsame Aktivitäten erzeugt, dies jedoch primär in den sozialschicht- und sozialkontextmäßig sowie ideologisch verschieden strukturierten Generations*einheiten* (K. *Mannheim* 1928).

»Jugend« ist schließlich auch als Begriff mit *religiösem und politischem Aufforderungscharakter* und in Verbindung mit *Erneuerungsbereitschaft und -fähigkeit* in relativer Abgelöstheit von chronologischen und biologischen Grenzen sprachlich und sozial in Umlauf. Werte, die durch die Wohlfahrtsgesellschaft medizinisch ermöglicht und durch die »Konsumgesellschaft« propagiert werden, haben die Idolbildung »Jugend« bis in die mittleren Altersgruppen vorgeschoben, mit Akzent vor allem beim weiblichen Geschlecht. Das hat Zielvorstellungen der sexuellen Partnerschaft, der Phasenbildung des Lebens und andere Bereiche nachhaltig beeinflußt. Jugend wird in diesem Sinn als *Wertbegriff* verwendet, um vor allem geistige *Agilität, Zukunftsorientiertheit* usw. auszudrücken.

Vielleicht wäre es klärend, hier statt von Jugend von Jugendlich*keit* zu sprechen.

Es ist wichtig, daß diese verschiedenen begrifflichen Ansätze: Jugend
1. als *Phase im individuellen Lebenslauf,*
2. als *soziale Teilmenge,* die durch empirisch gehäuftes Verhalten charakterisiert wird,
3. als *unvollkommener Status,*
4. als Kohorte oder in Generationseinheiten strukturierte historische Kräfte
5. als *idealer Wertbegriff* (»Jugendlichkeit«)

nebeneinander und in ihren Überschneidungen gesehen werden.

2.4. Probleme der Operationalisierung

Die von uns in Übereinstimmung mit dem Gros der jugendsoziologischen Literatur vorgeschlagene Statusdefinition von Jugend bedarf, um für die jugendsoziologische Forschung fruchtbar zu werden, der Operationalisierung, welche die zuverlässige Zuordnung von Personen zu den so bestimmten Kategorien erlaubt. Unternimmt man es indessen, diesen Begriff zu operationalisieren, sind eine Reihe von Schwierigkeiten nicht zu übersehen. Diese sind einmal begründet in Prozessen des sozialen Wandels, die die Abgrenzung der »Jugend« von anderen Gruppen erschweren, indem Übergangs- und Zwischenphasen zunehmend verlängert werden. Zum anderen wird erst durch den Versuch der Operationalisierung deutlich, daß der Statusbegriff »Jugend« durchaus nicht geschlechtsneutral ist – was nicht Mangel des Begriffs sein muß, weil es der geringeren Ausgeprägtheit verschiedener für Jugend charakteristischer Merkmale bei der »weiblichen Jugend« entspricht.

Nimmt man den Beginn der Pubertät als Untergrenze einer Operationalisierung des Jugendbegriffs, so ist zu beachten, daß Beginn und Ende der Pubertät dementsprechend nicht mit einem genau bestimmten Lebensalter allgemeingültig angebbar sind. Die Pubertät von Mädchen beginnt und endet im allgemeinen etwa zwei Jahre früher als die von Jungen, wenn man die genannten Altersangaben für analoge Vorgänge vergleicht. Die Spannweite innerhalb desselben Geschlechts ist so groß, daß es durchaus vorkommt, daß manche Individuen in einem Alter Hauptabschnitte der Pubertätsphase beschließen, in dem bei anderen die damit verbundenen Veränderungen noch gar nicht eingesetzt haben.

Da die äußere Erscheinung eines Individuums vom Stattfinden der Pubertät entscheidend beeinflußt wird und hiervon wiederum weitgehend abhängt, ob es noch als Kind oder schon als Jugendlicher angesehen wird (was auch Konsequenzen für das Selbstbild und die Identitätsentwicklung hat), ist offenkundig, daß eine Definition des Jugendbegriffs mit chronologischen Lebensalterskategorien unangemessen ist, weil dadurch die Grenze zwischen Kindheit und Jugend nicht gültig bezeichnet werden kann.

In der soziologischen Definition des Jugendbegriffs ist die Bestimmung der Obergrenze in modernen Gesellschaften besonders problematisch. Wann einem Jugendlichen die vollen Rechte und der Status eines Erwachsenen zuerkannt werden, ist zunehmend weniger eindeutig angebbar, wenn man es nicht bei definitorischen Setzungen belassen will, sondern Definitionen sucht, welche den tatsächlichen gesellschaftlichen Prozessen gerecht werden.

Friedhelm *Neidhardt* (1970) schlägt in einer sorgfältigen Erörterung des Jugendbegriffs die folgende Operationalisierung der Obergrenze vor:

»Das Ende der Jugendzeit sollte angesichts der außerordentlich starken Streuung des Berufseintritts- und Heiratsalters gar nicht mit Lebensjahren bezeichnet werden. Jemand hört auf, Jugendlicher zu sein, wenn er einen festen Beruf ergreift oder wenn er heiratet.«

Die Operationalisierung der Erreichung des Erwachsenenstatus mit Berufseintritt und Heirat, wie *Neidhardt* vorschlägt, ist sicherlich diejenige Operationalisierung der Grenzdefinition, die dem vorherrschenden soziologischen Begriff von Jugend am besten und einfachsten gerecht wird[3]. Zu beachten ist allerdings, daß eine Jugenddefinition, die Heirat zum Kriterium für Erwachsenenstatus macht, nicht ohne weiteres auf alle Gesellschaften anwendbar ist.

Die Schwierigkeiten liegen darin begründet, daß der Übergang vom Jugendlichen zum jungen Erwachsenen bzw. Erwachsenen immer gradueller stattfindet und die Zahl der Personen zunimmt, die nicht mehr eindeutig als Jugendliche und noch nicht eindeutig (im Sinne der vorgeschlagenen Definition) als Erwachsene bezeichnet werden können.

Dies ist Folge zweier säkularer Prozesse, die in den meisten entwickelten Industriegesellschaften stattgefunden haben und weiter stattfinden: die Verlängerung der Ausbildungsdauer und Verschiebung des Berufseintritts für immer größere Anteile der jeweiligen Altersgruppen einerseits und die Abnahme des Heiratsalters andererseits. Notwendige Folge dieser Prozesse ist, daß der Anteil derjenigen Menschen zunimmt, die nur eines der beiden Kriterien für den Erwachsenenstatus erfüllen.

2.5. Die Entwicklung des Heiratsalters

Im letzten Jahrhundert ist das Heiratsalter in Deutschland wie auch in anderen Industriegesellschaften erheblich gesunken. Dies ist dokumentiert in den Veröffentlichungen der statistischen Ämter, die das durchschnittliche Heiratsalter im Zeitverlauf angeben (Tabelle 1).

Tabelle 1: Das durchschnittliche Heiratsalter Lediger in der Bundesrepublik Deutschland

Jahr	Männer	Frauen
1954	26,7	24,4
1955	27,0	24,4
1956	26,8	24,4
1957	26,6	24,1
1958	26,3	23,9
1959	26,0	23,8
1960	25,9	23,7
1961	25,9	23,7
1962	25,8	23,7
1963	25,9	23,7
1964	25,9	23,7
1965	26,0	23,7
1966	26,0	23,6
1967	26,0	23,5
1968	25,8	23,3
1969	25,7	23,1
1970	25,6	23,0
1971	25,5	22,9
1972	25,5	22,9

In diesem Jahrhundert sank in Deutschland das mittlere Heiratsalter von Männern von 27 Jahren im Jahre 1925 auf 25,1 im Jahre 1972 (BRD)[4].

Von 1954 bis 1972 sank das durchschnittliche Heiratsalter lediger Männer in der BRD um 1,2 Jahre (von 26,7 Jahren im Jahre 1954 auf 25,5 im Jahr 1972). Was diese Durchschnittszahlen andeuten, wird noch deutlicher durch einen Vergleich der Anteile der noch Ledigen unter den Mitgliedern der Ende des 19. Jahrhunderts und der nach Ende des Zweiten Weltkriegs geborenen Kohorten. Dieser Vergleich ist möglich aufgrund einer Umrechnung der in den Statistischen Jahrbüchern ausgewiesenen Heiratsziffern Lediger. Hieraus ergibt sich z. B., daß im Jahre 1911 unter den 26jährigen Männern die Ledigen mit etwa 60 % noch in der Mehrheit waren. Die Mehrzahl der im Jahre 1946 geborenen Männer hatte bei Erreichen des gleichen Lebensalters im Jahr 1972 bereits geheiratet; nur etwa 40 % der 26jährigen Männer waren noch ledig.

Noch deutlicher ist der Rückgang des mittleren Heiratsalters der Frauen um 2,7 Jahre von 1925 (24,7) bis 1972 (22,04).

In der BRD ging das durchschnittliche Heiratsalter lediger Frauen von 1954 bis 1972 um 1,5 Jahre zurück (von 24,4 auf 22,9 Jahre). Im Vergleich der Kohorten wird dieser Rückgang noch eindrucksvoller: von den Frauen des Geburtsjahrs 1949 etwa waren im Alter von 20 bis unter 21 Jahren schon 35 % verheiratet, von den Frauen des Geburtsjahrgangs 1929 aber erst 16 %[5].

Der Rückgang des Heiratsalters ist in ähnlicher Weise in anderen modernen Industriegesellschaften zu beobachten; so sinkt z. B. in den USA der Median des Heiratsalters (Erstehen) für Männer von 26,1 Jahren im Jahr 1890 auf 23,2 Jahre zum Zeitpunkt 1970 (für Frauen von 22,0 auf 20,8), wobei die geringere Differenz zwischen diesen Zeitpunkten sich aus der besonderen Situation der USA als Einwanderungsland erklärt[6]; die außergewöhnliche Differenz zwischen den Geschlechtern ist eine Folge des Männerüberschusses.

2.6. Ausdehnung und Ausbreitung der Ausbildungsphase

In den meisten modernen Industriegesellschaften haben sich im letzten Jahrhundert zugleich auch andere strukturelle Bedingungen von Jugend entscheidend geändert. Immer größere Anteile der nachwachsenden Kohorten besuchen Institutionen des höheren Bildungswesens; dieser Prozeß wird erkennbar, wenn man etwa die in Tabelle 2 dargestellten Zahlen betrachtet. Der Anteil der Personen mit Abitur- oder Hochschulabschluß unter der Wohnbevölkerung der BRD hat in diesem Jahrhundert stetig zugenommen. Waren es unter den zu Beginn dieses Jahrhunderts Aufgewachsenen noch weniger als 4 % eines Jahrgangs, die diese Abschlüsse erwarben, so hat sich dieser Anteil unter den Volljährigen der Nachkriegsgenerationen bereits mehr als verdoppelt. Eine weitere Zunahme ist aus neuen Statistiken des Schulbesuchs erkennbar.

Dieser Prozeß der quantitativen Ausweitung des höheren Bildungswesens, der hier nur exemplarisch für die Bundesrepublik Deutschland illustriert wurde, ist nicht die einzige für die Kategorie Jugend und ihre Abgrenzung wichtige Rahmenbedingung, die sich im säkularen Prozeß änderte. Zugleich mit dieser Veränderung ist eine *Verlängerung* der *Ausbildungsdauer auf allen Ebenen des Bildungswesens* zu beobachten. Dies gilt durchweg, von der Verlängerung der Studienzeiten bis zur Verlängerung der Vollzeitschulpflicht. Diese beiden, voneinander zu unter-

Tabelle 2: Volkszählungsergebnisse 1970. Errechnet aus Angaben in Bevölkerung und Kultur, Heft 14, Bevölkerung nach dem Ausbildungsstand, ausgewählte Fachrichtungen und Nettoerwerbseinkommen (1974, S. 24)

Geburtsjahrgruppe	Anteil mit Abitur oder Hochschulabschluß
1900 und früher	3,6 %
1901–1905	3,5 %
1906–1910	3,7 %
1911–1915	4,7 %
1916–1920	5,2 %
1921–1925	5,7 %
1926–1930	5,6 %
1931–1935	4,8 %
1936–1940	5,9 %
1941–1945	8,2 %
1946–1950	8,2 %

scheidenden Veränderungen des Bildungswesens haben eine gemeinsame Folge: der Berufseintritt findet immer später statt. Der Zeitpunkt des Berufseintritts verschiebt sich für alle Jugendlichen; als Folge der strukturellen Verschiebung zum höheren Bildungswesen wird er für immer größere Anteile der Nachwuchskohorten zusätzlich weiter hinausgeschoben.

Beide Tendenzen, die Verlängerung der Ausbildungsdauer wie der Rückgang des Heiratsalters, sind aus dem veröffentlichten Material der amtlichen Statistik klar erkennbar. Nicht nur Richtung, sondern auch Ausmaß der Veränderung ist präzis bestimmbar. Aus diesen Daten läßt sich folgern, daß die Zahl derjenigen Menschen zunimmt, die im Sinne der Definition weder den »Jugendlichen« noch den Personen mit Vollerwachsenenstatus zuzurechnen sind, weil sie das Kriterium »Heirat« erfüllen, nicht aber das Kriterium »Berufseintritt«. Zwar ist aus den von der amtlichen Statistik veröffentlichten Daten der genaue Umfang dieser Kategorie, welche zusammen mit den unverheirateten Vollberufstätigen gleichen Alters in der jugendsoziologischen Literatur zumeist als »junge Erwachsene« bezeichnet werden, quantitativ nicht genau bestimmbar. An der erheblichen Zunahme in dieser Kategorie ist jedoch nicht zu zweifeln. Unsere Überlegung zeigt, daß sie nicht ganz homogen ist und daß eine weitere Differenzierung nicht abzuweisen ist.

Diese Schwierigkeit bei der Anwendung der operationalisierten Definition, die durch die säkulare Entwicklung gegeben ist, sollte nicht der Definition vorgehalten werden. Es ist eine Schwierigkeit, die dem Gegenstand keineswegs äußerlich ist. Es wäre deswegen auch nicht sinnvoll, diese durch Suche nach einer anderen, einfacher anwendbaren und vielleicht dem Alltagsverständnis von »Jugend« besser entsprechenden Operationalisierung des Jugendbegriffs lösen zu wollen.

Allerdings ist es erforderlich, die Schwierigkeiten der Anwendung des Begriffs bei der Diskussion von Jugend in den verschiedenen gesellschaftlichen Bereichen nicht außer acht zu lassen. Sie können eine nützliche Erinnerung sein, daß in der modernen Gesellschaft klar voneinander trennbare Statusgruppen »Jugendliche« und »Erwachsene« gar nicht in dieser Weise vorhanden sind. Der Übergang von einem Status zum anderen ist nicht abrupt, sondern eher kontinuierlich bzw. gestuft, was sich am stärksten in den rechtlichen Bestimmungen abbildet, die ja definitorische Setzungen des Gesetzgebers sind und nicht notwendig die soziale Wirklichkeit ausdrücken. Nicht nur die Abgrenzung des »Jugendlichen« ist unscharf geworden, sondern auch die des »Erwachsenen«; die der »jungen Erwachsenen« ist nötig, aber nicht ganz eindeutig.

Dies entspricht einer für die moderne Industriegesellschaft charakteristischen Tendenz, die Rollen des Individuums in den verschiedenen Bereichen *nicht auch in ihrer Kombination schon vorzuschreiben.* In ihr gewinnen Personen geradezu ihre Identität durch die spezifische von ihnen selber zu leistende Kombination von Rollen, welche sie ausfüllen. Dabei können sich die Erwartungen an die in einem solchen Rollensatz kombinierten Rollen auch durchaus zumindest teilweise widersprechen. Derartige Konflikte müssen keineswegs durch die durchgängige Dominanz einer bestimmten Rolle – etwa der »Altersrolle«, sei sie nun »Erwachsener« oder »Jugendlicher« – gelöst werden. Überhaupt zeigt sich hier die Notwendigkeit, das Rollendenken in der Soziologie durch einen Persönlichkeitsbegriff zu ergänzen, durchaus auch aus sozialwissenschaftlicher Denkweise heraus.

2.7. Geschlechtsdifferenzen in der Bestimmung von Jugend

Der Übergang vom Jugendlichen zum Erwachsenenstatus vollzieht sich für die beiden Geschlechter sehr unterschiedlich. Die Übernahme der Verantwortung für Mitglieder einer neuen Generation durch Elternschaft ist sicherlich ein Merkmal des Statusübergangs zum Erwachsenenstatus hin, auch wenn es in der Operationalisierung nicht explizit berücksichtigt wurde (in diesem Zusammenhang ist auf den Unterschied von Ehe und Familie hinzuweisen). Der Stellenwert der Elternrolle ist indes für die Geschlechter ganz unterschiedlich.

Die diskutierte Operationalisierung der Jugenddefinition bestimmt dagegen die Obergrenze des Jugendstatus nicht explizit geschlechtsspezifisch. Während für Männer Heirat und Berufseintritt die wesentlichen Aspekte des Vollerwachsenenstatus bezeichnen, erscheint die gleiche Grenzbestimmung für Frauen weniger geeignet. Die Bedeutung des Berufs für den Status von Frauen ist (noch) nicht identisch mit der Bedeutung des Berufs für den Status von Männern.

Dies wird u. a. sichtbar bei der Betrachtung der Erwerbsquoten von Frauen unterschiedlichen Alters und Familienstands. In Tabelle 3 sind

Tabelle 3: »Anteil der Erwerbspersonen an 100 Personen der Wohnbevölkerung entsprechenden Alters, Geschlechts, Familienstandes und Nationalität«

Alter von ... bis unter ... Jahren	Erwerbsquoten männlich	Erwerbsquoten weiblich zusammen	ledig	verheiratet	verwitwet / geschieden
	%				
15–20	62,1	60,4	60,6	58,1	–
20–25	83,6	67,0	80,4	57,7	78,7
25–30	93,0	53,4	86,2	47,2	80,0
30–35	98,1	48,1	90,4	43,1	75,4
35–40	98,7	48,5	89,4	43,8	71,8
40–45	98,4	50,0	89,1	44,7	71,4
45–50	96,7	50,7	88,9	43,9	66,6
50–55	93,9	46,5	85,7	40,0	53,3
55–60	86,2	36,0	77,5	29,6	37,5
60–65	63,5	17,7	39,6	14,5	17,5
65 und mehr	15,0	5,7	11,8	6,3	4,2
Insgesamt	77,5	39,1	64,4	37,7	21,1

die Erwerbsquoten, d. h. der »Anteil der Erwerbspersonen an 100 Personen der Wohnbevölkerung entsprechenden Alters, Geschlechts, Familienstandes und Nationalität«, für die Bundesrepublik Deutschland (April 1972) dargestellt. Während die Erwerbsquote von ledigen Frauen nur geringfügig unter der der gleichaltrigen Männer liegt, ist nur eine Minderheit der über 25jährigen verheirateten Frauen erwerbstätig. (Für Österreich siehe dazu *Rosenmayr* et al. 1973).

In diese Aufgliederung der statistischen Daten ist leider die Kinderzahl nicht einbezogen. Zu vermuten ist, daß für die Berufstätigkeit der jüngeren Frauen nicht der Familienstand (»ledig« vs. »verheiratet«) die ausschlaggebende Rolle spielt, sondern Gegenwart oder Abwesenheit von Kindern der entscheidende Faktor ist (*Rosenmayr* et al. 1973: 12 f.). In diesem Sinn weist N. B. *Ryder* (1974) bei der Analyse amerikanischer

Daten darauf hin, daß zwischen der Erwerbstätigkeitsquote lediger und verheirateter kinderloser Frauen kaum ein Unterschied besteht.

Die hier offenkundigen Schwierigkeiten der Anwendung der Operationalisierung ließen sich lösen, wenn »Hausfrau« oder »Hausfrau und Mutter« als Beruf gelten. Auch hier erweist sich aber, daß das Problem der Operationalisierung sich aus dem Gegenstand selbst ergibt. Die Abgrenzung der Jugendphase für die weibliche Jugend stellt deswegen besondere Probleme, weil die Jugendphase für Mädchen von der gleichaltriger Jungen qualitativ verschieden ist.

Wie in den folgenden Kapiteln noch im einzelnen darzustellen sein wird, ist die Jugendphase bei Mädchen weniger ausgeprägt als bei Jungen, wie sich aus den folgenden Beispielen leicht ersehen läßt:

Im Sinne der Definition ist die Jugendphase von Mädchen im Durchschnitt kürzer (niedrigeres Heiratsalter von Frauen). Der relative Besuch weiterführender Schulen durch Mädchen ist geringer. Die normativen Erwartungen für das Jugendalter sind für Mädchen weniger gültig. Die Ablösung vom Elternhaus, die in der Jugendphase graduell stattfindet, ist für Mädchen weniger deutlich und weniger vollständig. Auch wenn nicht der Status als »höhere Tochter« die Kindrolle verlängert, bleibt die Abhängigkeit der Töchter vom Elternhaus länger und intensiver bestehen als die der Söhne (vgl. Kapitel 4).

2.8. Jugend: Klasse, Stand, Gruppe?

Zuweilen werden Versuche unternommen, die Position der Jugend in der Gesellschaft durch Begriffe zu kennzeichnen, die aus anderen Bereichen der Analyse entlehnt wurden. In einigen sich als marxistisch verstehenden Analysen, jedoch auch anderen (vgl. H. *Kreutz* 1974) wird die Jugend als *Klasse* bezeichnet; in der Jugendbewegung zu Anfang dieses Jahrhunderts wurde – im Mißverständnis historischer »Stände« – Jugend als *Stand* aufgefaßt, während aus dieser Tradition heraus beeinflußte Abhandlungen neuerdings Jugend vom soziologischen Konzept der *Gruppe* her begreifen wollen.

Wenn die Verwendung des Klassen-, Standes- oder Gruppenbegriffs durch definitorische Einbeziehung in den Jugendbegriff gekennzeichnet ist, erweist sich unseres Erachtens ein solcher Ansatz als nicht fruchtbar. Durch arbiträre definitorische Entscheidung würde scheinbar gelöst, was eine empirisch beantwortete Frage ist und bleibt: ob Jugend durch einen dieser Begriffe angemessen charakterisiert wird. Im folgenden werden wir diese Frage näher betrachten.

Zur Begründung der Auffassung, Jugend sei in der entwickelten Industriegesellschaft insbesondere der USA eine *Klasse*, wird die Stellung der Jugend im Produktionsprozeß angeführt, wobei »Verteidigungsindustrie« und Bildungs»industrie« die wichtigsten Bereiche seien. Verwendet man – was von bestreitbarer Legitimität ist – die Analogie des Produktionsbereichs für die Analyse sozialer Beziehungen in Militär oder Bildungswesen, so sind die in diesen Bereichen tätigen Jugendlichen in der Tat nicht im Besitz der Produktionsmittel, noch haben sie Verfügungsgewalt über diese; ihre Stellung in der Herrschaftsordnung dieser Bereiche ist der Stellung von Arbeitern in der eigentlichen Produktion in der dortigen Herrschaftsordnung (begrenzt) vergleichbar, wenn auch und weil die Art des Arbeitsprozesses sehr unterschiedlich ist, und weil weiters im Bereich des Militärs und insbesondere im Bildungsbereich jene die *industrielle Arbeitswelt charakterisierenden Momente der Arbeitsteilung weitgehend fehlen* oder nur sehr abgeschwächt gegeben sind (vgl. *Allerbeck* 1973a: 220–241). Dies gilt für die übergroße Mehrzahl der Jugendlichen, zumindest bis zum Ende der angehobenen allgemeinen Schulpflicht bzw. zum Abschluß der Berufsausbildung für jugendliche Arbeiter. Wenn der Begriff der Klasse für die Jugend Sinn haben soll, ist es erforderlich, die Klassenlage der *nicht* der Kategorie »Jugend« zuzurechnenden Personen entsprechend zu bezeichnen bzw. diese andere Population klassenspezifisch zu fassen. Die außerordentlich großen Unterschiede der Lebenslagen innerhalb der »Nicht-Jugend« lassen es indes nicht zu, diese als ganze oder umgreifend als eine »Klasse« zu bezeichnen. Die Zusammenfassung von Arbeitern und Kapitaleigentümern zu ein und derselben Klasse nur aufgrund ihres nicht mehr jugendlichen Alters ist offenkundig der Realität nicht angemessen. Überdies sind die auf Vorhandensein oder Fehlen von Eigentum an Produktionsmitteln (bzw. Vermögen oder Teilhabe daran) begründeten Unterschiede innerhalb der Jugend analog wie unter Erwachsenen zu finden; die Behauptung gleicher Interessenlagen für den jugendlichen Erben eines Industrieunternehmens und eines jugendlichen Arbeiters in einem derartigen Unternehmen erscheint genauso sinnvoll (bzw. sinnlos) wie eine entsprechende Behauptung von Interessenidentität des erwachsenen Besitzers mit seinen erwachsenen Arbeitern. Diese Probleme wurden von denjenigen, die das Verständnis von Jugend als Klasse vorschlugen, um auf diese Weise mit einem vorhandenen begrifflichen Instrumentarium die Studentenunruhen zu erklären und in ihrer Bedeutung zu vergrößern, nicht angemessen berücksichtigt; auf weitere entscheidende Probleme bei der Anwendung des Instrumentariums einer sich marxistisch verstehenden Klassenanalyse, wie z. B. die nicht ausreichend klare Spezifikation der behaupteten Ausbeutung der Jugend, hat *Allen* (1971: 51) überzeugend hingewiesen.

Die Anwendung des *Standes*begriffs auf Jugend, so wie dies in der

Jugendbewegung versucht wurde, ist nicht weniger problematisch. Soll dieser Begriff fruchtbar sein, muß er nicht nur für die Jugend selbst angemessen sein, sondern auch die Nicht-Jugend müßte mit Standeskategorien angemessen erfaßbar sein. Ein Stand ist jedoch nur denkbar, wenn die Gesellschaft insgesamt ständisch organisiert ist. Typischerweise ist dabei aber die Zugehörigkeit der Menschen zu einem bestimmten Stand (wie z. B. Adel, Klerus, später das Bürgertum es waren) nicht zeitweilig, sondern lebenslang – eine Bedingung, die für die Jugend prinzipiell nicht gegeben ist. Die Verwendung des Begriffs des Standes für die Jugend setzt deswegen eine derartige Umdefinition des Begriffs, die vom sozialhistorisch-soziologischen Gebrauch weit abweicht, voraus, so daß seine Verwendung hier mehr verwirrt als möglicherweise dadurch geklärt werden könnte.

Ob Jugend eine *Gruppe* darstellt, ist u. E. eine empirische Frage. Sicherlich kann man Jugend, wenn man sich auf eine Definition verständigt hat, als eine »statistische Gruppe« oder »Quasi-Gruppe« verwenden. Diesem Vorgehen werden allerdings von der Wirklichkeit her keine Grenzen gesetzt; das statistische Material ist gegenüber seiner arbiträren Zuordnung zu irgendwelchen Kategorien völlig wehrlos. Daß eine solche Zusammenfassung begrifflicher Art möglich ist, sagt nicht, daß die Jugendlichen, von denen dabei ja die Rede ist, sich als der Gruppe »Jugend« zugehörig betrachten, von anderen als eine solche Gruppe gesehen werden und miteinander wenigstens in dem Maß und der Art interagieren, wie man dies von sozialen Gruppen gemeinhin erwartet. Wie Jugend von anderen gesehen wird und wie sie hierdurch (und warum) substantiviert ist, muß als eine eigene Frage angesehen werden.

Ob Jugend sich in einer bestimmten Gesellschaft zu einem bestimmten Zeitpunkt als soziale Gruppe konstituiert, ist eine für die Jugendsoziologie viel zu interessante Frage, als daß man ihre Antwort schon durch eine definitorische Setzung vorwegnehmen sollte, welche den Gruppencharakter von Jugend unterstellt.

Es erscheint uns zweckmäßig, den Jugendbegriff nicht durch Kombination oder Gleichsetzung mit anderen Kategorien noch zu befrachten. Für die Jugendforschung, deren Ergebnisse wir im folgenden behandeln wollen, stellt sich ohnehin das Problem, daß sich der soziologische Jugendbegriff in der Forschungspraxis bisher kaum durchgesetzt hat. In dieser wird Jugend – nicht zuletzt aus Gründen der Praktikabilität – zumeist nur durch Altersgrenzen bestimmt – ein Vorgehen, das dem Begriffsverständnis der Nicht-Soziologen gewiß näher ist als es eine durchgängige Verwendung des Jugendbegriffs im soziologischen Sinne wäre. Dennoch wollen wir im folgenden den Begriff Jugend in der Tradition theoretisch orientierter Jugendsoziologie verwenden.

3. Methoden der Jugendsoziologie

3.1. Probleme der Befragung

Das entwickelte Instrumentarium der empirischen Sozialforschung steht auch der Jugendsoziologie zur Verfügung. Es ist bemerkenswert, daß die Jugendsoziologie hiervon nur eingeschränkt Gebrauch gemacht hat. In der übergroßen Mehrzahl der neueren Jugenduntersuchungen wird von Methoden der *Befragung* Gebrauch gemacht. Es überwiegen dabei Befragungen von Jugendlichen, welche durch institutionelle Arrangements besonders leicht als Befragungspersonen zugänglich sind; Beispiele sind Befragungen von Schülern in Schulklassen, Mitgliedern von Jugendgruppen, Insassen von Heimen und dergleichen mehr. Die leichte Zugänglichkeit von kasernierten Populationen führt allerdings dazu, daß die Reflexion über Zusammenhänge von Stichprobe und Ziel-Universum, von Selbstrekrutierung und möglichen Verzerrungen häufig unterbleibt. Wir werden diese Probleme im folgenden näher betrachten.

Einer der entscheidenden Fortschritte der empirischen Sozialforschung in diesem Jahrhundert war die Entwicklung von Auswahlverfahren für Stichproben von Personen, welche mit einem hohen Maß von Zuverlässigkeit Aussagen über wesentlich größere Grundgesamtheiten, denen diese Stichproben entnommen waren, zuließen. Die Zuverlässigkeit derartiger Schlüsse ist dabei, sofern eine gewisse Mindestanzahl von einigen hundert Befragten gegeben ist, weniger vom Stichproben*umfang* als von dem Auswahlverfahren, seiner Durchführung und damit seinem Erfolg abhängig. Es gilt, vor allem systematische Verzerrungen aller Art bei der Auswahl und Befragung der Stichprobe zu vermeiden, so daß die befragten Personen für die Grundgesamtheit, aus der sie ausgewählt wurden und für die Aussagen gemacht werden sollen, tatsächlich *repräsentativ* sind[1].

Repräsentativität von Stichproben

Die Repräsentativität von Stichproben ist dann besonders schwierig zu erreichen, wenn die zu befragende Bevölkerungsgruppe durch rapide Veränderungsprozesse, hohe Mobilität oder schwere Erreichbarkeit gekennzeichnet ist. All diese Schwierigkeiten sind in Jugenduntersuchungen zu überwinden, wenn diese den Kunstregeln der empirischen Sozialforschung genügen und zuverlässige Aussagen über »die Jugend« erlauben sollen, d. h. über bestimmte, vorweg definierte Grundgesamtheiten. Ein Teil der Jugendlichen lebt nicht mehr im elterlichen Haushalt, hat aber noch keinen eigenen Haushalt gegründet; diese Gruppe von Jugendlichen fällt oft systematisch durch die Maschen auch ausgeklügelter Auswahlverfahren, die die Adressen der Stichprobe aus amtlichen Unterlagen (z. B. Einwohnermeldeämtern) gewinnen. Listen von Adressen für Repräsentativstichproben sind für Jugendliche sehr viel schneller veraltet, weil durch Wohnungswechsel, Verlassen des elterlichen Haushalts, Namensänderungen bei weiblichen Jugendlichen durch Heirat usw. überdurchschnittlich viele Veränderungen innerhalb von Zeiträumen eintreten, die durchaus innerhalb der normalen »Lebenserwartung« gültiger Adressenlisten liegen. Hinzu kommt, daß Jugendliche schwieriger erreichbar sind als andere Bevölkerungsgruppen; Interviewer finden es weitaus aufwendiger, jugendliche Befragungspersonen auch tatsächlich zu erreichen als Mitglieder anderer Gruppen (sie sind, auch wenn sie im Elternhaus wohnen, in der Regel auch abends seltener zu Hause als andere Familienmitglieder; z. T. leisten sie Wehrdienst, genießen den für sie im Vergleich zu Erwachsenen längeren Urlaub usf.)[2].

Da es keinen Grund gibt anzunehmen, diese durch die Maschen des Stichprobennetzes schlüpfenden Befragungspersonen seien in allen ihren wesentlichen Merkmalen den tatsächlich erreichten Jugendlichen gleich, wird die Repräsentativität von Jugenduntersuchungen besonders schwierig erreichbar; sie verlangt einen außerordentlich hohen Aufwand von Mühe und Kosten.

Diese Probleme werden nicht überwunden, sondern nur verschleiert, wenn Jugendliche dort befragt werden, wo sie leicht anzutreffen sind (in Schulen, Jugendgruppen usw.). Die Verteilung von Fragebogen z. B. in Berufsschulklassen ist wesentlich billiger als der Versuch, diese Jugendlichen gemäß den »normalen« Verfahren der Meinungsforschung zu erreichen; ein großer Stichprobenumfang ist mit geringen Kosten erreichbar. Der Preis, der zu zahlen ist, sind systematische Verzerrungen der Ergebnisse von unbekannter Größenordnung.

Um dies an einem Beispiel zu erläutern; bekanntlich ist der Anteil der Schüler, die (mit oder ohne Entschuldigung) in einer beliebigen Schulstunde, in der die Befragung vorgenommen wird, fehlen, je nach Schulart und Schulfach verschieden. Schulleiter, von deren Genehmigung die Durchführung einer Befragung abhängt, wählen als die Schulstunde, in der diese vorzunehmen ist, in der Regel die Stunde eines Faches aus, das den Ausfall einer Stunde nach ihrer Meinung am ehesten verkraften kann; die Durchführung von Fragebogenuntersuchungen in Religionsstunden, Zeichen- oder Musikstunden ist häufig die Folge. Das Ergebnis ist eine Stichprobe, die in zweifacher Hinsicht verzerrt ist: es fehlen nicht nur diejenigen Schüler, die an diesem Tag nicht in der Schule sind, sondern auch diejenigen, die die Schule z. B. vor Beginn der Religionsstunde, die zur Fragebogenausfüllstunde umfunktioniert wurde, verließen. Es ist zu vermuten, daß die tatsächlich befragten Schüler möglicherweise lerneifriger und religiöser sind als diejenigen Schüler, die sich der Befragung durch Abwesenheit entzogen. Unterschiede zwischen Befragten und Nichtbefragten sind sicherlich nicht auf diese beiden Gebiete beschränkt; der Umfang dieser Unterschiede ist jedoch nicht angebbar, solange nicht die Abwesenden mit dem gleichen Fragebogen befragt werden wie diejenigen, die anwesend waren. Dies bedeutet in der Regel, daß die Art der Verzerrung ebenso wie ihr Umfang nicht angebbar sind, so daß auch eine Korrektur der Ergebnisse unmöglich ist.

All dies wäre kein Problem, sollten Aussagen nur über »in Religionsstunden anwesende Berufsschüler« gemacht werden, für die die Befragten repräsentativ sein mögen. Es kommt jedoch häufig vor, daß statt dessen auf Grundlage desselben Datenmaterials Aussagen über »die westdeutsche Jugend« gemacht werden; die Ungültigkeit derartiger Aussagen ist zu vermuten, wenn auch der Umfang der Abweichung mangels sorgfältiger Prüfung von Auswahlverfahren und Ausfällen im Dunkeln bleibt.

Fehler dieser Art in Jugenduntersuchungen sind nur allzu häufig. H. *Kreutz* (1973) hat mit Recht darauf verwiesen, daß in der Mehrzahl der westeuropäischen Jugenduntersuchungen im letzten Jahrzehnt die elementaren Grundregeln der empirischen Sozialforschung nicht beobachtet worden seien. Es scheint, daß die Leichtigkeit des Zugangs zu Befragungspersonen durch Schulen, Jugendgruppen usw. dazu führt, daß Jugendforscher sich der Implikationen nicht bewußt sind[3]. Dieses Problembewußtsein ist aber gerade auch dann zu verlangen, wenn es aus Kostengründen keine Alternative zu derart billigen Datenerhebungsverfahren gibt.

Pauschale Aussagen und mögliche Differenzierung

Die methodische Kritik der Ergebnisse derartiger Befragungen ist allerdings bisher nicht hinreichend betrieben worden. Häufiger war bisher die pauschale Kritik insbesondere von Pädagogen an dem Verfahren der Befragung an sich. Die typischen Vorwürfe lauteten, daß die Massenbefragung dem einzelnen nicht gerecht werde, daß sich mit Statistik alles beweisen lasse, daß es den Durchschnitt, über den Befragungen Aussagen machten, so nicht gebe, und daß die befragten Jugendlichen in ihrem Urteilsvermögen überfordert würden. Diese Vorwürfe sind zum Teil berechtigt, auch wenn diejenigen, die sie äußern, zu leicht das Kind mit dem Bade ausschütten, indem sie dem Verfahren pauschal zum Vorwurf machen, was in der Tat Fehler seiner Anwender sind.

Tatsächlich ist einigen Untersuchungen vorzuwerfen, daß sie einen für die Gesamtheit der Jugendlichen angeblich zutreffenden Durchschnittswert mitzuteilen suchten, wo das eigentliche Ergebnis die Unterschiedlichkeit der Teilgruppen der Jugend war. Zum Beispiel waren Aussagen in den fünfziger Jahren, *die* westdeutsche Jugend sei unpolitisch, ähnlich irreführend wie Aussagen Anfang der 70er Jahre, »die junge Generation« sei politisch und progressiv. Beide Aussagen vernachlässigen die beträchtlichen Unterschiede zwischen verschiedenen »Generationseinheiten« (*Mannheim*) innerhalb derselben Jugendgeneration. Die Gruppen, die sich innerhalb derselben Generation voneinander unterscheiden, sind mit dem Instrumentarium der empirischen Sozialforschung beschreibbar und in ihrem Umfang bestimmbar; es ist nicht der Fehler des Instrumentariums, daß von ihm nicht oder falsch Gebrauch gemacht wird. Ein Durchschnittswert ist nichts an sich Irreführendes; er ist irreführend, wenn er dem Datenmaterial nicht gerecht wird, wie die Geschichte von dem Statistiker illustriert, der mit einem Freund essen ging und, während der Freund nichts aß, zwei Koteletts verspeiste, um anschließend zu sagen, da ja jeder der beiden im Durchschnitt ein Kotelett gegessen habe, habe sein Freund jetzt satt zu sein...

Ebenso ist Oberflächlichkeit und mangelnde Erfassung der Individualität nicht notwendiges Merkmal von Repräsentativerhebungen, wenn sie auch Merkmal mancher Befragungen sein mögen. Intensivbefragungen, Benutzung offener Fragen, inhaltsanalytische Techniken – diese und andere Verfahren stehen den Jugendforschern zusammen mit dem einfacheren Umfrageinstrumentarium zur Verfügung. Sie geben dem Befragten eine Vielzahl von Ausdrucksmöglichkeiten und der Individualität beträchtlichen Raum.

Das Problem der Operationalisierung

Bei Umfragen kommt es darauf an, die Fragen so zu formulieren, daß ihre Beantwortung weder den Befragten überfordert noch ihm die Möglichkeit eröffnet, den Bezugsrahmen seiner Antwort selbst zu definieren, ohne ihn im Interview mitzuteilen. Dies verlangt vom Forscher die sorgfältige Operationalisierung seiner Konzepte, damit möglichst präzise, spezifische Fragen gestellt werden können.

Thema einer Umfrage mag unter anderem sein, wieviel Selbständigkeit Eltern ihren Kindern einräumen. Eine direkte Frage hiernach wäre indessen ungeeignet, die erforderlichen Angaben zu erbringen; was wäre damit gewonnen, wenn wir wüßten, x % der Befragten hätten »viel«, y % »genug« und z % »wenig« Selbständigkeit – ihren eigenen Angaben zufolge? Derartige Ergebnisse bleiben belanglos, solange wir nicht wissen, was die Befragten mit Selbständigkeit meinen, wie sie diese nicht konkrete Frage verstehen. Zweckmäßiger ist es, von Eltern eingeräumte Selbständigkeit in ihren Einzelaspekten spezifisch zu erfragen und bei der Analyse diese Einzelaspekte in einer Weise zusammenzusetzen, die für alle Befragten gleich und für den Leser der Umfrage durchsichtig ist. So kann der Leser, dem diese Definition von Selbständigkeit nicht zusagt, zu anderen Schlüssen kommen; er könnte gegebenenfalls auch einen anderen Selbständigkeitsindex konstruieren und damit prüfen, ob sich die Schlußfolgerungen damit ändern.

Wie verschiedene Aspekte von Selbständigkeit in einer Weise abgefragt werden können, die unzweideutig ist, dem Befragten den Interpretationsspielraum nimmt, aber seine Vorstellungswelt nicht verläßt oder überfordert, demonstriert eine Befragung österreichischer Lehrlinge (*Rosenmayr* 1963). In dieser Untersuchung wurde u. a. die Frage nach *bestimmten* Verboten durch Vater und Mutter gestellt, ob Vater und Mutter Kontrollfragen nach Schulleistung und Freizeitaktivitäten (»Wenn ich ausgehe, fragt mich mein Vater, was ich mache«) stellen und nach nicht-verbalen Verhaltenskontrollen, ob z. B. der Jugendliche Haustor- und Wohnungschlüssel besitzt.

Diese Einzelfragen sind nun nicht jede für sich nur Indikatoren für elterliche Verhaltenskontrolle, wie *Rosenmayr*s Diskussion dieses Indikators zeigt; zugleich können sie Indikatoren anderer Variablen sein, was im Einzelfall betrachtet werden muß, wie dies Beispiel illustriert[4]. Die Kombination verschiedener konkreter Fragen dieser Art, die jede für sich neben dem Moment der Verhaltenskontrolle auch andere spezifische Komponenten haben, erlaubt die Zusammenfassung der gemeinsamen Komponenten in einen Index »Verhaltenskontrolle«, während die spezifischen Komponenten, die in die Zusammenfassung eingehen, sich gegenseitig weitgehend aufheben, da sie voneinander unabhängig sind.

Der genannte Index bezeichnet nach angebbaren Kriterien das Ausmaß elterlicher Verhaltenskontrolle; Auswertungsverfahren, die z. B. auf der Korrelationsrechnung beruhen, erlauben es anzugeben, ob die verschiedenen Einzelfragen tatsächlich die Gemeinsamkeit »Verhaltenskontrolle durch Eltern« aufweisen, so wie dies der Jugendforscher postulierte, als er den Fragebogen derart konstruierte.

Jede Einzelfrage kann unter dem Gesichtspunkt, ob sie tatsächlich neben ihrem konkreten Inhalt auch Indikator für die gemeinte Variable ist, diskutiert und angezweifelt werden; die Gültigkeit des Index, der aus der Zusammenfassung mehrerer Einzelfragen gebildet wurde, die nur ein gemeinsames Element aufweisen, ist weniger stark Zweifeln ausgesetzt. So strittig auch die Gültigkeit des einen oder anderen Indikators zur Messung des fraglichen Konzepts sein mag, so sehr ist diese Vorgehensweise dem einfachen Ausweg vorzuziehen, bei der Frageformulierung auf die Konkretisierung zu verzichten und diese dem Befragten zu überlassen, ohne daß gesichert ist, daß dessen Konkretisierung bekannt und für alle Befragten gleich ist. Das Konzept »Verhaltenskontrolle durch Eltern« impliziert eine Generalisierung durch Abstraktion von elterlicher Intervention in verschiedenen Verhaltensbereichen. Wird diese Generalisierung vom Forscher durch Indexbildung nach eindeutig definierten Kriterien vorgenommen, so ist sie intersubjektiver Überprüfung zugänglich und der Korrektur fähig; denn aus den vorhandenen Indikatoren kann ein anderer, den Gültigkeitskriterien gerecht werdender Index gebildet werden. Wird die Generalisierung dagegen dem Befragten überlassen, so ist die Art der Generalisierung nicht identifizierbar, kann kaum überprüft werden und ist nicht korrigierbar, wenn nicht eine Reihe anderer Fragen zum gleichen Thema zur Verfügung stehen, welche weniger problematisch sind.

Konkrete, spezifische Frageformulierungen sind allgemeiner gehaltenen, abstrakteren Fragen auch deswegen vorzuziehen, weil die Antworten auf sie häufiger den gemeinten Tatbestand zutreffend beschreiben und weniger dadurch bestimmt sind, daß der Befragte sich bemüht, mit seinen Äußerungen die Zustimmung des Interviewers zu gewinnen bzw. anderen Anwesenden möglichst akzeptable Antworten zu geben. Diese Regel gilt besonders für Personen, die sich (wie Jugendliche) wegen innerer oder äußerer Autoritätsablehnung in einem Stadium akzentuierter Ambivalenz befinden.

Die Offenheit im Interview

Verschiedene Umfragen zeigen ferner, daß Befragte in erstaunlich scheinendem Umfang bereit sind, den ihnen bis zum Zeitpunkt des Interviews unbekannten Interviewern Fragen zu beantworten, selbst wenn diese sehr persönlicher Natur sind und es sich um Gegenstände handelt, die die Befragten im Gespräch mit ihren Freunden in der Regel eher vermeiden. Allerdings ist zu beachten, wo und unter welchen Bedingungen das Interview stattfindet: sind Befragter und Interviewer allein, oder findet das Interview im Beisein anderer statt? Die Gegenwart anderer kann oft einen beträchtlichen Einfluß auf die Antworten haben; so fanden wir in einer jüngst unter Jugendlichen der BRD durchgeführten Untersuchung, daß die Zahl der männlichen Freunde weiblicher Befragter wesentlich kleiner war, wenn das Interview im Beisein der Eltern stattfand, als wenn das Interview ohne das Beisein Dritter durchgeführt wurde.[5]

Aber auch wenn die Befragung nicht in Gegenwart Dritter stattfindet, sind die Einflüsse zu beachten, die von der Situation des persönlichen Interviews und der Person des Interviewers ausgehen. Insbesondere wenn die Datenerhebung von Instituten der Markt- und Meinungsforschung durchgeführt wird, ist davon auszugehen, daß die Interviewer älter sind als die jugendlichen Befragten. Die Antworten der Jugendlichen sind dann zum Teil durch diese spezifische Situation bedingt. Obwohl die Literatur über Interviewereffekte im allgemeinen einen beträchtlichen Umfang erreicht hat, gibt es keine Untersuchungen, welche spezifisch den Einfluß der älteren Interviewer auf die Validität der Antworten von Jugendlichen ermitteln. Wir würden z. B. vermuten, daß Jugendliche in einem Einzelgespräch mit einer ihnen unbekannten Erwachsenenperson dazu tendieren, sich selbst als möglichst erwachsen und besonnen darzustellen.

Schriftliche Befragungen haben demgegenüber den Vorteil, daß sich der Befragte nicht direkt beobachtet fühlen muß, wie das in persönlichen Interviews der Fall ist. Voraussetzung ist allerdings eine sorgfältige Planung der Situation, in der die Datenerhebung stattfindet. Findet etwa die Befragung in einer Schule statt, so ist es zu vermeiden, daß der Lehrer seinen Schülern über die Schulter schaut, während sie Fragen beantworten, die sich etwa auf Schule oder Lehrer beziehen. Es wäre zu wünschen, daß der Einfluß der Erhebungssituation auf Befragungen Jugendlicher gründlicher und systematischer Forschung zugeführt wird.

3.2. Alternativen zur Umfrage

Die für die empirische Jugendforschung geeigneten Verfahren sind keineswegs auf verschiedene Formen der Umfrage beschränkt, die nicht notwendig »Königsweg der Sozialforschung« sein muß, sondern zuweilen auch ein Holzweg sein kann. Erhebungstechniken wie Inhaltsanalyse, Beobachtung und Verwendung von Daten, die von den sozialen Prozessen selbst produziert wurden, sind für die Jugendforschung nicht weniger bedeutsam.

Inhaltsanalyse

Ch. *Bühler* gab mit ihren Untersuchungen der Tagebücher von Jugendlichen, durchgeführt in den zwanziger Jahren am Wiener Psychologischen Institut, ein frühes Beispiel der fruchtbaren Verwendung der Inhaltsanalyse für die Jugendforschung (*Bühler* 1922). Zu den Vorteilen der Inhaltsanalyse zählt, daß Themen, Ausdrucksinhalte und Ausdrucksformen durch den Forscher weder vorgegeben sind noch beeinflußt werden. Das Kategoriensystem des Forschers bestimmt nur die Auswertung, nicht aber die Produktion der Daten; eine Auswertung derselben Daten unter einem anderen Kategoriensystem ist möglich.

Besonders geeignet dürfte die Inhaltsanalyse zum Vergleich verschiedener Generationen von Jugendlichen sein, wie dies bereits von *Bühler* (1930) demonstriert wurde. Tagebücher sind dabei nicht das einzige Material, das zur Verfügung steht; Schülerzeitungen, Abituraufsätze, Lebensläufe: dieses und anderes Textmaterial ist für Inhaltsanalysen zu verschiedenen Zeitpunkten verfügbar. Durch dies Material wird vor allem erfaßbar, was zu einem bestimmten Zeitpunkt der Konsens der Generation war, was allen gleichartigen analysierten Dokumenten zu einem Zeitpunkt gemeinsam ist; Unterschiede zwischen verschiedenen Perioden lassen z. B. Wertveränderungen erkennbar werden. Der Umfrageforschung dagegen sind derartige Veränderungen nicht zugänglich (selbst dann, wenn hinreichend vergleichbare Daten aus früheren Zeiten vorhanden sind; was für die Zeit vor etwa 1955 nicht der Fall ist), weil üblicherweise nur Fragen gestellt werden, die zu diesem Zeitpunkt in hinreichendem Maß unterschiedliche Antworten erbringen. Fragen, für die man von allen Befragten gleichartige Beantwortung erwartet, werden erst gar nicht gestellt; Veränderungen z. B. eines Wertekonsens von Jugendlichen über Zeit sind dann durch Umfragen nicht erfaßt, wenn es zum Zeitpunkt der Erhebung nicht auch in gewissem Umfang interindividuelle Differenzen gibt, auf die die gestellten Fragen zielen.

Problematisch für die Inhaltsanalyse ist freilich der Schluß auf alles, was nicht das Textmaterial selbst ist; wie bei Umfragen stellt sich auch hier das Problem der verzerrten Auswahl. Tagebuchschreiber und Schülerzeitungsautoren sind mit Sicherheit für die Jugendlichen eines Zeitpunkts nicht in jeder Hinsicht repräsentativ, stellen sie doch eine (sich selbst auswählende) Minderheit unter den Jugendlichen dar; Tagebuchschreiber sind gewiß introspektiver als gleichaltrige Nicht-Tagebuchschreiber, so wie Schülerzeitungsautoren artikulationsfähiger sein dürften als Nicht-Autoren. P. *Lazarsfeld* wies (im Rahmen der erwähnten Studien des Wiener Instituts) darauf hin, daß der Anteil der Tagebuchschreiber unter den Kindern der Oberschicht und oberen Mittelschicht wesentlich höher sei als unter den Arbeiterkindern (*Lazarsfeld* 1931); der ungewichtete Schluß vom Tagebuchmaterial auf *die* Jugendlichen dieser Zeit würde schichtspezifische Verzerrungen mit sich bringen. Sorgfältige Untersuchung der möglichen Verzerrungsmechanismen dieser Art ist geboten, wenn Aussagen über eine Generation von Jugendlichen beabsichtigt sind und nicht nur über Tagebücher oder Schülerzeitungen als solche. Aufgabe des Forschers ist es dann, die mögliche Wirkung der vom Material her notwendig gegebenen Verzerrungen zu berücksichtigen.

Allerdings kommt es vor, daß z. B. bei der Tagebuchanalyse nicht nur die bereits vom Material her gegebenen Verzerrungen unerörtert bzw. unkorrigiert bleiben, sondern daß diesen noch weitere hinzugefügt werden. Ein abschreckendes Beispiel stellt *Muchow* (1959: 134) dar. Er »beweist« die von ihm behauptete Verachtung der Erwachsenen durch Jugendliche mit Tagebuchzitaten (vgl. Kapitel 4) einer nicht-repräsentativen Gruppe (»kirchliche Jugendkreise«), aus denen wiederum die eindrucksvollsten Zitate ausgewählt waren. So verwendet, taugt Tagebuchanalyse allerdings nur zur Illustration gegebener Vorurteile, aber nicht zur empirischen Jugendforschung. Für diese ist zu verlangen, daß Inhaltsanalyse systematisch (und ohne Verzerrungen durch nicht-artikulierte Erwartungen einzelner Inhaltsanalytiker) betrieben wird.

Beobachtung

Systematische Verfahren der Beobachtung (der teilnehmenden wie der nicht-teilnehmenden) sind für die Jugendforschung bisher nicht zureichend genutzt. Ausnahmen sind G. *Elder* (1972) und J. *Friedrichs* (1974). Erforderlich ist, daß die Tatsache der Beobachtung selbst keinen übergroßen Einfluß auf das ausübt, was beobachtet wird.

Auch hier sind die Probleme möglicher Auswahlverzerrungen zu beachten; die sorgfältigste Beobachtungsstudie einer Pfadfindergruppe oder Motorradbande taugt nicht als Grundlage von Aussagen über »die Jugend«, so wertvolle Einsichten in das Verhalten der Beteiligten und die Interaktion in diesen Gruppen sie sonst auch erbringen mag. Indes ermöglicht die Beobachtung als Verfahren Aussagen über Verhalten, das mittels Verbalisierung durch die Beteiligten (wie im Interview) nicht ausreichend erfaßt werden kann.

Nicht-reaktive Verfahren

Für manche Fragestellungen wird es sich empfehlen, statt Beobachtung des Verhaltens selbst die Spuren zu analysieren, die dieses hinterläßt. Unterlagen der Leihbibliotheken geben, sorgfältig analysiert, Auskunft über das Leseverhalten von Jugendlichen; Dokumente in Arbeitsämtern und Berufsberatung vermitteln Daten über verschiedene Elemente im Prozeß der Berufswahl. Die Untersuchung derartiger Daten, die vom sozialen Prozeß selbst produziert wurden, wird in den letzten Jahren in der empirischen Sozialforschung zunehmend als Verwendung von »unobtrusive measures« befürwortet; es ist indessen daran zu erinnern, daß diese Techniken (wie die genannten Beispiele zeigen) z. B. von P. *Lazarsfeld* (1931; P. *Lazarsfeld* und K. *Leichter* 1936) schon vor einem halben Jahrhundert erfolgreich verwendet wurden, z. T. in Kombination mit Befragungen[6].

Auch hier ist es erforderlich, Auswahlverzerrungen zu bedenken. Welche jugendlichen Leser benutzen Leihbibliotheken, und wer benutzt sie nicht? Über wen geben Berufsberatungsunterlagen keine hinreichende Auskunft? Derartige Fragen müssen beantwortet werden, bevor auf der Grundlage solcher Daten über *die Jugend* gesprochen werden kann. Die Verwendung dieser Techniken in Verbindung mit Umfragen kann solche Fragen beantworten; zugleich eröffnet die Möglichkeit des Vergleichs verschiedener Informationsquellen einen Informationsreichtum, der durch keine der einzelnen Quellen allein erhältlich ist.

3.3. Zur Interpretation quantitativer Ergebnisse

Daß in ihnen der Prozeß der Reproduktion der Gesellschaft teilweise erfaßt wird, erklärt die Aufmerksamkeit, die Ergebnisse von Jugenduntersuchungen finden. Ob es immer explizit gemacht wird oder nicht – zumeist werden ihre Ergebnisse auf Vergleichsgrößen zu anderen Zeitpunkten bezogen. So werden Jugenduntersuchungen dazu genutzt, um Aussagen über die Zukunft der Gesellschaft zu machen; die Angaben über die Jugendlichen sind Informationen über die Gesellschaft von morgen, oder werden jedenfalls als solche gewertet. Und in ähnlicher Weise werden Jugendliche der Gegenwart mit Angaben über Jugendliche in früherer Zeit verglichen, um den historischen Prozeß der Gesellschaft erkennen zu können. Um auf solcher Grundlage tatsächlich Entwicklungen der Gesellschaft erkennen oder vorhersagen zu können, muß man allerdings eine Reihe von Annahmen machen, von deren Richtigkeit die Gültigkeit der Aussagen abhängt.

Diese Voraussetzungen sind häufig in populären Interpretationen von Ergebnissen der Jugendforschung nicht gegeben. Aus einfachen Randverteilungen und Prozentangaben (x % der Jugendlichen hatten schon sexuelle Beziehungen, y % trieben Sport, z % wissen nicht, wie der Bundespräsident heißt, usf.) wird auf die Zukunft geschlossen (um die Zukunft der Moral bzw. der Leichtathletik bzw. der Demokratie ist es schlecht bestellt, denn ... % der Jugendlichen ...). Derartige Folgerungen sind so unberechtigt, wie diese Prozentsätze für die Jugendsoziologie belanglos sind.

Derartige Angaben sind nur dann bedeutsam, wenn sie mit anderen verglichen werden, wie z. B. über andere Altersgruppen oder über Jugendliche anderer Zeitpunkte oder Gesellschaften. Vergleichsgrößen bieten allerdings auch diejenigen, die die Jugend an eindeutigen normativen Vorstellungen messen; deren Vergleichsgröße ist zumeist 100 %. Umfragen zeigen, in welchem Umfang Jugendliche heute diesen Normvorstellungen nicht genügen. So wie manche Moralisten sich von allen Jugendlichen Keuschheit erwarten, wünschen sich Sportlehrer, daß alle Jugendlichen Sport betreiben, und politische Bildner, daß ein jeder Jugendliche weiß, wie der Bundespräsident heißt, und Diktaturen verabscheut. Umfragen dieser Art liefern Informationen darüber, in welchem Umfang Normen genau dieser Art entsprochen bzw. von ihnen abgewichen wird. Die Interpretation, daß es um die Zukunft von Moral/Leichtathletik/Demokratie schlecht bestellt sei, ist allerdings unzulässig.

Derartige Prognosen bedürfen weiterer Vergleichsgrößen und Annahmen. Als Minimum sind vergleichbare Angaben über Jugendliche zu früheren Zeiten oder über zeitgenössische Erwachsene zu verlangen. Statt dessen werden häufig idealisierte Erinnerungen an die eigene Jugend (»Als ich noch jung war, gab es sowas nicht!«) oder Wunschvorstellungen über Erwachsene verwendet.

Als W. *Jaide*s Untersuchung »Jugend und Demokratie« (1970) in der Öffentlichkeit bekannt wurde, ergab sich aus der Reaktion auf ihre Ergebnisse exemplarisch, wie Ergebnisse der Jugendforschung derart mißverstanden werden. Die Untersuchung stellte dar, daß unter den befragten Jugendlichen rechtsextreme und konservative Vorstellungen in beträchtlichem Umfang Zustimmung fanden. Anschließende Presseveröffentlichungen sahen z. T. Gefahr von rechts für die Zukunft der Demokratie, weil es unter Jugendlichen ein derart rechtsradikales Potential gebe. Auch wenn *Jaide*s Ergebnis richtig ist, sind derartige Folgerungen unberechtigt. Unter Verwendung der gleichen Erhebungsinstrumente hätte eine Erhebung unter Erwachsenen zum gleichen Zeitpunkt mit großer Wahrscheinlichkeit ein mindestens ebenso großes rechtsradikales Potential vorgefunden (M. *Kaase* 1971; H. D. *Klingemann* und F. U. *Pappi* 1972). Da dies rechtsradikale Potential unter Erwachsenen der gegenwärtigen Demokratie keinen ersichtlichen Abbruch tut, ist nicht zu sehen, wie ein derartiges Potential unter Jugendlichen ihren künftigen Bestand beeinträchtigen muß.

Das Mißverständnis von Jugendbeobachtung als unmittelbarer Zukunftsprognose ist dabei keineswegs eine neue Erscheinung. E. *Shorter* zeigte z. B. daß Anfang des 19. Jh. von Jugendbeobachtern aufgrund der von ihnen konstatierten Sittenlosigkeit der Jugend der Untergang des Abendlandes vorhergesagt wurde (1974).

Selbst wenn neben Ergebnissen repräsentativer Jugenduntersuchungen auch ebensolche Ergebnisse von gleichzeitigen Untersuchungen unter Erwachsenen stehen, ist die Interpretation von Unterschieden als Anzeichen einer bevorstehenden Entwicklung nur dann zulässig, wenn die Annahme gemacht wird, daß die künftigen Erwachsenen durch die gleichen Merkmale gekennzeichnet sein werden, welche sie als Jugendliche auszeichneten; mit anderen Worten, Veränderungen dieser Personengruppe – seien diese nun durch individuelle Reifung bedingt oder Ergebnisse historischer Ereignisse bzw. sozialer Prozesse – werden ausdrücklich nicht erwartet. Hierin liegt eine beträchtliche Fehlerquelle.

Anspruchsvoller als solch einfache Zukunftsprognosen in Form von Aussagen über Jugendliche sind Gegenüberstellungen von durch Typen charakterisierten Jugendgenerationen, welche im Vergleich den Gang der geschichtlichen Entwicklung erschließen sollen. Das bekannteste Beispiel hierfür gibt H. *Schelsky,* der in seiner Untersuchung die »skeptische Generation« (1957) mit früheren deutschen Jugendgenerationen verglich.

Eine exemplarische Kritik dieses prominentesten Versuchs in dieser Richtung macht die Probleme einer auf Typenbildung beruhenden Charakterisierung von Jugendgenerationen deutlich.

Es erscheint uns als unzureichend, eine soziologische oder sozialhistorische Beschreibung mit der Aufstellung *eines* Typs abzuschließen, da bei soziologischen Gruppen in den Einstellungen genug Ambivalenz und in den Verhaltensweisen genügend »Entgegenhandeln«, Opposition und Abweichung vorliegen, um zumindest *zwei* Typen zu rechtfertigen. In der Regel wird es sich, da Einstellungen und Verhaltensweisen entsprechend der Vielfalt von Motiven in mehrere Richtungen gehen, um *mehrere* Typen und, nach ihrer inhaltlichen Zuspitzung bzw. ihrem Vorbildcharakter und ihrer zahlenmäßigen Verbreitung, um Haupt- und Nebentypen handeln. *Schelsky* beschränkt sich, obwohl er in anderen Schriften von der »Gegenläufigkeit« von Entwicklungen spricht und damit zum »Typ« den »Gegentyp«, also einen zweiten, anerkennt, bei der Charakterisierung von »Epochen« jugendlichen Verhaltens auf jeweils *einen* Typ. Dieser Typ ist bei *Schelsky* der *»jugendbewegte«* Jugendliche für das frühe 20. Jahrhundert bis nach dem Ersten Weltkrieg, der *politisch aktive* Jugendliche für die Zeit von den späten zwanziger Jahren bis zum Ende des Zweiten Weltkriegs; diesen beiden Typen stellte *Schelsky* als repräsentativen Typ den *skeptischen* Jugendlichen der ausgehenden fünfziger Jahre gegenüber.

Die Heraushebung *eines* Merkmales zur Kennzeichnung einer »Epoche«, »Phase«, eines »Stadiums« scheint uns überhaupt der Vorstellungswelt der Geschichts*philosophie* anzugehören, die ja zumeist im Rahmen eines philosophischen Systems eine Folge der Kulturbewertung war, die sich aus der Metaphysik als dem Kernstück des jeweiligen

Systems ergab. Die neueren Geschichtsphilosophien machen ihre »Metaphysik« in der Regel nicht in einem System explizit und erschweren dadurch die Erkenntnis der Tendenz, die ihren linearen Vorstellungen zugrunde liegt. Dieses Denken in *phasenhaft* aufeinanderfolgenden Typen ist von der Geschichtsphilosophie der Romantik und des deutschen Idealismus, von Herder, Friedrich Schlegel, von Hegel und Schelling, aber auch von den französischen politischen Philosophen und frühen Soziologen Saint Simon und Auguste Comte, besonders entwickelt, von Kierkegaard im Hinblick auf die »Stadien auf dem Lebensweg« sogar psychologisch angewendet worden. W. *Dilthey* hat im letzten Drittel des 19. Jahrhunderts den Begriff der »Generation« in die systematische »geisteswissenschaftlich«-historische Forschung eingeführt. Indem er Gruppen von kulturschöpferischen Persönlichkeiten, *die lebensaltersmäßig* einander ähnlich und *miteinander bekannt* waren und in der Regel auch gemeinsame Ziele verfolgten sowie dies programmatisch deklarierten, zu Generationen zusammenfaßte (W. *Dilthey* 1875), suchte er den älteren Begriff der »Phase«, der »Epoche« und des weltgeschichtlichen »Stadiums« durch eine konkretere und empirisch eher zu verifizierende Vorstellung zu ergänzen. Doch bald wurde auch dieser Begriff wieder stärker im Sinne von »Stadien« interpretiert. So verwendete ihn ja auch H. *Schelsky.* Dieser Rückgriff auf Denkformen geschichtsphilosophischer Spekulation scheint uns aber gesellschaftliche Vorgänge und das Verhalten von sozialen Gruppen zu indifferenziert unter einen universal-historischen Gesichtspunkt zu stellen. Wir fürchten, daß auch »Zeitgeist«-Diagnosen oder »epochalpsychologische« Betrachtungen die notwendigen soziologischen Differenzierungen und die wissenschaftlichen Ursachenerkenntnisse zugunsten einer »intuitiven Schau« zurücktreten lassen, um innerhalb dieser und im Dienste dieser (scheinbar) Berechtigung zu erhalten.

Betrachten wir weiter die methodischen Grundlagen solcher Typenbildungen: Wenn wir unter »repräsentativ« jenen Typus verstehen, der die für die *Mehrzahl* der Jugendlichen seinerzeit charakteristischen Merkmale in sich vereinigt, dann war weder der eine noch der andere von *Schelsky* genannte Typus je *repräsentativ.* Weder dem »Wandervogel« noch den späteren politischen Jugendbewegungen hat jemals die überwiegende Mehrzahl der deutschen oder der österreichischen Jugendlichen angehört. (Die Mitgliedschaft während der Zeit des Nationalsozialismus hat deswegen wenig Aussagekraft, weil es nicht möglich ist, zwischen freiwilliger und erzwungener Mitgliedschaft zu differenzieren.) Es muß also eine andere Grundlage als die Zahl sein, welche diese Typen in den Augen der Betrachter zu »repräsentativen« zu erheben scheint. Wir gewinnen den Eindruck, daß diese »andere Grundlage« ein

Moment der historischen Betrachtung beinhaltet: rückschauend erscheint jener Typus als repräsentativ, in dem die historische Entwicklung sich für den Betrachter am klarsten ausprägte, ganz gleich, wieviel Einzelfälle diesen Typ aufbauen. Wenn wir aber dieses historische Moment als konstituierend für den »repräsentativen Typus« anerkennen, dann wird uns klar, wie sehr die Beurteilung der »historischen Entwicklung« von den – politischen, weltanschaulichen, religiösen – Wertungen des Betrachters abhängt, und dies um so mehr, je kürzer der betrachtete Zeitabschnitt zurückliegt. Bei der Betrachtung der Gegenwart schließlich werden fast nur solche Wertungen ausschlaggebend sein, da eine intellektuelle Aussonderung des historisch Relevanten aus dem aktuell sich Ereignenden überaus schwierig und die affektive Beteiligung des Betrachters an der gegenwärtigen Situation, die ja auch die Situation seines persönlichen Lebens darstellt, groß ist. Wir werden deshalb, um nicht auf jene Stufe zurückzufallen, die S. *Bernfeld* schon zu Anfang des Jahrhunderts zugunsten einer wissenschaftlichen Jugendforschung überwunden sehen wollte (S. *Bernfeld* 1914), ein Urteil darüber, welche Typen von Jugendlichen für unsere Gegenwart repräsentativ sind, mit Vorsicht aufnehmen müssen, solange es sich nicht auf Aussagen über soziologisch definierte Gruppen von Jugendlichen stützt und *qualitativ* wie *quantitativ* abgegrenzte Typen zueinander in Beziehung setzt. Monotypische Betrachtungsweisen aufeinanderfolgender Phasen erscheinen uns als ungeeignet.

Allerdings steht der Vergleich verschiedener Jugendgenerationen vor besonderen Schwierigkeiten. Auch wenn zu verschiedenen Zeitpunkten erhobene Daten vorliegen, handelt es sich oft um Studien ganz verschiedener Untersuchungsanlage. Die Vergleichbarkeit der Fragestellung erweist sich häufig als problematisch. Selbst bei vergleichbaren Fragen sind die Probleme des Vergleichs oft nicht lösbar, weil die *Stichproben* sich unterscheiden. Bei manifest vergleichbaren Fragestellungen nach so konkreten Sachverhalten wie Buchlektüre stellt sich die Problematik etwa so dar: für 1925 gibt es eine Studie über Berliner Lehrlinge, für 1930 eine Studie, die Leipziger Schüler befragt, und 1950 eine Untersuchung über Handelsschülerinnen in Köln. Auf solcher Grundlage sind Aussagen über Veränderungen oder Konstanz der Buchlektüre von Jugendlichen nicht zu machen.

Der Fortschritt der Forschung auf diesem Gebiet wird davon abhängen, ob es gelingt, allgemeine Standards für die Definition von Stichproben und Grund- und Teilgesamtheiten durchzusetzen, welche Voraussetzung des Vergleichs sind. Die Möglichkeiten des Vergleichs würden entscheidend erweitert, wenn das Urmaterial von Untersuchungen Datenarchiven für Sozialforschung zur Verfügung gestellt würde; dies eröffnete die Möglichkeit, Vergleichbarkeit wenigstens von Teilen von Stichproben herzustellen, auch wenn die Aufteilung eine andere ist als die in der jeweiligen Publikation vorgenommene.

So wichtig derartige methodische und technische Verbesserungen sind, ein gewisses Maß an Skepsis gegenüber den Möglichkeiten des Vergleichs von Untersuchungen in größerem zeitlichen Abstand bleibt angebracht. Historische Veränderungen können die Bedeutung der verwendeten Kategorien auch dann verändern, wenn ihre Definition gleich bleibt. Angenommen, identisch angelegte Untersuchungen von Lehrlingen in den zwanziger Jahren und der Gegenwart stünden zur Verfügung: es bliebe das Problem, daß der Typus Lehrling, seine berufliche Beanspruchung, seine Bezahlung und seine Mitsprachemöglichkeit im Betrieb sich so sehr verändert haben, daß Vergleiche etwa bestimmter Verhaltensweisen von Lehrlingen nur eingeschränkt möglich sind.

Die gleiche Problematik, die sich der Klassifikation von Jugendlichen in sozialstrukturell definierte Gruppen stellt, findet sich auch beim Vergleich von Verhaltensinhalten von Jugendlichen, auch dann, wenn manifest gleiche Definitionen von Verhaltensinhalten verwendet werden. Verglichen wir etwa die Häufigkeit des Kinobesuchs von Jugendlichen in den frühen zwanziger und den fünfziger Jahren, so müßten wir berücksichtigen, daß Kino 1925 selbstverständlich nicht gleich ist mit dem, was 1950 Kino bedeutete. Aus der Zu- oder Abnahme der Häufigkeit des Kinobesuchs bei Jugendlichen kann also nicht ohne weiteres geschlossen werden, daß die Jugendlichen dieser Zeitpunkte sich in ihren Verhaltensarten voneinander unterscheiden; die Zu- oder Abnahme mag auch dadurch erklärbar sein, daß der Typus der Aktivität Kinobesuch selbst sich verändert hat.

3.4. Lebensalter und historische Zeit

Untersuchungen eines Querschnitts von Jugendlichen zu einem einzigen Zeitpunkt bieten der Interpretation mehr Spielraum, als der Entwicklung systematischer Jugendsoziologie förderlich ist. Ein jedes Ergebnis derartiger Untersuchungen ist durch drei Bedingungen bestimmt: das Lebensalter der Befragten (und ihr Stadium im Lebensablauf), das Datum ihrer Geburt und davon abhängig die Periode, in der möglicherweise generationsprägende Einflüsse wirksam wurden, und drittens durch den historischen Zeitpunkt der Befragung selbst. Jedes Ergebnis einer derartigen Befragung kann im Sinne von *Alterseffekten, Generationseffekten* oder *Periodeneffekten* interpretiert werden[7].

Ermittelte eine Untersuchung also bestimmte wirtschaftliche Einstellungen von Jugendlichen im Jahre X, so könnten diese beliebig einem dieser drei Effekte zugeschrieben werden.

Alter: Diese Einstellungen sind charakteristisch für eine Gruppe, die eben erst ins Erwerbsleben eingetreten ist oder deren Eintritt erst bevorsteht (»haben noch nicht lange genug gearbeitet, um den Wert des Geldes richtig zu schätzen«).

Generation: Diese Einstellungen sind Folge der Kindheitserfahrungen (»sind im Wohlstand aufgewachsen und wissen nicht, was es heißt, arm zu sein«).

Periode: Die Einstellungen werden als Konsequenz gegenwärtiger Bedingungen betrachtet (»wenn in der jetzigen Hochkonjunktur jeder konsumiert, so gut er kann, ist es kein Wunder, daß auch die Jugendlichen . . .«).

Jede dieser Interpretationen ist spekulativ; durch Analysen von Daten, die zu einem einzigen Zeitpunkt erhoben wurden, kann zwischen diesen Interpretationen nicht mit zwingender Berechtigung einer der Vorzug gegeben werden. Um zu ermitteln, was altersspezifisch, was generationsspezifisch und was periodenspezifisch ist, bedarf es einer Untersuchungsanlage, welche zu verschiedenen Zeitpunkten Daten erhebt (sei es an denselben Personen derselben Generation wie in der Kohortenanalyse).

Leider steht die Jugendsoziologie hier erst am Anfang. Langfristige Panel-Studien sind bisher noch seltene Ausnahmen; bewußte Replikationen früherer Jugenduntersuchungen, die identische oder zumindest vergleichbare Fragen enthalten und identisch definierte Stichproben zur Grundlage haben, fehlen bisher ebenso[7a]. Sie sind dringend erforderlich, wenn die Phase der Beliebigkeit der Dateninterpretation verlassen werden soll.

Derartige Interpretationsprobleme werden von Studien, die bewußt »Zeit« als Variable verwenden, allerdings nur eingeschränkt werden können; lösbar sind sie bestenfalls durch Annahmen des Analytikers, die angebbar sein müssen, jedoch nicht selbst überprüfbar sind. Das verbleibende Problem besteht nämlich darin, daß drei Effekte theoretisch unterscheidbar sind, jedoch nur zwei unabhängige Informationen zur Verfügung stehen. Die drei Bedingungen sind meßbar als Lebensalter (A), Geburtsjahr (B) und Zeitpunkt der Befragung (C). Die meßbaren Informationen sind jedoch voneinander abhängig, so daß aus zwei vorliegenden Angaben die dritte ebenfalls ersichtlich ist. Aus der Gleichung

$A + B = C$ folgt auch immer

$C - A = B$ sowie

$C - B = A$. Die drei möglichen Effekte können deswegen nicht identifiziert werden.

Die Berechnung und Identifizierung von zwei Effekten ist nur möglich, wenn Annahmen über die Wirkung des dritten *a priori* gemacht werden[8]. Dies liegt in der Natur der Variablen Zeit, die der experimentellen Manipulation nicht zugänglich ist.

Vor voreiligem Optimismus, der die Lösung aller Probleme von methodisch besseren und aufwendigeren Untersuchungen erwartet, ist also zu warnen. Allerdings wird es nur durch derartige Untersuchungen möglich werden, den Spielraum völliger Beliebigkeit der Interpretation mit der Folge einzuengen, daß sich das methodische Bewußtsein derer, die sich darin tummeln möchten, in erheblichem Umfang verbessert.

3.5. Möglichkeiten der Mehrebenenanalyse

Ein besonderes Problem von Jugenduntersuchungen ist es, daß die Methode, in der Jugendliche als Einheit der Auswahl und Einheit der Analyse verwendet werden, allzu leicht das theoretische Verständnis der untersuchten Sachverhalte verstellt oder erschwert. Da Individuen befragt und untersucht werden, wird diesen Individuen als Merkmal zugeschrieben, was tatsächlich Eigenschaft der Situationen und sozialen Umfelder ist, in denen diese Jugendlichen stehen; sofern Situationen und Umfelder überhaupt erfaßt werden, so geschieht dies in der Regel nur über die Perzeptionen des Befragten selbst, während *auf die vom Befragten unabhängige Ermittlung dieser Merkmale verzichtet* wird. Im Prozeß der Analyse der Daten scheint sich die theoretische Fragestellung auf die Ebene der Individuen zu verlagern, ohne daß allerdings der Anspruch aufgegeben wird, Aussagen über soziale Zusammenhänge zu machen.

In Untersuchungen der Berufswahl von Jugendlichen ist es relativ einfach, das Wissen der Jugendlichen über verschiedene Berufe zu ermitteln (und dann zu der Aussage zu kommen, es sei recht beschränkt). Allerdings wäre es falsch, dies Wissen einfach so zu behandeln, als sei dies ein Individualmerkmal, das etwa das individuelle Bemühen um Informationen über verschiedene mögliche Berufe widerspiegele. Dies aber wird allzu leicht getan, statt zu untersuchen, welche Informationen und Erfahrungen verschiedener Berufe dem Jugendlichen *zugänglich* sind. Dies wäre unabhängig von der Befragung der Jugendlichen zu ermitteln (z. B. durch Erfassung der regionalen Wirtschaftsstruktur oder Ermittlung der Häufigkeitsverteilung der Erwerbsbevölkerung im Wohnort auf verschiedene Berufe) und anschließend zu diesen in Beziehung zu setzen. Ob z. B. das Wissen von Jugendlichen über Berufe ein Individualmerkmal im eigentlichen Sinne oder ein Merkmal ihres Umfelds ist,

ist eine empirische Frage, die durch *Kontextanalysen* entscheidbar ist und nicht durch die scheinbar einfachere Sammlung von Individualdaten allein[9].

In Untersuchungen über politische Sozialisation werden die Angaben über politische Orientierungen der Eltern meistens durch Befragung der Kinder gewonnen (die wenigen Ausnahmen sind *Jennings* und *Niemi* 1974; *Jennings* 1973; *Oswald* und *Völker* 1973; *Allerbeck, Kaase* und *Klingemann* 1976). Derartige nur an den Kindern vorgenommene Studien suchen oft die Übereinstimmung der Auffassungen von Eltern und Kindern in politischen Fragen zu bestimmen, um daraus den Einfluß der Eltern auf die Meinungen der Kinder abzuschätzen. Die Ergebnisse solcher Untersuchungen sind oft durch ihre Anlage notwendig irreführend. Denn erfaßt werden nicht die wirklichen Orientierungen der Eltern, sondern die Wahrnehmung und der Bericht dieser Orientierungen durch ihre Kinder, wobei häufig den Kindern überlassen bleibt, die Bedeutung der Frage zu konkretisieren. Die in deutschen Untersuchungen verwendete Frage »Was war die Einstellung Ihres Vaters zum Nationalsozialismus?« ist nur ein Beispiel unter vielen. Die Beantwortung der pauschalen Frage verlangt vom Befragten, die in der Frage unterbliebene Konkretisierung vorzunehmen; die Befragten tun dies in unterschiedlicher Weise, ohne daß dies aus den Antworten selbst unmittelbar ersichtlich würde. Einige Befragte werten das Unterbleiben von Widerstandshandeln als positive Unterstützung, andere das gelegentliche Erzählen von Anti-Göring-Witzen als aktive Ablehnung des Regimes; bei der Frage nach der Einstellung des Vaters zum Nationalsozialismus gehen politische Vorstellungen des Befragten und Einstellung zum Vater zusammen in die Wertung ein, die sich in der Antwort auf eine derartige scheinbare Tatsachenfrage nach der Einstellung des Vaters ausdrückt. Werden die Antworten auf diese Art von Frage zu den Einstellungen und Meinungen des Kindes in Beziehung gesetzt, wird das Ausmaß der Übereinstimmung von Eltern und Kindern zumeist unterschätzt (*Connell* 1972), weil Verzerrungen der Perzeption die Messung der Einstellungen der Eltern unzuverlässig und ungültig machen.

Statt dessen ist es erforderlich, die Eltern unabhängig von ihren Kindern zu befragen und anschließend ihre Angaben zu denen ihrer Kinder in Beziehung zu setzen *(Relationalanalyse)*. Auch dann ist es allerdings unerläßlich, Eltern-Kind-Paare nicht als Einheiten zu behandeln, die außerhalb sozialer Beziehungen stehen. Sonst besteht die Gefahr, den Eltern als Einfluß zuzuschreiben, was oft Merkmal des Kontextes ist. Wenn eine Gemeinde hinsichtlich einer bestimmten Verhaltensweise homogen ist (z. B. Kirchgang), wäre es offenkundig falsch, die Konformität des Kindes mit der Verhaltenserwartung Kirchgang, die sich in der

Übereinstimmung von Kind und Eltern ausdrückt, ausschließlich elterlichem Einfluß zuzuschreiben und dabei so zu tun, als gebe es den Gruppendruck nicht oder als sei er zumindest für die Eltern-Kind-Übereinstimmung nicht von Belang.

Oft erschließt sich die volle Bedeutung von Meinungen und Verhaltensweisen erst in ihrem Vergleich mit dem Kontext, in dem sie vorkommen. Die Bedeutung von gleichen Antworten auf die Frage nach der Kirchgangshäufigkeit in einer kleinen Gemeinde, wo dies das von allen erwartete Verhalten ist, und in der Diaspora, wo das gleiche Verhalten abweichend ist, wird offenkundig unterschiedlich sein. Diese Unterschiedlichkeit wird unterschlagen, wenn diese Antworten einfach als Individualmerkmale behandelt werden, ohne ihre Spezifizierung durch den Kontext zu berücksichtigen und zu anderen Variablen in Beziehung gesetzt werden.

4. Elternbeziehungen, Peers und die »Subkultur der Jugend«

Die Rolle von Familie und Elternhaus für Jugendliche mag als strukturell besonders problematisch erscheinen. In der Familie fand gewissermaßen die »zweite Geburt« (*König*) des Kindes statt; hier wurde es zu einer soziokulturellen Persönlichkeit. Gleichsam als eine »Agentur der Gesellschaft«[1] war die Familie für die Sozialisation der in ihr aufwachsenden Kinder verantwortlich. Mit dem Ende des Kindesalters aber hat die Familie diese Funktion zu einem beträchtlichen Teil erfüllt. Ein Erziehungsprozeß hat ja das Ziel, sich selbst überflüssig zu machen. Die Frage, wann dieses Ziel in welcher Dimension des Erziehungssyndroms erreicht werden kann, ist sowohl interindividuell als auch kulturell kontrovers. Im Jugendalter soll die Ablösung des jungen Menschen von der Familie, in der er aufwuchs, stattfinden. Gleichzeitig aber besteht noch eine vielfältige Abhängigkeit des jungen Menschen von seinen Eltern. Während der Jugendliche sich tendenziell schon als ein Erwachsener sieht und wie ein Erwachsener behandelt werden möchte, ist er für seine Eltern noch Kind.[1a]

Hieraus ergibt sich ein Spannungsverhältnis, das vielfach als ein natürliches mißverstanden wurde. Im Jugendalter erscheinen Eltern mehr noch als sonst als eine Machtinstanz. Die Jugendlichen leben in ihrer großen Mehrzahl mit ihren Eltern zusammen. Die Ablösung von der Familie hat noch nicht stattgefunden. Sie stehen unter Aufsicht ihrer Eltern, die die Verfügungsgewalt über vielfältige Sanktionsmittel haben. Sanktionsmittel mögen reichen von körperlicher Bestrafung über die Regulierung und gegebenenfalls den Entzug von Taschengeld bis hin zu viel subtileren Sanktionsmitteln. Eltern erlassen Anordnungen, verbieten dies und erlauben jenes. Vor dem Erreichen der Volljährigkeit sind Jugendliche rechtlich noch nicht selbständig, Eltern noch Erziehungsberechtigte. Die Berechtigung von Erziehungsmaßnahmen aber wird von Jugendlichen, die sich schon als erwachsen betrachten, in Zweifel gezogen. Stellt dementsprechend das Jugendalter ein Entwicklungsstadium dar, in dem gewissermaßen ein zweites Trotzalter Platz greift? Ist dieser Konflikt entwicklungsnotwendig, ist die eigene Identität als Erwachsener nur durch die Auseinandersetzung mit den Eltern in diesem zweiten Trotzalter zu gewinnen? Die Betrachtung literarischer Dokumente und eines beträchtlichen Teiles der psychologischen Literatur legt nahe, diese Periode des Jugendalters als durch den Konflikt von Eltern und Kindern bestimmt und als eine Art notwendiges Entwicklungsstadium zu verstehen[2]. Oft erscheint es so, als sei dieses Stadium gewissermaßen immer gleich und quasi natürlich, als Stadium, das von allen Jugendlichen zu allen Zeiten in allen Gesellschaften durchzumachen sei. Dies ist aber ein Mißverständnis, wie historische Untersuchungen und genauere soziologische Analysen zeigen (vgl. Kapitel 7).

4.1. Familienbeziehungen in der modernen Gesellschaft

Das Verhältnis Jugendlicher zu ihren Eltern in der Gegenwart scheint durch besondere Probleme gekennzeichnet. Vielfach wird behauptet, in der Gegenwart sei das Verhältnis der Generationen besonders schwierig; es wird behauptet, der Konflikt der Generationen werde heute verstärkt ausgetragen. Diese Sicht der Dinge ließe sich durch viele Beispiele belegen: Beispiele prominenter Eltern, deren Kinder rebellieren, oder Beispiele aus dem Bekanntenkreis eines jeden einzelnen, welche belegen können, daß es Konflikte oft beträchtlichen Ausmaßes gibt, daß Söhne oder Töchter gegen ihre Väter rebellieren und die elterliche Autorität nicht anerkennen wollen. Aus Bekanntenkreis oder Erfahrungsschatz ließen sich diese Beispiele jedoch leicht um Fälle erweitern, in denen Väter, ob nun besonders tyrannisch oder nicht, über ihre Kinder dominieren und Kinder jugendlichen Alters fügsam das tun, was ihnen ihre Eltern vorschreiben. Derartigem Datenmaterial aus Erfahrungsschatz, Bekanntenkreis und Massenmedien ist jedoch nicht ohne weiteres zu trauen. Es vermag viele Beispiele zu liefern und anschaulich zu machen, aber es ist ungeeignet für Verallgemeinerungen und zuverlässige Beschreibung des Verhältnisses von Eltern und Jugendlichen in der Gegenwart. Denn die Informationen, die wir im Alltag unmittelbar selbst aufnehmen oder aus den Medien vermittelt bekommen, sind in der Regel nicht besonders repräsentativ für Phänomene des Alltags; wir bemerken eher das, was auffällig ist, als das, was normal erscheint; das Bemerkenswerte ist häufiger das Abweichende als das Normale.

Die Mechanismen, die zu derartigen Verzerrungen unseres Bildes von der Wirklichkeit führen, haben Sozialpsychologen häufig untersucht und mit dem Etikett »selektive Perzeption« versehen. Gleiche Mechanismen führen dazu, daß das Bild der Wirklichkeit aus den Massenmedien nicht sehr viel mit der Wirklichkeit des Alltags zu tun hat. Massenmedien müssen notwendig Nachrichten berichten, welche Neuigkeitswert besitzen. Das Alltägliche ist aber in der Regel nicht durch Neuigkeitswert gekennzeichnet. Das heißt nicht, daß das, was Massenmedien berichten, einfach falsch ist; vielmehr soll damit angedeutet sein, daß das durch Massenmedien vermittelte Bild der Wirklichkeit eine beträchtlich dramatisierte Version der Wirklichkeit darstellt, die in der Regel Abweichungen und durch ihre Nicht-Normalität bemerkenswerte Ereignisse überbetont.

Ein Korrekturmechanismus für derartige verzerrende Wahrnehmungen der Wirklichkeit ist gegeben durch das Instrumentarium der empirischen Sozialforschung, welche vielfach die Familienbeziehung von Jugendlichen zu ihrem Gegenstand gemacht hat. Aus einer Vielzahl von Untersuchungen in einer beträchtlichen Zahl westlicher Industriegesellschaften wird deutlich, daß es Familiendramen zwar tatsächlich gibt, daß sich aber derartige Dramen nur selten abspielen; die übergroße Mehrzahl der Familienbeziehung von Jugendlichen ist weder durch überbordenden Konflikt gekennzeichnet noch durch willenlose Unterordnung unter einen tyrannischen Vater. Die Diskrepanz von Ergebnissen der Sozialforschung und unseren von den Massenmedien bestärkten Eindrücken ist damit zu erklären, daß im einen Fall Daten über Jugendliche und Familien der Gegenwart systematisch gesammelt und analysiert werden, im anderen Fall dagegen von einer nicht-repräsentativen Auswahl generalisiert wird.

Auf der Grundlage einer umfassenden und gründlichen Untersuchung an Jugendlichen der Bundesrepublik stellte L. v. *Friedeburg* (1963) fest: »Das Verhältnis der heranwachsenden Kinder zu den Eltern ist immer weniger durch Subordination als vielmehr durch Kollegialität bestimmt. Die Erziehung soll Selbständigkeit fördern, nicht Abhängigkeit verlängern. Reibereien bleiben kaum aus, doch bemühen sich beide Seiten, Schwierigkeiten zwischen den Generationen zu überspielen, statt Konflikte auszutragen.« Und *Friedeburg* findet in seiner repräsentativen Studie von Jugendlichen ferner eine »durchweg positive Einstellung der Jugendlichen zur Institution der modernen Familie im allgemeinen wie zum eigenen Elternhaus im besonderen. Die Eltern werden weder idealisiert, noch dramatisiert man ihre Fehler, sondern toleriert ihre Schwächen und gelegentlich etwas altmodischen Ansichten«.

Zu ganz ähnlichen Ergebnissen kommt *Rosenmayr* (1963) auf der Grundlage einer repräsentativen Untersuchung österreichischer Lehrlinge. Das Urteil, das Jugendliche über ihre Eltern abgeben, ist überwiegend positiv. Diesen positiven Beurteilungen entspricht bei der übergroßen Mehrzahl der befragten Lehrlinge ein Gefühl von Nähe und Vertrautheit, das sie mit ihren Eltern verbindet.

Ganz überwiegend werden die Eltern oder ein Elternteil als diejenigen genannt, die den befragten jugendlichen Lehrlingen von allen Menschen am nächsten stehen, und von denen der Abschied am schwersten fiele. Ebenso werden die Eltern am häufigsten als Vertrauenspersonen der befragten Jugendlichen genannt. Die Jugendlichen nennen ihre Eltern am häufigsten als diejenigen, auf die sie sich in Schwierigkeiten am meisten verlassen können, und die das meiste Verständnis für die Jugendlichen haben. Daß in dieser Studie 80 % der Befragten beide Eltern oder einen

Elternteil als diejenigen Personen nennen, die das meiste Verständnis für den Jugendlichen haben, ist besonders bemerkenswert, angesichts populärer Darstellungen, welche unterstellen, daß Eltern im allgemeinen ihre Jugendlichen nicht verstünden oder aber jedenfalls Jugendliche das Gefühl hätten, daß ihre altmodischen Eltern kein Verständnis für sie hätten.

Eine Studie von *Kandel* und *Lesser* (1972) bei amerikanischen und dänischen Jugendlichen kommt zu sehr ähnlichen Ergebnissen. *Kandel* und *Lesser* fassen ihre Ergebnisse zusammen: »Amerikanische und dänische Jugendliche stehen ihren Eltern überraschend nahe; sie tendieren nicht dazu, gegen die elterliche Autorität zu rebellieren; sie teilen häufig die Ziele und Hoffnungen ihrer Eltern für ihre künftige Rolle in der Gesellschaft. Ob in der Qualität des Familienlebens oder im Hinblick auf persönliche Hoffnungen für die zukünftige Rolle des Jugendlichen in der Gesellschaft, die Ergebnisse dieser Untersuchung können den Eindruck einer großen Kluft zwischen Eltern und ihren jugendlichen Kindern nicht bestätigen.« Es wäre ein Leichtes, weitere zuverlässige Studien aufzuzählen, die zu ähnlichen Ergebnissen kommen; der Konsens einer solchen Vielzahl von Studien, welche mit z. T. recht unterschiedlichen Methoden zu gleichen Ergebnissen kommen, ist beeindruckend[3].

4.2. Wandlungen der Elternbeziehungen

Aussagen wie etwa die von E. *Spranger* in seinem seit Jahrzehnten berühmten Buch »Psychologie des Jugendalters« treffen für die Gegenwart nicht zu: Das Verhältnis von Vater und Sohn sei von »Liebeshaß« gekennzeichnet; »dem modernen Jugendlichen drängt sich sogar der Gedanke ins Herz: Du bist schuld an meinem Leben. Aber der Vater hat alle reale Macht in der Hand: er besitzt den Hof (oder das Geschäft); er muß für alles das Geld geben; er bestimmt – das Kleine ist oft das Fühlbarste – die Hausordnung; er muß bei der Berufswahl befragt werden; er bewacht die ersten Liebeswerbungen und hat für sie ach, so andere Maßstäbe, als verstanden werden können.« Schon 1924, als *Sprangers* Buch zum erstenmal erschien, wurde durch diese Beschreibung nicht das Verhältnis moderner Jugendlicher zu ihren Eltern beschrieben. Sorgfältige empirische Untersuchungen, welche sich freilich damals nicht der Umfrageforschung bedienen konnten, zeigen, daß diese Aussagen für die Jugend auch des Jahres 1924 unzutreffend waren[4]. Die Wandlung der familialen Stellung des Kindes, welche G. *Baumert* beschrieb, ist nicht ein Vorgang, der erst in den letzten 25 Jahren stattgefunden hätte.

Baumert (1957) charakterisiert diese Tendenz wie folgt:
»Das Kind wird in seiner familialen Stellung freier und selbstständiger. Die Erziehung richtet sich zunehmend auf die Ausbildung der Persönlichkeit, und die charakterliche Eigenart des Kindes wird stärker respektiert. Das Verhältnis zwischen Kind und Eltern wird zwangloser; die älteren Kinder gewinnen eine mehr partnerschaftliche Stellung und erhalten stärkeres Gewicht in der Entscheidung familialer Fragen.«

Zu ähnlichen Ergebnissen kommt Ch. *Bühler* bei der Untersuchung von Jugendtagebüchern aus mehreren Generationen, welche sie 1933 veröffentlichte. Die Tagebücher, welche Ch. *Bühler* analysierte, kamen aus einer Mehrzahl von Ländern und erstreckten sich über einen ziemlich großen Zeitraum. Das Geburtsjahr des frühesten Tagebuchschreibers war 1830, das Geburtsjahr des jüngsten Tagebuchschreibers war 1915. Die Untersuchung der Tagebücher erlaubt *Bühler* so, nahezu ein Jahrhundert jugendlichen Innenlebens zu untersuchen. In den Jugendtagebüchern aus den zwanziger Jahren fand sie völlig neue Formen und Inhalte, »vor allem die Einstellung zur Familie und die Einstellung zu geistigem Leben und zur Geselligkeit. Erstens verschwindet in der Beziehung der Jugendlichen zur Familie jede Animosität.« Die Ergebnisse von *Bühlers* Untersuchung können nicht mit dem Hinweis darauf abgetan werden, daß jugendliche Tagebuchschreiber nicht repräsentativ seien; dies kann weder die Unterschiede, welche sie zwischen verschiedenen Jugendgenerationen findet, erklären, noch die Diskrepanz zwischen ihren auf Datenmaterial beruhenden Aussagen und den Behauptungen *Sprangers;* denn die systematischen Abweichungen des Datenmaterials, insbesondere im Hinblick auf die Rekrutierung der Tagebuchschreiber aus höheren sozialen Schichten, dürften den systematischen Verzerrungen des Beobachtungsmaterials von *Spranger* entsprechen.

Ch. *Bühler* faßte ihre Ergebnisse hinsichtlich von Generationsunterschieden so zusammen:

»Wir hatten, als wir die Wandlung der mittleren gegenüber der älteren unserer drei Generationen darstellten, als Kriterien vor allem die Einstellung zur Familie, die Einstellung zu sachlichen Aufgaben und geistigem Leben, ferner die Einstellung zu Natur und Geselligkeit, schließlich die Liebes- und sexuelle Entwicklung ausgewertet. Als generationsspezifisch fanden wir hierbei in der ältesten Generation eine selbstverständliche Einbezogenheit in die Familie und bedingungslos positive Einstellung zur Familie, wogegen wir in der mittleren Generation einen starken Individualismus und heftigen Gegensatz zur Familie sich herausbilden sehen. Ferner in der ältesten Generation absolute Ungeistigkeit und völliges Desinteressement an sachlichen Aufgaben und den Umschlag hiervon zu lebendiger geistiger Problematik und sachlichem Aufgabeverständnis, das sich speziell in der Berufsentwicklung der Frau auswirkte. Für die Naturauffassung der älteren Generation war eine gewisse traditionelle Einstellung und Nüchternheit charakteristisch, während die mittlere Generation ein außerordentlich lebendiges Verhältnis zur

Natur gewann. Dagegen schlägt die kindlich positive Freude an der vielen Geselligkeit, welche der älteren Generation eignete, in eine eher ablehnende Haltung um, da Einsamkeit und Zweisamkeit gesucht, Gesellschaft als oberflächlich und die individualistischen Bedürfnisse nicht befriedigend betrachtet wird. In der Liebe schließlich wird die völlige Kontaktlosigkeit und das Versteckspiel der Partner der älteren Generation abgelöst von einem ganz auf individuelles Verstehen und spezifische Ergänzung gegründeten, also stark im seelischen und geistigen Kontakt wurzelnden Liebesverhältnis.
Wie sieht all das nun in der jüngsten Generation aus? In gewisser Weise sehen wir da einen Rückschlag, dessen Vorbereitung unsere Übergangstagebücher deutlich anzeigen. Dieser Rückschlag betrifft, wenn auch natürlich in völlig neuen Formen und Inhalten, vor allem die Einstellung zur Familie und die Einstellung zu geistigem Leben und zur Geselligkeit. Allerdings natürlich mutatis mutandis, so daß man überhaupt nur mit vielen Kautelen das Wort »Rückschlag« gebrauchen kann. Die Dinge liegen also etwa so: Erstens verschwindet in der Beziehung der Jugendlichen zur Familie wieder jede Animosität. ...
Es darf natürlich nie übersehen werden, daß es Einzelfälle gibt, in denen die Zeittendenz sich nicht deutlich durchsetzt. Wie wir z. B. bei einem Mädchen der neunziger Jahre ein restlos positives Verhältnis zur Familie feststellten, so ist umgekehrt bei unserer jüngsten Schreiberin das Verhältnis sehr negativ, was an besonderen Milieuumständen liegt. Dieses Mädchen schämt sich nämlich ihrer einfachen Herkunft und kleinen Verhältnisse, die sie ihren Mitschülerinnen in der höheren Schule gegenüber als drückend empfindet. Bei den Amerikanerinnen konstatieren wir, mit einer Ausnahme, ein restlos, schon beinahe wieder als naiv zu bezeichnendes positives Verhältnis zur Familie. Die Eltern werden unbefangen und ununterbrochen erwähnt, und der Kontakt mit ihnen scheint ein ungebrochener und ungetrübter zu sein.«

Die im Zeitverlauf zunehmende Demokratisierung der Familien und die zunehmende Liberalisierung des Klimas, in dem Heranwachsende aufwachsen, ist in den Perioden, die *Bühler* behandelt, keineswegs abgeschlossen; sie setzt sich, wie Umfragen dokumentieren, in diesem Jahrhundert fort. Eindrucksvolle Beweise hierfür liefert die von den amerikanischen Politikwissenschaftlern G. *Almond* und S. *Verba* durchgeführte Untersuchung über politische Partizipation, in deren Rahmen das DIVO-Institut 1959 einem repräsentativen Querschnitt der westdeutschen Bevölkerung u. a. Fragen über die Familien vorlegte, in denen sie aufgewachsen waren; von besonderem Interesse sind in diesem Zusammenhang Fragen nach den Machtverhältnissen in den Familien, in denen sie aufwuchsen, und ihrer eigenen Beteiligung als 16jährige an Familienentscheidungen[5].

Die Dominanz des Vaters in der Familie hat danach in diesem Jahrhundert deutlich abgenommen (Tabelle 4); wenn die Erinnerung der Befragten uns nicht trügt, traf in den Jahren 1915–1925 immerhin noch in 37 % der Familien der Vater die Mehrzahl der Entscheidungen; 1950 bis 1957 war dies nur mehr in 17 % der Familien der Fall; der Rückgang in der Zwischenzeit ist stetig. Je jünger die Befragten, desto häufiger

Tabelle 4: Entscheidungen in deutschen Familien im 20. Jahrhundert

Entscheidungen traf(en)	Beide Eltern gemeinsam	Vater	Mutter	Andere Antworten	N =
1958–1966	58 %	21 %	17 %	4 %	995[6]
1950–1957	57,9 %	17,5 %	15,8 %	8,8 %	114
1945–1950	45,6 %	22,8 %	24,1 %	7,6 %	79
1940–1945	55,1 %	29,6 %	12,2 %	3,1 %	98
1935–1940	49,1 %	30,7 %	13,2 %	7,0 %	114
1925–1935	46,8 %	34,1 %	12,7 %	6,4 %	173
1915–1925	45,0 %	36,7 %	11,1 %	7,2 %	180
Vor 1915	54,4 %	31,1 %	8,9 %	5,6 %	180

berichten sie, daß ihre Eltern Familienentscheidungen gemeinsam trafen. Für Entscheidungen über die Bestrafung der Kinder ergibt sich ein ähnlicher Trend; auch hier nahmen gemeinsame Entscheidungen zu, während Entscheidungen des Vaters seltener wurden.

Noch drastischer scheint sich die Stellung heranwachsender Kinder in der Familie geändert zu haben. 58 % der Befragten, deren Jugend vor dem Jahr 1915 stattfand, berichten, sie hätten als Jugendliche keinerlei Einfluß auf Familienentscheidungen gehabt; von den in den fünfziger Jahren Aufgewachsenen sagen dies nur 16 %; der zunehmende Einfluß von Kindern auf Familienentscheidungen ist als kontinuierliche Entwicklung zwischen diesen von der Anlage dieser Befragung her gegebenen Endpunkten in Tabelle 5 deutlich erkennbar. Ein ebenso deutlicher Trend

Tabelle 5: Ausmaß des Einflusses von Kindern auf Familienentscheidungen im Verlauf des 20. Jahrhunderts

	Viel Einfluß	Einigen Einfluß	Keinen Einfluß	Andere Antworten	N =
1950–1957	22,1 %	61,1 %	15,9 %	0,9 %	113
1945–1950	17,5 %	52,5 %	27,5 %	2,5 %	80
1940–1945	16,7 %	46,9 %	34,4 %	2,1 %	96
1935–1940	15,7 %	44,4 %	38,0 %	1,9 %	108
1925–1935	16,7 %	43,8 %	35,2 %	4,3 %	162
1915–1925	10,6 %	36,5 %	48,8 %	4,1 %	170
Vor 1915	6,0 %	31,9 %	57,8 %	4,2 %	166

zeigt sich in den Antworten auf Fragen danach, ob Kinder sich gegebenenfalls über Familienentscheidungen beklagten. Der Anteil der Befragten, die angaben, sich dann freimütig beschwert zu haben, nahm von 34 % vor 1915 stetig zu bis zu 70 % der in den fünfziger Jahren Aufgewachsenen.

Wenn die retrospektiven Angaben der Befragten des Jahres 1959 ein Maßstab sind, hat sich allerdings an der durchschnittlichen Zufriedenheit von Kindern mit ihren Eltern in diesem Jahrhundert nicht viel geändert. Zu Anfang wie in der Mitte des 20. Jahrhunderts meinten Jugendliche demnach in der übergroßen Mehrzahl, ihre Eltern hätten Verständnis für ihre Bedürfnisse (der größte Prozentsatz derer, die angeben, die Eltern hätten kein Verständnis für ihre Bedürfnisse gehabt, findet sich in der in der Nachkriegszeit aufgewachsenen Gruppe; der Anteil ist freilich auch hier nur 8 %). Und auch diejenigen Altersgruppen, die überwiegend von keinerlei Einfluß auf Familienentscheidungen in ihrer Jugend berichten, zeigen sich mit dem Ausmaß ihres bescheidenen Einflusses in der Mehrzahl zufrieden; die Zunahme der mit ihrem Einfluß auf Familienentscheidungen zufriedenen Jugendlichen im Lauf dieses Jahrhunderts ist in den Daten erkennbar, aber nicht von dramatischem Umfang, weil die Zufriedenheit je schon relativ groß war und von daher eine beträchtliche Vergrößerung dieser Gruppe bereits ausgeschlossen ist.

Der Funktionswandel der Familie

Wodurch erklären sich diese beträchtlichen Veränderungen des Verhältnisses von Jugendlichen zu ihren Eltern? Die wichtigste Ursache dürfte der Funktionswandel der Familie sein, der seinerseits eine Folge der Veränderung der Wirtschafts- und Sozialstruktur ist. Mit der Wandlung von der Agrargesellschaft zur Industriegesellschaft wurde der Anteil der von landwirtschaftlicher Betätigung lebenden Bevölkerung immer kleiner. Mit der Entwicklung der Industriegesellschaft ging gleichzeitig der Anteil von Selbständigen zurück, kleine, oft familienbezogene Produktionseinheiten verschwanden und wurden durch größere ersetzt. War die Familie bei Beginn der Industrialisierung noch die kleinste Einheit der Produktion, so ist die Familie in der Gegenwart in der Regel, soweit sie überhaupt eine wirtschaftliche Einheit ist, nur die kleinste Einheit des Konsums. Die reale Macht in der Hand der Väter der meisten Jugendlichen beruht jedenfalls nicht mehr auf dem Besitz von Hof oder Geschäft. Nach wie vor ist die Macht des Vaters zu einem beträchtlichen Teil ökonomische Macht, aber im Zuge wirtschaftlicher Besserstellung führt dies weniger zum Konflikt. Je weniger knapp das Geld ist, desto weniger Anlaß gibt es zu Verteilungskonflikten innerhalb der Familie, wenn Jugendliche nach mehr Taschengeld oder Benutzung von familiären Ressourcen verlangen. Die wirtschaftliche Besserstellung hat nicht nur zur Folge, daß die Bereiche für mögliche Konflikte reduziert werden; sie hat auch Auswirkungen darauf, mit welcher Intensität Konflikte ausgetragen werden müssen. Die Vergrößerung des Wohnraums, das zunehmende Vorhandensein eigener heizbarer Zimmer der Jugendlichen usw. hat offenkundige Folgen insofern, als es die Möglichkeit vermehrt, sich bei Bedarf innerhalb der Familie aus dem Wege zu gehen.

Während bestimmte Konflikte als Folge des sozialen Wandels seltener werden und an Intensität abnehmen, gibt es natürlich Konflikte neuer Art, welche als Folge von sozialen und technologischen Veränderungen in Familien hineingetragen werden.

Beschleunigter sozialer Wandel hat zur Folge, daß der Bezugsrahmen von Eltern und Kindern sich beträchtlich unterscheidet. Während Eltern dazu tendieren, Einstellungen, Verhalten und Habseligkeiten ihrer Kinder mit ihrer eigenen Jugend oder einer idealisierten Version davon zu vergleichen, tendieren Kinder dazu, sich in gleicher Hinsicht mit ihren Gleichaltrigen zu vergleichen, mit Klassenkameraden, ihren Freunden und Freundinnen. Je rapider der soziale Wandel ist, desto unterschiedlicher sind die Bezugsrahmen von Eltern und Kindern.

Ein Beispiel hierfür sind die Veränderungen von Werten und Normen als Folge des Wirtschaftswachstums. Was früher knappes Gut war, ist heute selbstverständlich vorhanden. Früher keineswegs selbstverständliche materielle Annehmlichkeiten bieten heute nicht mehr Anlaß zu besonderer Dankbarkeit für ihr Vorhandensein. Was früher Sparsamkeit war, mag heute als Knauserigkeit erscheinen; und die Großzügigkeit von ehedem mag ohne Verhaltensänderung als Sparsamkeit gelten. Daß die Werte einer Generation, die Mangel am eigenen Leibe nicht erfahren hat, sich dramatisch von den Werten einer Generation unterscheiden, welche die Entbehrungen von Krieg und Nachkriegszeit durchlitt, dürfte offenkundig sein.

Rapide technische Veränderungen bieten gleichfalls neue Gelegenheiten zum Konflikt. Junge Leute werden mit neuen technischen Geräten und Verfahren häufig besser und schneller vertraut als ältere; während die älteren dazu tendieren, auf ihren Erfahrungsschatz zu verweisen, hat der Anspruch auf Überlegenheit dank Erfahrung wegen technischer Veränderungen oft seine Grundlage verloren.

Öffentlich geäußerte Wertvorstellungen und Normen haben sich drastisch geändert. Die sichtbarsten Beispiele solcher Veränderungen sind das Gebiet der Normen auf dem Gebiet des Sexualverhaltens und Vorstellungen über Erziehungspraktiken. Es ist dementsprechend zu erwarten, daß es beträchtliche Meinungsverschiedenheiten zwischen Jugendlichen und ihren Eltern gibt – nicht als Folge eines naturgegebenen oder entwicklungsbedingten Bedürfnisses nach Konflikt, sondern als Folge gesamtgesellschaftlicher Veränderungen; derartige Veränderungen tragen Konfliktgegenstände in die Familien hinein. Es wäre falsch, die resultierenden Konflikte, zu denen es zuweilen kommt, als Ausdruck eines jugendlichen Bedürfnisses nach Konflikt zu interpretieren.

Konflikte und ihre Vermeidung

Meistens werden derartige Konflikte zwischen Jugendlichen und ihren Eltern jedoch nicht in dramatischer Weise ausgetragen. Statt dessen tendieren Familien dazu, von einer Vielzahl von Techniken der Konfliktvermeidung Gebrauch zu machen. Häufig wird die Wichtigkeit von Meinungsverschiedenheiten heruntergespielt. Oft werden Konflikte dadurch vermieden, daß man sich buchstäblich eine Zeitlang aus dem Wege geht. Für viele Familien ist charakteristisch, daß die Möglichkeit des Konflikts dadurch reduziert wird, daß innerhalb der Familie eine Arbeitsteilung vorgenommen wird, etwa derart, daß die verschiedenen Familienmitglieder Expertenrollen zuerteilt bekommen. Wenn die Expertenrolle auf einem bestimmten Gebiet nicht bestritten wird, gibt es keinen Grund zum Konflikt bei unterschiedlichen Meinungen. Kinder als Experten der Familie für Stereoanlagen sind ein vertrautes Phänomen; die Konflikte über die von diesen Anlagen dargebotene Musik könn(t)en durch Kopfhörer gelöst werden. Selbstverständlich gibt es nicht immer solch einfache Lösungsmöglichkeiten für verschiedene Auffassungen innerhalb der Familie, und selbst wenn relativ einfache Lösungsmöglichkeiten vorhanden sind, werden sie nicht immer wahrgenommen. Die Vorstellung von vorherrschender ungestörter Harmonie wäre ebenso unzutreffend wie die Unterstellung, daß die meisten modernen Familien durch übergroße Konflikte zwischen Heranwachsenden und ihren Eltern gekennzeichnet seien. Und ebenso wäre es falsch, nun alle modernen Familien in der Mitte zwischen diesen beiden Extremen zu vermuten; während diese Annahme für die Mehrzahl der Familien in modernen Industriegesellschaften zutreffend ist, gibt es eine nicht außer acht zu lassende Minderheit von Familien, die dem einen oder anderen Extrem näher sind, als dies für die meisten Familien zutrifft. Empirische Untersuchungen zur Autoritätsstruktur in Familien und über die Art von Meinungsverschiedenheiten in Familien zu Werten, zu denen sich die Auffassungen in den letzten Jahrzehnten rapide gewandelt haben, erlauben uns, dies quantitativ genauer zu bezeichnen.

Autoritätsausübung im Vergleich

Die Untersuchung von D. *Kandel* und G. *Lesser* in den USA und in Dänemark hatte unter anderem die Autoritätsausübung innerhalb der Familien zum Gegenstand. Für Vater und Mutter getrennt wurden die

Jugendlichen danach gefragt, wie die Entscheidungen getroffen würden, die den Heranwachsenden angehen. Die Antworten auf verschiedene Fragen zu diesem Thema wurden zu einem Index zusammengefaßt. Dabei lassen sich folgende Typen unterscheiden:

1. Entscheidungen, die den Heranwachsenden betreffen, werden ohne Konsultation von den Eltern getroffen (autoritärer Stil).
2. Entscheidungen, die den Heranwachsenden betreffen, werden von Eltern und dem Heranwachsenden gemeinsam und einvernehmlich getroffen (»demokratischer Stil«).
3. Entscheidungen, die den Heranwachsenden betreffen, werden überwiegend von dem Heranwachsenden selbst ohne elterliche Einflußnahme getroffen (»permissiver Stil«).

Unter Verwendung dieses Index kommen *Kandel* und *Lesser* zu dem Ergebnis, daß die amerikanischen Familien mehr als die dänischen Familien durch einen autoritären Verhaltensstil der Eltern gegenüber den Kindern gekennzeichnet sind. Die Mütter von 43 % der amerikanischen Befragten, aber nur 15 % der dänischen Befragten, werden als autoritär gekennzeichnet. Die Väter scheinen sich in beiden Ländern autoritärer zu verhalten als die Mütter, wobei die amerikanischen Väter autoritärer sind als die dänischen Väter (53 % gegenüber 31 %). 61 % der dänischen Heranwachsenden berichten von demokratischer Autoritätsausübung ihrer Mutter, während 40 % der amerikanischen Gleichaltrigen dies berichten. Von 48 % der Dänen und 29 % der amerikanischen Heranwachsenden wird gesagt, daß sie mit dem Vater gemeinsame Entscheidungen treffen. Der permissive Entscheidungsstil kommt in den USA und Dänemark bei Vätern und Müttern ungefähr gleich häufig vor; er wird für Väter und Mütter in Dänemark und den USA von etwa einem Fünftel der Befragten berichtet.

Wertveränderungen und Elternbeziehungen

Über die Auswirkungen von Wertveränderungen in der Gesellschaft in den letzten Jahrzehnten auf das Einverständnis von Eltern und heranwachsenden Kindern gibt eine Analyse Auskunft, welche R. *Hamilton* mit den Daten aus *Friedeburgs* Studie durchführte[7]. In dieser Untersuchung wurden die Einstellungen von Jugendlichen und die von diesen perzipierten Einstellungen von Eltern und Freunden zu vorehelichen geschlechtlichen Beziehungen erhoben. Die Unterschiede zwischen den Generationen sind markant. Nur eine Minderheit der jugendlichen Befragten stand vorehelichen sexuellen Beziehungen ablehnend gegenüber. Aber eine Mehrheit der befragten Jugendlichen beschrieb die Einstellung ihrer Eltern hierzu als ablehnend. Die Auffassungen der Generationen zu diesem Thema scheinen sehr verschieden. Führt dieser Unterschied zwischen den Meinungen, die in beiden Generationen vorherrschen, nun zu einem Konflikt der Generationen, der innerhalb der Familie ausgetragen wird? Die Analyse *Hamiltons* zeigt, daß solch beträchtliche Unterschiede in den Meinungen verschiedener Generationen nicht zu einem innerfamiliären Generationskonflikt führen müssen. Die Analyse zeigt, daß vor allem diejenigen Jugendlichen voreheliche sexuelle Beziehungen befürworten, deren Eltern dies auch tun, und diejenigen Jugendlichen, deren Eltern ihren Kindern eine sehr ambivalente Einstellung zu diesem Thema (»kommt darauf an«) kundtun.

Zu diesem Thema sind ausgesprochene Wertkonflikte zwischen Eltern und Kindern selten. Bezeichnen wir als Wertkonflikt diejenigen Fälle, wo Jugendliche voreheliche sexuelle Beziehungen befürworten und Eltern diese ablehnen, dann finden sich solche Konflikte nur bei 9,8 % aller Jugendlichen, die in vollständigen Familien leben. Solche Wertkonflikte erscheinen dabei zahlreicher in der Arbeiterschaft (20 %) als in der unteren oder oberen Mittelschicht. Und angesichts der Unterschiede zwischen den Antworten männlicher und weiblicher Befragter ist es nicht überraschend, daß dieser Konflikt überwiegend bei männlichen Jugendlichen gefunden wird. Die entsprechenden Prozentsätze sind hier 30 % für die Arbeiterjugend, 25 % in der unteren und 21 % in der oberen Mittelschicht.

Diese Analyse zeigt, daß es Konflikte innerhalb der Familien als Folge von Wertveränderungen im Zuge sozialen Wandels gibt, daß diese Konflikte jedoch nur bei einer Minderheit von Familien in Erscheinung treten. *Hamilton* faßt seine Analyse zusammen: »Die neue Moral in der jungen Generation steht meist nicht in scharfem Gegensatz zu den Eltern; sie steht in »Gegensatz« zu Unsicherheit oder Unentschiedenheit in der Elterngeneration.« Untersuchungen politischer Einstellungen kommen zu ähnlichen Resultaten. Ein Beispiel ist die Infas-Untersuchung, die im Herbst 1971 bei Jugendlichen in der Bundesrepublik und ihren Eltern durchgeführt wurde; eine gründliche Auswertung dieser Untersuchung wurde von K. *Jennings* (1973) vorgenommen und berichtet. Betrachtet man nur die Randverteilungen, so zeigen sich beträchtliche Unterschiede zwischen den Generationen. Die jüngere Generation in dieser Untersuchung erweist sich als sehr viel weniger autoritär und konservativ als die ältere Generation. Die zum Teil krassen Unterschiede der Verteilungen der Antworten der verschiedenen Altersgruppen könnten den Eindruck erwecken, als sei ein politischer Generationskonflikt innerhalb der Familien unvermeidlich. Tatsächlich ist dies aber nicht der Fall. Dies zeigt sich in *Jennings'* Analyse, wenn Antworten von Eltern mit den Antworten ihrer Kinder verglichen werden. Bei diesem Vergleich zeigt sich, daß die Unterschiede, die im Aggregat so kraß erscheinen mögen, innerhalb der jeweiligen Familie eher graduelle Unterschiede sind. Kinder stimmen mit den Meinungen ihrer Eltern weitgehend überein oder weichen etwas davon ab, überwiegend in der Richtung, die dem Entwicklungstrend entspricht; das heißt also, daß tatsächlich häufig Jugendliche demokratischer, weniger autoritär und weniger konservativ eingestellt sind als ihre Eltern, aber diese Unterschiede sind im allgemeinen nicht dramatisch. Im allgemeinen sind Jugendliche, die links von ihren Eltern stehen, nur etwas weniger konservativ als ihre Eltern; die Unterschiede sind nicht von der Art, die zu heftigen politischen Konfrontationen innerhalb der Familie Anlaß bieten würde.

Eine Vielzahl weiterer Untersuchungen mit im wesentlichen gleichen oder ähnlichen Ergebnissen ließe sich anführen. Demgegenüber gibt es keine repräsentativen Untersuchungen, welche Aussagen besorgter Pädagogen unterstützten, denen zufolge die Beziehungen zwischen Jugendlichen und ihren Eltern heute in hohem Maße gestört seien. Die Diskrepanz erklärt sich durch die schon erwähnten Mechanismen selektiver Perzeption. Ein Beispiel hierfür gibt der Hamburger Pädagoge H.-H. *Muchow,* der 1959 in einem viel beachteten Buch über »Sexualreife und Sozialstruktur der Jugend« ein außerordentlich gestörtes Verhältnis von Heranwachsenden und ihren Eltern feststellte. *Muchow* behauptet auf Grundlage einiger Zitate aus veröffentlichten Tagebüchern von Jugendlichen, in hohem Maße sei die Verachtung der Erwachsenen für die Einstellung der Jugendlichen zu ihren Eltern kennzeichnend. Dies stützt sich darauf, daß in diesen Tagebüchern Eltern nicht als »Vati und Mutti« oder »Vater und Mutter« bezeichnet werden, sondern auch Bezeichnungen zu finden sind, die über den »Rahmen des Pennälerhaften« hinausgehen. Er zitiert aus Tagebüchern von fünf 14- bis 16jährigen die Bezeichnungen »der Heini, das doofe Arschloch, der alte Herr Erzeuger, der dämliche Idiot, dieses Rindvieh, diese Schweine« und folgert aus diesen Beispielen: »Bedenkt man, daß die herangezogenen Jugendlichen allesamt kirchlichen Jugendkreisen angehören, in denen doch wohl hochwertige Jugendführer Einfluß auf die innere Haltung der jungen Menschen gewonnen haben dürften, dann ist die in den Tagebüchern sich niederschlagende Verachtung nicht nur recht massiv, sondern dann ist doch wohl anzunehmen, daß in anderen, weniger geführten Kreisen von Jugendlichen die Verachtung der Erwachsenen in Gestalt der Eltern mindestens ebenso massive Formen annehmen dürfte«. Das Beispiel macht sehr deutlich, wie es zu derartigen Folgerungen kommt. Die empirische Grundlage sind veröffentlichte Tagebücher, die anscheinend doch gerade wegen ihrer Abweichung von dem als normal Erwarteten einer auszugsweisen Veröffentlichung zugeführt wurden. Aus dieser Veröffentlichung werden die Zitate, die *Muchow* den größten Anlaß zur Empörung bieten, ausgewählt und als repräsentativ dargestellt; zwar ist sich *Muchow* darüber im klaren, daß diese Jugendlichen, kirchlichen Jugendkreisen angehörend, nicht für die Jugend repräsentativ sind, aber er wagt den kühnen Schluß auf Jugendliche der Gegenwart insgesamt, weil er vermutet, daß nicht-kirchliche Kreise von Jugendlichen doch wahrscheinlich noch viel schlimmer sein müßten als diese kirchlichen Jugendkreise, die *Muchows* Wertung nach anscheinend schon schlimm genug sind. Daß derartige Tagebuchzitate oder ähnliche Erfahrungen authentisch sind, sei nicht bestritten; aber es ist zu bestreiten, daß das auf dieser Grundlage gewonnene Bild für die Mehrzahl der Jugendlichen charakteristisch ist oder war[8].

Freilich gibt es Abweichungen von dem vorherrschenden Muster relativ konfliktarmer, spannungsfreier Beziehungen zwischen Eltern und ihren Kindern. Differenzierungen sind erforderlich. Es gibt einige Unterschiede in der Beurteilung von Vätern und Müttern durch Jugendliche; es gibt Unterschiede zwischen den sozialen Schichten und zwischen verschiedenen Gesellschaften. Und schließlich ändern sich die Beziehungen zwischen Jugendlichen und ihren Eltern mit zunehmendem Alter der Kinder; auch Unterschiede je nach Geschlecht des heranwachsenden Kindes sind nicht zu übersehen.

Zu Unterschieden zwischen Müttern und Vätern

Jugendliche, deren Beziehungen zu Vater und/oder Mutter schlecht sind, stellen nach allen vorliegenden Untersuchungen eine Minderheit der befragten Jugendlichen dar. Die Minderheit der Jugendlichen, die von schlechten Beziehungen mit dem Vater berichtet und den Vater negativ charakterisiert, ist jedoch größer als die Gruppe, die die Beziehungen mit der Mutter als schlecht charakterisiert. Hierin stimmen nahezu alle vorliegenden empirischen Untersuchungen überein.

Eine der frühen Untersuchungen auf diesem Gebiet wurde von K. *Leichter* und P. *Lazarsfeld* in den dreißiger Jahren in der Schweiz durchgeführt. Unter anderem wurden in dieser Studie die Jugendlichen danach gefragt, an wen sie sich mit ihren Sorgen vorwiegend wendeten. Auf die Eltern entfallen hierbei die meisten Antworten. Wird zwischen den beiden Elternteilen unterschieden, so wird die Mutter häufiger genannt. »Die Mutter ist erheblich häufiger Vertrauensperson als der Vater, und zwar sowohl allein als auch in Kombination mit anderen.«

Ähnliche Ergebnisse finden *Pipping* und seine Mitarbeiter in der Studie »Gespräche mit der deutschen Jugend«. Die Mutter wird häufiger als der Vater als der wichtigste Mensch genannt. Als wichtigste Vertrauensperson sind Nennungen der Mutter ebenfalls häufiger als Nennungen des Vaters. Auch hinsichtlich der »menschlichen Nähe zu Vater und

Mutter« berichten »über die Hälfte aller Probanden von einer seit jeher unveränderten Konstellation, und davon sagen die allermeisten, daß sie immer der Mutter näher gestanden hätten«.

Ähnlich zeigt die Jugenduntersuchung G. *Baumerts*, die in der Nachkriegszeit in Darmstadt durchgeführt wurde, daß die Mutter wesentlich weniger kritisiert wurde als der Vater. *Friedeburgs* für die Jugend der Bundesrepublik Deutschland repräsentative Jugenduntersuchung und *Rosenmayrs* österreichische Lehrlingsuntersuchung kommen übereinstimmend und unabhängig voneinander zu dem Ergebnis, daß den Müttern der Jugendlichen relativ seltener als den Vätern negative Eigenschaften zugeschrieben werden. Für Mütter wie Väter überwiegt die positive Beschreibung ihrer Eigenschaften, aber die Nennung negativer Merkmale ist für die Väter häufiger als für die Mütter. Die Nennung der Mutter als Vertrauensperson ist relativ häufiger als die Nennung des Vaters; das Verhältnis zur Mutter wird häufiger als eng und positiv beschrieben als das Verhältnis zum Vater. Die vergleichende Untersuchung dänischer und amerikanischer Jugendlicher kommt zu gleichen Ergebnissen. Die Zahl der Jugendlichen, die den Müttern sehr nahestehen, ist größer als die Zahl derjenigen, die ihr Verhältnis zum Vater als sehr nahe bezeichnet. Die Unterschiede der Nähe zu Vater und Mutter sind dabei in den USA größer als in Dänemark. Die Übereinstimmung all dieser Ergebnisse ist beeindruckend. Wodurch diese Unterschiede jedoch zu erklären sind, ist bisher nicht ausreichend untersucht.

4.3. Rollendifferenzierung der Eltern

Einige sozialpsychologische Theoretiker sehen die Ursache für diese Differenzen in der *Rollenverschiedenheit* der väterlichen und mütterlichen Rolle. Diese Theoretiker übertragen Ergebnisse der Kleingruppenforschung auf Familien. Es wird von ihnen vorgeschlagen, die Ursache der relativ besseren Beziehung der Mütter zu den Kindern darin zu sehen, daß die Mutter in der Familie die Rolle des »*emotionalen Spezialisten*« spiele. Die Rolle der Mutter wäre eher expressiv, während die väterliche Rolle eher instrumentell sei[9]. Eine derartige Kennzeichnung der Rollenverteilung in der Familie erscheint jedoch überaus idealisiert und nicht zureichend über das informiert, was Mütter tatsächlich an Aufgaben zu erfüllen haben. Tatsächlich besteht die Rolle der Mutter in vielen Familien wirklich darin, die Wünsche anderer Familienmitglieder zu erfüllen. Aber die Erfüllung dieser Wünsche geschieht zumeist auf instrumentelle Weise. Das Kochen von Lieblingsgerichten und das Herrichten von Kleidungsstücken ist nur schwerlich als expressives Handeln zu begreifen. Die Rolle nicht-berufstätiger Mütter besteht zu einem erheblichen Teil in der Leistung von Diensten für andere Familienmitglieder einschließlich der Heranwachsenden, die unmittelbar, sichtbar und konkret sind. Die Rolle der Mutter scheint nicht minder instrumentell als die des Vaters; ihre Leistungen für die Familie werden jedoch auf direktere Weise erbracht als die des Vaters.

Auch haben nicht-berufstätige Mütter in der Regel mehr Gelegenheit und Zeit, an den Interessen und Tätigkeiten ihrer heranwachsenden Kinder Anteilnahme zu zeigen, als außer Hause berufstätige Väter. Das Ausmaß der größeren Kontakthäufigkeit und Kontaktintensität der Jugendlichen zu ihren Müttern ist nicht zu unterschätzen, will man die Unterschiede in der Einstellung zu Vätern und Müttern erklären. Daß Mütter für ihre heranwachsenden Kinder einfach mehr Zeit haben als ihre Väter, könnte auch jedenfalls zu einem Teil erklären, warum Mütter als demokratischer erscheinen als die Väter; sie haben mehr Zeit, mit ihren Kindern Entscheidungen zu erörtern und mehr Gelegenheit, ihre Anordnungen oder Vorstellungen zu erläutern.

Treffen diese Vermutungen zu, so wäre anzunehmen, daß die Unterschiede der relativen Nähe zu Vater und Mutter von Jugendlichen kleiner werden, wenn die Mutter ebenso wie der Vater außer Hause berufstätig ist. Entsprechende Aufgliederungen des Materials sind jedoch unseres Wissens bisher nicht vorgenommen worden, so daß dies nur eine mögliche, nicht aber eine durch Datenmaterial gesicherte Erklärung dieser Verschiedenheiten ist.

Die naheliegende Vermutung, die Unterschiede in der Einstellung von Jugendlichen zu Vätern und Müttern könnten dadurch zu erklären sein, daß Väter häufiger als Mütter Anordnungen, Ge- und Verbote erlassen, ist demgegenüber nicht haltbar; tatsächlich ist das Gegenteil der Fall. Ebenso können diese Unterschiede nicht damit erklärt werden, daß Väter häufiger als Mütter etwa ihre Kinder bestraften. Im Hinblick auf Ge- und Verbote und Strafen treten die meisten Eltern gemeinsam auf; diese Gemeinsamkeit wird von den meisten jugendlichen Kindern auch so gesehen. Die Eltern werden zusammen als Instanz, die erlaubt, verbietet und bestraft, wahrgenommen; dies gilt für die Mehrzahl der befragten Jugendlichen. Allerdings bestehen, zumindest nach einzelnen Untersuchungen, zwischen den Eltern Unterschiede im *Stil* der Disziplinierung und Bestrafung (*Rosenmayr* 1963).

Schichtunterschiede

Unterschiede des Erziehungsstils in verschiedenen sozialen Schichten und in verschiedenen Ländern sind nicht zu übersehen. Nach deutschen Untersuchungen scheint das Verhältnis zwischen Eltern und ihren heran-

wachsenden Kindern in der Mittelschicht positiver und enger zu sein als das Verhältnis von Eltern und heranwachsenden Kindern in der Arbeiterschaft[10]. Ein beträchtliches Maß an Selbständigkeit ist in der Mittelschicht häufiger zu finden als in der Unterschicht. Die Kontrolle des Verhaltens der Jugendlichen durch Mittelschichteltern ist relativ seltener als die Verhaltenskontrolle durch Unterschichteltern. Ferner ist bemerkenswert, daß die Beziehung von Jugendlichen und ihren Eltern in der Mittelschicht häufiger eng ist als in der Unterschicht. Diese Unterschiede sind wahrscheinlich im Zusammenhang mit schichtspezifischen Unterschieden in der Sozialisation der Kinder zu sehen.
Das hierzu vorliegende Datenmaterial ist nicht zureichend, um gesicherte Aussagen über das Ausmaß dieser schichtspezifischen Unterschiede zuzulassen; es weist jedoch mit beträchtlicher Zuverlässigkeit das Vorhandensein solcher Unterschiede aus, wenn auch über die Größe dieser Unterschiede Angaben nicht vorliegen[11]. Die Richtung der Unterschiede ist eindeutig. Im Sozialisationsprozeß in der Mittelschicht spielt die Internalisierung von Normen und Werten eine größere Rolle als in der Unterschicht, wo die Kontrolle von Verhalten eine stärkere Rolle spielt. Selbständigkeit ist in der Mittelschicht ein wichtigeres Ziel der Erziehung von Kindern als in der Unterschicht[12]. Die größere Selbständigkeit der heranwachsenden Kinder wird dadurch ermöglicht, daß sie im Zuge des frühkindlichen Sozialisationsprozesses Normen und Werte des Elternhauses in hohem Maße verinnerlichten. In dem Maße, in dem dieser Verinnerlichungsprozeß erfolgreich war, sind spätere Verbote und Beaufsichtigung der Jugendlichen vom Standpunkt der Eltern aus gar nicht erforderlich, weil die Vorstellungen der jugendlichen Kinder jenen ihrer Eltern weitgehend entsprechen.

Anscheinend besteht ein Zusammenhang zwischen größerer Freiheit der heranwachsenden Kinder mit relativ größerer Kontrolle im früheren Kindesalter. Dieser Zusammenhang kann auch erklären, was im dänisch-amerikanischen Vergleich zunächst überraschend erscheint: Daß die dänischen Jugendlichen in ihren Elternhäusern mehr Freiheit genießen als die gleichaltrigen Amerikaner. Die Zahl der Vorschriften, denen sie zu entsprechen haben, ist in Dänemark wesentlich geringer als in den Vereinigten Staaten. *Kandel* und *Lesser* sehen dies als eine Konsequenz unterschiedlicher Sozialisationspraktiken in der Kindheit. Sie behaupten: »Amerikanische Eltern lassen, weil sie das Verhalten des Kindes nicht ausreichend begrenzen, es auch nicht früh im Leben Selbstdisziplin erwerben; demgegenüber fördern dänische Eltern, die während der Kindheit mehr Kontrolle ausüben, größere Selbständigkeit während der Jugend.« Nach den Daten dieser Untersuchung scheint es so, daß dänische Eltern spezifische Ge- und Verbote nur erlassen, wenn dies nötig ist; Vorschriften werden nicht gemacht von Eltern derjenigen Kinder, die sich den impliziten Erwartungen der Eltern entsprechend verhalten. Vorschriften werden gemacht, wenn die Internalisierung nicht erfolgreich war oder nicht stattgefunden hat. Demgegenüber machen amerikanische Eltern ihren jugendlichen Kindern Vorschriften, unabhängig davon, was das Verhalten ihres Sohnes oder ihrer Tochter ist. Betrachtet man die Häufigkeit des von den Eltern gewünschten Verhaltens je nach Vorhandensein oder Abwesenheit von elterlichen Vorschriften, so zeigt sich, daß in den USA das von den Eltern gewünschte Verhalten häufiger vorzufinden ist in den Gruppen, wo die Eltern entsprechende Vorschriften erlassen. In Dänemark ist es umgekehrt: Das von den Eltern gewünschte Verhalten findet häufiger in der Gruppe statt, in der die Eltern keine Vorschriften erlassen haben.

Neben derartigen Ergebnissen, die unseren Erwartungen und unserem vorwissenschaftlichen Verständnis nicht entsprechen, fördern empirische Untersuchungen freilich auch Ergebnisse zutage, die keineswegs überraschend sind. So zeigt sich, daß die Selbständigkeit des Jugendlichen, die von den Eltern eingeräumt wird, mit zunehmendem Alter der Kinder zunimmt. Ebenfalls finden sich die zu erwartenden Unterschiede je nach Geschlecht des Kindes. So machen Eltern ihren Töchtern mehr Auflagen, wann sie abends wieder zu Hause sein müssen, als sie das bei ihren gleichaltrigen Söhnen tun. Das Verhältnis von Müttern und Töchtern ist enger als das Verhältnis von Töchtern und Vätern. Dementsprechend erscheint die Bevorzugung der Mutter in denjenigen Untersuchungen stärker, in denen nicht nur männliche, sondern auch weibliche Jugendliche befragt wurden.

Eine von uns im Jahr 1974 durchgeführte Untersuchung, bei der auch repräsentative Stichproben deutscher und österreichischer Jugendlicher befragt wurden, erlaubt uns die erforderliche Aufgliederung des Datenmaterials nach Alter und Geschlecht der befragten Jugendlichen[13].

4.4. Tiefenbindungen

Ein sehr entscheidender Zug des Verhältnisses Jugendlicher zu ihren Eltern drückt sich in der Art der »Tiefenbindungen« (*Rosenmayr* 1963: 117) der Jugendlichen an ihre Eltern aus. Zur Ermittlung dieser Tiefenbindungen wurde wie in der Untersuchung, in der *Rosenmayr* diesen Begriff entwickelte, die Technik der Vervollständigung unvollständiger Sätze verwandt. Mit dieser Vorgehensweise wurde ermittelt, welche Personen es vor allem sind, denen die Jugendlichen sich am meisten verbunden fühlen, von denen sie in schwierigen Lagen Hilfe erwarten und von denen sie sich am meisten verstanden fühlen. Aus den Antworten auf diese Fragen ergibt sich mit großer Klarheit sowohl die große personale Bedeutung der Eltern für die befragten 16–20jährigen wie auch die schon erwähnte Bevorzugung der Mutter. In Tabelle 7 sind diese Ergebnisse im einzelnen dargestellt.

Für den größten Teil dieser Jugendlichen (je nach Frage zwischen mehr als der Hälfte und über zwei Drittel) sind demnach die Eltern diejenigen Personen, zu denen die engsten Gefühlsbindungen bestehen. Sofern die Jugendlichen von sich aus differenzieren, sind die Bindungen an die Mütter beträchtlich stärker und häufiger als die Tiefenbindungen an die Väter.

Töchter und Söhne

Man könnte vermuten, daß das Geschlecht des Kindes wesentlich bestimmt, mit welchem Elternteil es sich am meisten verbunden fühlt. Dabei ist allerdings nicht unmittelbar ersichtlich, ob bei einer derartigen Frage die Tiefenbindungen Jugendlicher sich eher auf den Elternteil gleichen oder verschiedenen Geschlechts richten. Die Annahme, daß Jugendliche sich mit dem Elternteil gleichen Geschlechts am ehesten identifizieren, ließe erwarten, daß dementsprechend von Söhnen häufiger Väter und von Töchtern häufiger ihre Mütter als die Personen bezeichnet werden, zu denen die engsten Bindungen bestehen. Nach psychoanalytischen Erklärungsmustern des Ödipuskomplexes wäre demgegenüber das gegenteilige Ergebnis der bevorzugten Nennung des Elternteils des je anderen Geschlechts zu erwarten. Zumindest für die Söhne müßte dies zutreffen; für das Mädchen ist, nach klassisch-psychoanalytischer Theorie die Mutter sowohl primäres Lustobjekt als auch Identifizierungsperson.

Die tatsächlichen Ergebnisse entsprechen noch am ehesten den theoretischen Erwartungen, welche die psychoanalytische Einsicht, daß die Mutter für beide Geschlechter zeitlich und funktional primäres Lustobjekt war, mit dem familiensoziologischen Konzept verbinden, wonach die Mutter die unmittelbar und anschaulich wirkungsvolle zentrale Person in einer Vielzahl von Dimensionen der Hilfe und Daseinsbewältigung ist. Söhne wie Töchter bringen bei dieser Fragegruppe der Tiefenbindungen wesentlich stärkere Bindungen an ihre Mutter als an ihre Väter zum Ausdruck. Die Unterschiede der Antworten weiblicher und männlicher Jugendlicher sind nicht sonderlich groß. Töchter nennen ihre Väter nur etwas seltener (um etwa 1 %) die wichtigsten Personen als die Söhne. Dagegen nennen Töchter ihre Mütter um etwa 5 % häufiger.

Der große Umfang und die Intensität der Tiefenbindungen Jugendlicher zu ihren Eltern bedeutet jedoch nicht, daß im selben Maß auch

*Tabelle 7: Tiefenbindungen von 16–20jährigen nach Geschlecht (BRD 1974)**

	»Am nächsten von allen Menschen steht mir...«		»Wenn ich in Schwierigkeiten bin, kann ich mich am ehesten verlassen auf...«		»Das meiste Verständnis für mich hat...«	
	Männl.	Weibl.	Männl.	Weibl.	Männl.	Weibl.
Eltern	17 %	16 %	15 %	18 %	8 %	10 %
Vater	26 %	23 %	26 %	27 %	22 %	20 %
Mutter	48 %	52 %	42 %	47 %	45 %	51 %
Geschwister	9 %	8 %	10 %	8 %	12 %	10 %
andere Verwandte	7 %	4 %	5 %	4 %	7 %	6 %
Freunde/Bekannte/Verlobte/ Ehemann/Ehefrau	34 %	37 %	28 %	29 %	36 %	37 %
Sonstige (Lehrer/Pfarrer/ Jugengruppenleiter)	1 %	1 %	3 %	2 %	1 %	3 %
Niemand/keine Angaben	11 %	11 %	15 %	11 %	12 %	10 %
N =	(240)	(218)	(240)	(218)	(240)	(218)

* 16–20jährige; Prozentwerte addieren sich auf mehr als 100 %, da jeder Befragte bis zu zwei Nennungen machen konnte.

allgemeine Übereinstimmung und Einigkeit von Eltern und Jugendlichen festzustellen sind. Bei Fragen nach der Übereinstimmung mit Vater und Mutter hinsichtlich solcher Fragen wie Politik, Arbeit, Beruf oder Schule, Religion oder Sexualität erweist sich, daß denjenigen, die von völliger oder weitgehender Übereinstimmung berichten, meist ebensoviele gegenüberstehen, die angeben, eher verschiedener Meinung zu sein bzw. die Meinung der Eltern völlig abzulehnen. Die Tiefenbindungen, die in den Umfragedaten deutlich wurden, sind durchaus besonderer Art und vermutlich, in wenn auch nicht genauer angebbarer Weise, ambivalent. Wie falsch es wäre, von den Tiefenbindungen auf weitgehende inhaltliche Übereinstimmung zu schließen, zeigt sich auch daran, daß die Unterschiede von Vätern und Müttern hinsichtlich der Übereinstimmung mit ihren Kindern, so wie sie von diesen wahrgenommen und mitgeteilt wird, außerordentlich gering sind. Die Meinungsverschiedenheiten der Söhne mit ihren Müttern und Vätern sind gleich groß. Nur in den Angaben der Töchter werden Unterschiede deutlicher; junge Mädchen berichten von mehr Übereinstimmung mit ihren Müttern als mit ihren Vätern. Diese Unterschiede sind nicht sonderlich dramatisch, wenn auch unübersehbar.

Demgegenüber finden sich die gleichen Beziehungsmuster, wie wir sie für die Tiefenbindungen Jugendlicher beschrieben, bei der Betrachtung der Häufigkeit verbaler Interaktion der Jugendlichen mit ihren

Eltern. Mit der einzigen Ausnahme des Gesprächsthemas »Politik und öffentliche Angelegenheiten«, über das »Männer« anscheinend lieber unter sich sprechen, unterhalten sich die Jugendlichen beträchtlich häufiger mit ihren Müttern als mit ihren Vätern. Dies gilt für Töchter wie für Söhne, aber für Töchter sind die Unterschiede der Interaktionshäufigkeit mit Vater und Mutter noch ausgeprägter als für Söhne.

Die Erklärung liegt nahe, daß Mütter eben mehr Zeit für ihre Kinder haben – oder sich nehmen – als Väter; mit den Daten unserer Untersuchung ist jedoch diese Erklärung nicht ausreichend zu prüfen. Ob sich die Unterschiede der Tiefenbindungen an Väter und Mütter auch durch verfügbare Zeit und Interaktionshäufigkeit erklären lassen, kann mangels geeigneter Daten derzeit nur als Frage gestellt, aber nicht beantwortet werden. Diese Studie dürfte aber Hinweise in der Richtung bieten, daß die Mutter eine Art »zentrale Rolle« in der industriegesellschaftlichen Familie einnimmt.

Festzuhalten ist in jedem Fall die in den Daten sich ausdrückende große Intensität der Bindung Jugendlicher an ihre Eltern. Die westdeutschen Daten aus dem Jahre 1974 entsprechen in großen Zügen den Ergebnissen der österreichischen Lehrlingsuntersuchung (*Rosenmayr* 1963); sie entsprechen weiters auch den Resultaten der die USA und Dänemark vergleichenden Studie (*Kandel* und *Lesser* 1972: 93–94). Dies ist deswegen besonders bemerkenswert, weil die von *Kandel* und *Lesser* verwendete Art der Frageformulierung sich wesentlich von der hier verwendeten Satzergänzungstechnik unterscheidet. Diese Übereinstimmungen verstärken unser Vertrauen in die Richtigkeit dieser Ergebnisse, indem sie mögliche Einwände entkräften, die Resultate seien wesentlich durch die Art der Frageformulierung zu erklären.

Bei der Interpretation dieser Ergebnisse ist auch zu berücksichtigen, daß – wie noch darzulegen sein wird – mit zunehmendem Alter die Bindungen an die Eltern durch die Bindungen an andersgeschlechtliche Partner – Freund(in), Verlobte(n), Ehemann/-frau zurückgedrängt werden. Der darin sich ausdrückende Ablösungsprozeß in den Tiefenbindungen findet im Bereich des Verhaltens entwicklungsmäßig *eher* statt. Dies weist sich darin aus, daß die Ablösung in der Freizeit schon wesentlich früher stattfindet, und die Eltern wesentlich seltener auch die liebsten Freizeitpartner sind, als die Tiefenbindungsfragen dies vermuten lassen (*Kandel* und *Lesser* 1972: 113; *Rosenmayr* 1963: 173 bis 174).

Alter der Kinder und Elternbeziehungen

Ist die Jugendphase im Lebenszyklus des Menschen eine Phase des Übergangs, so sind alle Aussagen über das Jugendalter notwendig zu pauschal, wenn die Art der Veränderungen in dieser Übergangsphase nicht berücksichtigt wird. Namentlich was die Beziehungen Jugendlicher zu ihren Eltern angeht, sind die Unterschiede zwischen denen, die gerade erst zu den Jugendlichen zählen, und denjenigen, die kaum noch Jugendliche und schon fast junge Erwachsene sind, nicht zu übersehen. Das Lebensalter der Jugendlichen ist eine wichtige Determinante der Beziehungen Jugendlicher zu ihren Eltern; und zwar ist es nicht so sehr das kalendarische Alter des Jugendlichen wie die Auffassungen von Eltern und Jugendlichen selbst, was einem Jugendlichen dieses Alters wohl anstünde.

In der Jugendphase ändert sich die Beziehung zu den Eltern grundlegend. Eltern wie Kinder müssen ihre Rollen in bezug aufeinander umdefinieren. Die elterliche Rolle ändert sich, indem der Jugendliche zunehmend für die ihn selbst betreffenden Entscheidungen verantwortlicher und allgemein selbständiger wird; die Rolle des Jugendlichen gegenüber den Eltern eröffnet anstelle der Alternative Gehorsam oder Rebellion die Möglichkeit der Autonomie. Der Prozeß der Umdefinition der Rollen ist wie die meisten derartigen Prozesse schwierig und nicht konfliktfrei.

Solche Konflikte kommen häufig dadurch zustande, daß die mit dem Alter des Jugendlichen verbundenen Erwartungen von Eltern und Kindern sich unterscheiden. Typischerweise ist der Jugendliche dabei seinem Alter voraus, er fühlt sich dem Erwachsenenstadium näher und benimmt sich entsprechend, während Erwartungen und Verhalten der Eltern tendenziell verspätet sind. Eltern neigen im allgemeinen dazu, ihre Sorgehaltungen gegenüber ihren Kindern länger aufrechtzuerhalten als diesen das recht ist.

In den meisten Fällen gelingt diese Umdefinition der Rollen, auch wenn sie nicht parallel vor sich geht sondern wenn die Definitionsänderungen der Eltern denen ihrer Kinder mit einem Abstand von etwa zwei Jahren folgen. Daneben gibt es allerdings auch Fälle, wo diese Umdefinition nicht erfolgreich stattfindet, so daß es entweder zum Bruch mit den Eltern kommt, die ihr Kind nicht freiwillig aus der Kindesrolle entlassen wollen, oder aber die Abhängigkeit vom Willen der Eltern bis weit ins Erwachsenenalter hinein aufrecht erhalten bleibt. Derartige Schwierigkeiten und zuweilen pathologische Beziehungen sind dort häufiger, wo eine Umdefinition von mehr als nur der Rollen innerhalb der Familie erforderlich ist; dies ist der Fall, wo die Familie nicht nur kleinste Einheit des Konsums, sondern auch kleinste Produktionseinheit ist wie z. B. in bäuerlichen Familienbetrieben oder Handwerksbetrieben. Die Übernahme von derartigen Familienbetrieben erschwert die Ablösung des Jugendlichen vom Elternhaus auch in psychologischer Hinsicht, besonders in den – häufigen – Fällen, in denen der Erbe den Erwachsenenstatus erreicht, lange bevor sein Vater sich aufs Altenteil zurückzuziehen bereit ist. Jedoch auch in relativer Unabhängigkeit von den ökonomisch-arbeitsteiligen Kooperationsverhältnissen sind akzentuierte Bindungen mit erschwerten Ablösungen von den Eltern festzustellen: Wo ein Elternteil gegenüber dem anderen besonders stark dominiert und die Abhängigkeit der Kinder bzw. Jugendlichen als sichtbarer Entscheidungsträger in der Familie auf sich zieht, wo ein Elternteil (oder vielleicht auch beide) aus Gründen ihrer Persönlichkeitsstruktur einer erhöhten emotionalen Zuwendung durch ihre Kinder bedürfen und nicht imstande sind, sie »freizugeben«, etc. (L. *Rosenmayr* 1974).

Der Ablösungsprozeß ist für Söhne und Töchter unterschiedlich. Er ist für männliche Jugendliche wesentlich ausgeprägter als für die meisten weiblichen Jugendlichen. Die jungen Mädchen von ihren Eltern zugebilligte Freiraum ist meist enger als der Freiraum junger Männer. In der modernen Gesellschaft ist zwar das Phänomen der »höheren Töchter,« die ohne außerhäusliche Berufstätigkeit oder Ausbildung im Elternhaus der Verehelichung harren, in dieser Form eine seltene Ausnahme geworden. Freilich ist die Berufstätigkeit oder weiterführende Bildung für Mädchen in der Sicht ihrer Eltern (und oft auch ihrer eigenen) kaum mehr als das funktionale Äquivalent der Zeit als »höhere Tochter«, mehr Tätigkeit zur Ausfüllung der Wartezeit bis zur Eheschließung als Beruf oder Berufsvorbereitung. Selbst das Studium spielt oft, trotz gegenteiliger (Emanzipations-)Behauptungen, die Rolle dieses funktionalen Äquivalents. Die Bindung an die Eltern bleibt also bei den Mädchen stärker und dauerhafter als bei männlichen Jugendlichen.

In Familien mit mehreren Kindern scheint es charakteristische Unterschiede des Prozesses der Umdefinition der Rollen während der Jugendphase zu geben. Da Einstellungen, Erwartungen und Verhalten der Eltern nicht einfach vorgegeben sind, sondern durch die Interaktion mit ihren Kindern von deren Erfahrungen, Auffassungen und Handlungen beeinflußt werden, *ändern sich die Vorbedingungen dieses Prozesses der Umdefinition* für die Eltern als Folge des »Älterwerdens« des ältesten Kindes. So werden Freiräume und Freiheiten in einem bestimmten Alter, die den älteren Kindern von ihren Eltern erst nach Auseinandersetzungen zugestanden wurden, ihren jüngeren Geschwistern konfliktfrei eingeräumt, wenn oder schon bevor sie das gleiche Alter erreichen. Der bereits erwähnte Abstand der Änderung der Rollendefinitionen ist für jüngere Geschwister oft kleiner als für die Erstgeborenen. Allerdings können – wenn auch in beschränkterem Maße – gegenläufige Verhaltenskorrekturen der Eltern ausgelöst werden.

Es ist besonders bedauerlich, daß es an repräsentativ angelegten

Längsschnittstudien dieser Prozesse weitgehend fehlt; die Dynamik der Beziehungen von Eltern und Jugendlichen kann in ihrer Prozeßhaftigkeit von Querschnittstudien allein, welche auf Vergleiche verschiedener Altersgruppen ausweichen müssen, ebenso wenig erfaßt werden wie durch Versuche, die Dimension der Entwicklung durch Rückerinnerungen der Betroffenen zu erfassen, welche doch zumeist Rekonstruktionen der Vergangenheit nach den Bedürfnissen der Gegenwart sein müssen. Die Daten der von uns durchgeführten Querschnittsuntersuchung aus dem Jahr 1974 können so nur in Ausschnitten einige Aspekte der Ablösung vom Elternhaus sichtbar machen und verlangen als Voraussetzung die (hier plausible) Annahme, daß die von uns gefundenen Effekte tatsächlich Alterseffekte sind, welche nicht wesentlich durch Perioden- oder Generationseffekte gebrochen sind.

Betrachtet man die Häufigkeit verbaler Interaktion mit den Eltern der Jugendlichen verschiedener Altersstufen, so ergibt sich (mit der einzigen Ausnahme, daß Gespräche von Töchtern und Vätern über Politik mit zunehmendem Alter der Töchter etwas häufiger werden) das *durchgängige Bild abnehmender verbaler Interaktionshäufigkeit mit zunehmendem* Alter der Kinder. Das gilt besonders stark dort, wo das Gespräch mit den Eltern auch die Funktion elterlicher Kontrollausübung hat, so z. B. Gespräche über Schule oder Freizeitaktivitäten.

In Tabelle 8 sind, für männliche und weibliche Jugendliche getrennt, die Korrelationen (Korrelationsmaß ist Goodman und Kruskals γ) zwischen Alter der Befragten (zwischen 16 und 21 Jahren) und Häufigkeit der Gespräche mit Vater und Mutter über bestimmte Themen aufgeführt. Eine positive Korrelation bedeutet, daß mit zunehmendem Alter häufiger über das Thema gesprochen wird; eine negative Korrelation zeigt an, daß ältere Jugendliche seltener mit ihren Eltern über dieses Thema sprechen.

Die Korrelationskoeffizienten sind überwiegend negativ. Die Koeffizienten für Mädchen sind wesentlich schwächer als die Koeffizienten für Jungen, was die Behauptung unterstützt, daß der Ablösungsprozeß der Mädchen, gemessen auch an der verbalen Interaktion, vom Elternhaus durchaus weniger ausgeprägt ist.

Da Ober- und Untergrenze des Korrelationskoeffizienten γ jedoch $+1$ und -1 sind, ist es nützlich, bei der Interpretation der weiteren Koeffizienten zu bedenken, daß die Obergrenze des Koeffizienten nur unter der unrealistischen Bedingung erreicht werden kann, daß alle 16jährigen ausnahmslos mehrmals in der Woche mit ihren Eltern über ein Thema sprechen, während alle 21jährigen dies so gut wie nie tun.

Mit zunehmendem Alter werden auch die Übereinstimmungen von Eltern und Kindern geringer. Die Angaben der Kinder über die Übereinstim-

*Tabelle 8: Häufigkeit verbaler Interaktion mit den Eltern in Abhängigkeit vom Alter der Kinder**

Häufigkeit des Gesprächs mit dem Vater über	Jungen	Mädchen
Politik	– 0,14	0,13
Arbeit, Beruf und Schule	– 0,34	– 0,07
Religion	– 0,16	– 0,01
Sexuelle Fragen	– 0,12	0,00
Freundinnen und Freunde	– 0,14	– 0,08
Freizeit	– 0,31	– 0,08
Häufigkeit des Gesprächs mit der Mutter über		
Politik	– 0,13	– 0,02
Arbeit, Beruf und Schule	– 0,37	– 0,15
Religion	– 0,14	– 0,08
Sexuelle Fragen	– 0,12	– 0,16
Freundinnen und Freunde	– 0,23	– 0,07
Freizeit	– 0,33	– 0,11

* Korrelationen (Goodman und Kruskals γ) zwischen angegebener Häufigkeit und Alter.

mung ihrer Ansichten auf verschiedenen Gebieten mit denen von Mutter und Vater zeigen, nach Alter der Kinder tabelliert, das gleiche Muster, das sich schon bei der Häufigkeit verbaler Interaktion ergab. Die in Tabelle 9 dargestellten Korrelationskoeffizienten sind wiederum für Söhne durchwegs ausgeprägter als die der Töchter (die weitgehend kaum von 0 verschieden sind, mit einer interessanten Ausnahme: je älter die Tochter, desto häufiger gibt sie an, daß die Ansichten ihrer Mutter zu sexuellen Fragen sich von ihren eigenen Ansichten beträchtlich unterschieden). Anscheinend ist eine Voraussetzung der Übereinstimmung die geringere Verhaltensrelevanz des Sexualitems bei den jüngeren Mädchen; die Übereinstimmung nimmt ab, wenn der Bereich durch Entwicklung von Freundesbeziehungen aktueller und verhaltens*relevanter* wird.

Das in diesen Daten erkennbare Muster der Ablösung von den Eltern mit zunehmendem Alter der Jugendlichen wird durch die Zunahme der Gleichaltrigen-Beziehungen bestätigt, welche wir bei Aufgliederung der Angaben zu den Tiefenbindungen nach Alter des Befragten finden.

Tabelle 9: Übereinstimmung von Eltern und Kindern nach Alter der Kinder (Korrelationen zwischen Alter und Einschätzung der Übereinstimmung auf verschiedenen Gebieten)*

	Männliche Befragte	Weibliche Befragte
Übereinstimmung mit dem Vater bei		
Politik und öffentlichen Angelegenheiten	- 0,27	- 0,10
Problemen von Arbeit, Beruf und Schule	- 0,29	- 0,12
Religiösen Fragen	- 0,13	0,00
Sexuellen Fragen	- 0,20	- 0,09
Übereinstimmung mit der Mutter bei		
Politik und öffentlichen Angelegenheiten	- 0,25	- 0,08
Problemen von Arbeit, Beruf und Schule	- 0,24	- 0,04
Religiösen Fragen	- 0,15	- 0,03
Sexuellen Fragen	- 0,23	- 0,21

* Goodman und Kruskals γ.

4.5. Zur Persönlichkeitsentwicklung im Jugendalter

Auch noch in der Ablösung Jugendlicher vom Elternhaus wirken die Ergebnisse früherer Sozialisationsprozesse nach. Die Bedeutung der Sozialisationsprozesse wird durch ihre *Irreversibilität* unterstrichen.

Irreversibilität in diesem Sinn bedeutet, daß die Sozialisation durch die Eltern späterhin nur teilweise und nur unter großen Anstrengungen im Sinne einer Resozialisierung durch andere Personen ersetzt oder richtiger: wettgemacht werden kann. Unter Sozialisation verstehen wir ja *nicht* einfach die Anpassung eines Individuums an die von seiner Umwelt nahegelegten Wertmuster, sondern die *Einwirkung auf Aktivitäten* dieses Individuums, das seinerseits auf seine Umwelt Einfluß nimmt (L. *Rosenmayr*, E. *Köckeis*, H. *Kreutz* 1966), die ihrerseits wieder auf den (von ihr ursprünglich beeinflußten) Rückmeldungs- und -wirkungsprozeß der Individuen reagiert. Dieser *Wechselprozeß von Assimilation und Akkomodation* (J. *Piaget* 1950) ist für die Sozialisation grundlegend. Die Adaption ist demnach eine Resultante aus assimilatorischen und akkomodatorischen Prozessen. Diese Formel erlaubt uns, die dauernde Verzahnung von Wirkung und Rückwirkung zu beschreiben. Im Grunde ist diese Verzahnung von Aktivität und Gegenaktivität ein regelkreisartiger Prozeß mit bestimmten Speicherungsvorgängen. Solche kybernetische Modellvorstellungen geben uns erste Ansätze dafür, die Irreversibilitätselemente von Sozialisationsprozessen zu sehen. Sie machen uns deutlich, daß wir Ergebnisse der Wechselwirkung vieler Jahre der Kindheit in einem bestimmten Elternmilieu als Verzahnungs- bzw. Verflechtungsergebnis sehen müssen. Resultate von Verzahnung und Verkoppelung von Aktivitäten sind nur teilweise rückgängig zu machen, und solcherlei Versäumnisse nur schwer und partiell nachzuholen. Die Schwierigkeit nachträglicher Veränderung eines einmal erfolgten Sozialisationsprozesses liegt weiters auch darin, daß es im Verlauf der geschilderten Wechselwirkungen und Rückkoppelungen zu bestimmten Ritualisierungen (K. *Lorenz* 1964), zur Ausbildung von regelmäßigen, an Symbole gebundenen Handlungsweisen kommt, die mit der Zeit ein Eigenleben zu führen beginnen. Auch kommt es zu Erwartungsvorstellungen, Maßen und Normen, also Steuerungsinstanzen, die ihrerseits sehr schwer abgebaut und ersetzt werden können, auch nicht, wenn sie zum Beispiel in verwahrlosten Familien als »deviant norms« von den allgemein gültigen Normen einer Gesellschaft abweichen, negativ sanktioniert, tabuiert oder bestraft werden.

Zu diesen Ergebnissen soziologischer Forschung läßt sich die theoretisch interessante Studie von P. *Blos* »On Adolescence« (1962) heran ziehen, in der die Verminderung der Bindung an die Eltern (oder an die *Bilder* der Eltern, die in der Persönlichkeit des Jugendlichen wirksam sind) untersucht wird. *Blos* spricht von einer »deflection«, einer Rücklenkung der Bindungsenergien auf das eigene jugendliche Ich. Mit der Abnahme der Bindung an Vater und Mutter würden Anteile der ursprünglich auf die Eltern gerichteten Bindungsenergien abgespalten und auf den Jugendlichen zurückgewendet, wodurch sein eigenes Ich eine wachsende, mit gewonnener Energie ausgestattete Bedeutung bekäme. Allerdings zeigt *Blos* nicht, wodurch und wie diese Rücklenkung (deflection), die »Ich«-Akzentuierung erfolgt. Außerdem nimmt er an, daß die Abwendung von den Eltern *plötzlich* erfolge – eine Annahme, die soziologische Befunde nicht bestätigen. Tatsächlich kommt es in der Adoleszenz zu einer gewissen »Ich«-Akzentuierung (L. *Rosenmayr* 1963) und zu einer Intensivierung der Ich-Präsentation, die sich z. B. in lautem und prahlerischem Verhalten (etwa in provokantem Lärmerzeugen gewisser Gruppen der männlichen Jugend), in der Betonung von Kosmetik, Frisur und Kleidung bei den Mädchen, neuerdings in »blumenbekränzten Narzißmus« und metaphysizierendem oder quasi-sozialrevolutionärem Masochismus ebenso äußern kann wie in dem Bestreben, in besonderer Zurückgezogenheit auf sich selbst, sich den eigenen Problemen durch Selbstbeschreibung und -reflexion zuzuwenden. Die Tendenz des Jugendlichen, sich mit sich selbst zu beschäftigen, konnte Ch. *Bühler* (1927) bereits vor fast 50 Jahren in ihren Analysen von Tagebüchern Jugendlicher nachweisen, freilich nur dort, wo die kulturellen Voraussetzungen für eine solche Selbstvergegenwärtigung vorhanden waren (L. *Rosenmayr* 1962) – und auch noch sind (W. *Küppers* 1964) –, nämlich in der oberen Mittelschicht und in der Oberschicht.

Die »Zuwendung zum Ich«, wie sie sich unter verschiedenen Bildungsvoraussetzungen auch verschieden vollziehen mag, ist aber *nicht* aus einer *Abnahme* der Tiefenbindungen an die Eltern abzuleiten, sondern, sofern sie eintritt, eher mit dem Aufbau von *neuen* emotionalen Zusammenhängen, und zwar zu Personen, die wir als »ich-nahe« bezeichnen möchten. Diese neuen Bezugspersonen müssen eine Reihe von Voraussetzungen erfüllen: sie sind zunächst meist etwa gleichen Alters wie der oder die Jugendliche selbst, und sie *›helfen‹ dem Jugendlichen, die mit der »Ich«-Akzentuierung verbundene Rollenunsicherheit zu überwinden.* Unter Rollenunsicherheit verstehen wir den Verlust eines klaren umgrenzten Aktivitätsbereiches, den das Kind in einer altersmäßig gemischten Gesellschaft ausfüllte. Dieser Bereich wird für das Kind einerseits durch Eltern, Großeltern, Verwandte, Lehrer, Erzieher umschrieben und andererseits durch Gleichaltrige, Geschwister, Freunde und Schulkameraden. Für den Jugendlichen *gewinnen* die altersgleichen oder altersnahen Personen an Einflußkraft. Die ungeklärte Rolle *zwischen* Kind und Erwachsenem bringt Unsicherheit. Früher, vor etwa fünfzig Jahren, (S. *Bernfeld* 1923) hatte man diese Unsicherheit vor allem auf die für den Jugendlichen neuen *sexuellen* Erfahrungen an sich selbst, beziehungsweise auf die körperlichen Veränderungen in diesem Lebensabschnitt zurückgeführt und aus diesen die Wertrevolution, Wertsuche und gesteigerte Wertbereitschaft abgeleitet, die dem Jugendlichen neue Identifizierungsmöglichkeiten eröffnen. Heute betonen wir nicht so ausschließlich die sexuellen Komponenten und verstehen die Unsicherheit des Jugendlichen stärker aus dem Mangel an klaren Rollenmustern für ihn. Und die Suche nach *Ich-Erfahrung* – mit Hilfe der ich-nahen Persönlichkeiten, welche die eigene Intimsphäre entdecken helfen (R. *Schmuck* und A. *Lehmann* 1965) – ist eine Folge dieser Unsicherheit, und ein Weg, sie zu überwinden.

Greifen wir die Frage nach der Rückwendung der Triebenergie auf die eigene Person wieder auf. Wenn wir *Willmott* (1966) folgen, der vom Jugendlichen sagt, daß er nicht nur seine Unabhängigkeit beweisen will, sondern es zur Vorbereitung auf seine neue Rolle als Erwachsener auch tun *muß*, dann sehen wir die Rücknahme von Energien in das eigene Ich unter einem gewissen *Zwang zur Selbständigkeit.*

4.6. Ambivalenz in Elternbeziehungen

Auf Forschungsmaterialien gestützt, haben wir versucht, Klärung über das Verhältnis zwischen Jugend und Familie herbeizuführen, und dabei historische Veränderungen zu berücksichtigen. Die Familie hat sehr zentrale Funktionen der Sozialisation durch die Grundlegung emotionaler und kognitiver Strukturen im Kind und im Jugendlichen, durch Wahl und Vermittlung der Schul- und Bildungslaufbahn, durch Plazierung und soziale Dienstleistungen vieler Art behalten, dies auch dann, wenn der Kreis ihrer Funktionen sehr lückenhaft, wenig aufeinander koordiniert und konfliktreich ist (*Rosenmayr* 1974).

Wir dürfen aber nicht der Gefahr verfallen, das Ergebnis unserer Untersuchungen in Richtung einer Diagnose zu interpretieren, welche das Verhältnis zwischen Eltern und ihren adoleszenten Kindern harmonisieren würde. Wohl hat die revoltierende Oberschichtjugend der Universitäten und Oberstufen der höheren Schulen in ihrer Kritik der Bildungs- und Ausbildungssysteme, der umfassenden staatlichen Einrichtungen und der politischen Grundtendenzen der Regierungen, sich so gut wie niemals in gleicher Härte gegen die eigenen Familien gerichtet, sondern im Gegenteil von einer Sozialisationsbasis dieser Familien aus agiert: Japanische Untersuchungen aus den späten sechziger Jahren haben die besonders zärtlichen Verhältnisse der radikalsten Kontestatoren, die sich durch Straßenschlachten hervortaten, zu deren Müttern dargestellt, welche dann wiederum hingebend die von den Knüppeln der Polizei geschlagenen Wunden ihrer Söhne pflegten.

Eine sozialwissenschaftliche Diagnose, die die Konfliktfrage nicht stellt, riskiert, einseitig zu werden. Man könnte hierzu auch bei der Methodik von Jugend-Untersuchungen ansetzen und die Frage aufwerfen, ob nicht gerade die Interviewmethode dazu führt, daß bei der Ermittlung der Elterneinstellungen der Jugendlichen und jungen Erwachsenen in den Tiefenbeziehungen, die ja naturgemäß ambivalent sind, vorwiegend eine positive Seite entdeckt und beschrieben wird. Auch *Kandel* und *Lesser* (1972) fanden weitgehende Übereinstimmung in grundlegenden Werten zwischen den Eltern und ihren adoleszenten Kindern, jedoch wiesen sie auch auf Einstellungsunterschiede hinsichtlich der Lebensstilprobleme wie Selbstdarstellung z. B. durch Frisur und Kleidung, Konsumverhalten und dergleichen mehr hin.

Es ist wahrscheinlich irreführend, Bereiche in den Beziehungen zwischen Jugendlichen und Eltern als sehr verschieden gewichtig zu bewerten, also z. B. Unterschiede in Haltungen bezüglich des Lebensstils als »rein oberflächlich« anzusehen, wie die Tendenz zumindest in der Interpretation der *Kandel-Lesser*schen Daten sich abzeichnet. Uns scheint vielmehr, daß in diesen Divergenzfeldern die negative Seite der Ambivalenz, die in den Tiefenbindungen vorhanden ist, sich ausdrücken kann. Konflikte in anscheinend sekundär wichtigen Verhaltensaspekten mögen oft tiefliegende persönliche Konflikte anzeigen. Die Deklarierung einer der elterlichen ähnlichen Wert- und Normstruktur bezüglich des weltanschaulichen, politischen und religiösen Bekenntnisses (und anderer damit verbundener Lebensbereiche) mag bei einer Befragung hingegen vielleicht viel oberflächlichere Schichten anschneiden, vielleicht sogar Divergenzen kaschieren.

Wir besitzen keine Daten über das tatsächliche Konfliktverhalten, über die Konfliktlösungsmöglichkeiten und -fähigkeiten in den Familien mit adoleszenten Jugendlichen und jungen Erwachsenen. Wir können nur vermuten, daß die faktische Konfliktanfälligkeit gerade in sogenannten äußeren Verhaltensweisen, in Lebensstil und Selbstpräsentation manifest wird und daß diese Konfliktsituationen tiefer reichen als die harmonistischen Befunde über grundlegende Wertgemeinsamkeit es vermuten lassen und daß diese »äußeren Verhaltensweisen« als durchaus bedeutungsvoll für die reale Interaktion und als Ausdruck der sonst nicht verbalisierten negativen Komponenten der Tiefenbindungen interpretiert werden müssen.

Wenn wir also vom Verhältnis zwischen den Adoleszenten oder jungen Erwachsenen und ihren Familien sprechen, dürfen wir dabei nicht nur die in vielfältiger Hinsicht bestehende Wertgemeinschaft und die Aushilfsbereitschaft der Eltern gegenüber ihren erwachsenen Söhnen und Töchtern bis zur Ehe und oft einschließlich der Familiengründung wahrnehmen, sondern wir müssen auch die Problem- und Konfliktfelder beachten. E. *Scheuch* hat gezeigt, daß Familiengespräche durch ein Übermaß an Trivialität ausgezeichnet sind; es ist zu vermuten, daß Konflikte von Trivialität bewußt und unbewußt verdeckt werden. Untersuchungen über die Beziehungen zwischen Müttern und Töchtern, besonders solcher, welche die höhere Schule besuchen, zeigen, daß eine starke Tendenz der Mütter besteht, für die Bildungs- und damit soziale Aufstiegsentwicklung der Töchter deren Verpflichtung für die Lösung gemeinsamer Haushaltsaufgaben zurückzustellen (*Gaudart* und *Schulz* 1972). Konfliktbereichen wird also z. B. dadurch ausgewichen. Beziehungen zwischen Eltern und Kindern und die darin möglichen Spannungen differieren ja nach Abschnitten des Familienlebenszyklus und müßten auch in dieser Differenzierung der gesonderten Untersuchung zugeführt werden.

Versuchen wir zusätzlich noch kohortenspezifisch zu interpretieren: Eltern aller Schichten, aber besonders Eltern, die einen Aufstieg mitgemacht haben, der sich auch materiell in dem Erwerb eines Heims, von Fahrzeugen, in kostspieligeren Urlauben usw. niederschlug, sind im Nachkriegsabschnitt von 1950 bis 1965 vielfach außerordentlich stark mit eben diesem sozioökonomischen Aufstieg beschäftigt gewesen. Als sie in diesen Jahren Kleinkinder oder Schulkinder aufzogen, waren sie vom Drang und Zwang zum materiellen Fortschritt erfüllt, waren an Rekonstruktion bzw. Ausbau des Bestehenden fixiert, an Aufstieg oder Festigung ihrer Position im System, im beruflichen wie im außerberuflichen. Jedoch wurde mehr als ihre Zeit und ihre Energie damit aufgebraucht. Ihre gefühlshafte Verausgabung, ja Erschöpfung ließ sie die Möglichkeit von Bruchlinien im Verhältnis zur Kindergeneration übersehen und sie vermochten es dann nicht mehr, sich selber in Frage zu stellen. Bei den heute 45- bis 60- bzw. 65jährigen, die als Eltern von Adoleszenten und jungen Erwachsenen die Phase der Auflehnung ihrer Kinder mitgemacht haben, müßte genauer festgestellt werden, in welchen Schichten, Berufsgruppen, unter welchen Voraussetzungen ihres persönlichen und beruflichen Erfolgsstrebens sie eine besonders starke »Ethik der harten Kontinuität« vertreten, bzw. in enterotisierten und entleerten persönlichen Verhältnissen und Beziehungen auch ihre Familien als Arbeitsfeld aufgefaßt hatten; wieweit sie sich von ihrer »Moral« her in ihrer Haltung als legitimiert erachteten, als sie plötzlich und schockhaft von der Reformwelle der Privatsphäre durch die antiautoritäre Propaganda einerseits und den Sex-Boom andererseits »erfaßt« wurden.

Zur Geschichte dieser besonderen Elterngeneration gehört der Umstand, daß bei der Konzentration der Kräfte auf den enormen sozialen und wirtschaftlichen Aufstieg zwischen 1950 und 1970 gleichzeitig eine relative Isolierung der Familien mit ihren spezifischen Problemen entstand. Eine Kommunikation, das Bedürfnis über Probleme zu sprechen, scheiterte an der geringen Verfügbarkeit emotionaler Ressourcen und an der Schwäche zum Durchbrechen der genannten Isolierung. Waren zuerst die *Familien* als solche isoliert, so blieben bzw. bleiben beim Heranwachsen der Kinder die *Eltern* isoliert zurück; die Kinder versuchten, dieser Isolierung rasch zu entkommen. Dabei mag zweitrangig gewesen sein, ob nun der Vater oder die Mutter oder beide real oder nur psychisch »abwesend« waren.

Dieser kurz aufgezeigte historische Typus von Elterngeneration wäre freilich nach Schichten, Herkunft, Region, Religion usw. zu differenzieren. Es war auch nicht so, daß Aufklärungsprozesse und Gedanken bezüglich einer Reform der Erziehung ihn nicht erreicht hätten. Vor allem bestimmte neue Aspekte der Kleinkindererziehung: Ernährung, fundamentale Fragen der Pflege des Kindes, zum Teil auch neue Auffassungen hinsichtlich der Reinlichkeitsgewöhnung usw. wurden in reformistischer Absicht aus den sich rasch ausbreitenden Sachbüchern, Zeitschriftenartikeln usw. rezipiert. Jedoch ist eine Aufklärung und eine neue *Eltern-Pädagogik für die späteren Jahre der heranwachsenden Kinder ausständig geblieben.* Gerade die schwierigen Aufgaben der Erziehung, die Hilfeleistungs- und Beratungsfunktionen hinsichtlich der Konstituierung der Persönlichkeit, der Berufswahl, des Ausblicks auf das künftige Leben der Kinder, die Sexual- und Partnerschaftsfragen blieben Eltern überlassen, die sich in diesen Problemen zu wenig zurechtfinden konnten. Eine sozial-pädagogische Aufarbeitung der Situationen, in die sie mit ihren Jugendlichen gerieten, ist für diese Elterngeneration nicht oder kaum erfolgt. Sie hätte auch in *einer Reflexion über die Gesamtstruktur der Elterngeneration bestehen müssen* und in der Hinführung zu einer Haltung, die bereit ist, *sich selbst oder gewisse eigene Grundannahmen in Frage zu stellen.* Die Jugendlichen selbst haben die Initiative ergriffen und sind der weit nachhinkenden Erziehung ihrer Eltern davongeeilt. Vielleicht wäre es unter anderen Voraussetzungen gelungen, das Tolerazpotential zwischen den Generationen stärker auszubilden. Die aus den verschiedenen Untersuchungen berichteten Ergebnisse lassen auf der Basis der hier hereingeholten Überlegungen auf viel tiefere Unfähigkeit zur Toleranz einerseits und auf einen Mangel an Bereitschaft und Fähigkeit zum entschlossenen Vertreten von Positionen andererseits schließen.

In das Bild der durch Kommunikationsarmut oder -unfähigkeit gestörten und durch sie behinderten Generationenbeziehung gehören verschiedene Phänomene, die im Licht kohortenspezifischer Interpretation einsichtiger werden.

Zum Typus der Familie, wie sie sich in der Phase des Wohlstandsaufschwungs entwickelt hat, gehört auch die Gesetzmäßigkeit der sozialpsychologischen Verspätung der Eltern ihren Kindern gegenüber. Dies läßt sich am Zärtlichkeitsverhalten ziemlich einsichtig machen. Gerade bei ihrem Bedürfnis, den Kindern ihre Sympathie und Gefühle und die darin enthaltene Zuwendung zu zeigen, tendieren Eltern gegenüber ihren adoleszenten Kindern dazu, diese um 2–4 Jahre »verspätet« zu behandeln. Sie regredieren darin sehr häufig auf eine frühere Phase, da der junge Mensch noch «klein», kindlich war, wogegen sich der junge Mensch nur mit einer gewissen reaktiven Härte abschirmen kann. Eine Form der Reaktion Jugendlicher gegen die sozialpsychologische Verspätung, die in der faktischen oder perzipierten aufdringlichen Zärtlichkeit der Eltern sichtbar wird, ist die, daß die eigenen *Eltern depersonalisiert* werden. Man sieht den erwachsenen Elternteil sozusagen als Maske »des« Vaters, »der« Mutter. Dadurch wird das Distanzierungsstreben potenziert. Dieser an sich ja für den Jugendlichen notwendige Schritt könnte jedoch fruchtbar gestaltet und Spannungsverhältnisse zu den Jugendlichen, Konflikte zwischen den Generationen in der Familie erträglich gemacht werden, unter der Voraussetzung der *Revision des jeweiligen* »Rollenstandes«. Wenn es den einzelnen Mitgliedern einer Familie gelingt, ihre Positionen und Beziehungen zueinander neu zu definieren und sie dadurch zu verlebendigen, kann der Sprung in eine neue Phase des Familienlebenszyklus gemeinsam unternommen werden. Nur eine auf diese Weise neu gewonnene Solidarität und Kommunikation kann gegen konfliktuelle Verhärtung eingetauscht werden. Die traditionalistische Familie ist jedoch fixiert; sie ist meist auch noch durch falsche Erfüllungswünsche belastet:

In der traditionalistischen Familie ist die Gefahr immer gegeben, daß im zwischenmenschlichen Verhältnis zwischen den Eltern und ihren Kindern von seiten der Eltern der Versuch unternommen wird, die in der eigenen Psyche ungelösten Probleme am Kind und durch das Kind zu «lösen». Man will die eigenen unerfüllten Träume mit dem Kind bzw. Jugendlichen, der auf einen bestimmten Beruf, auf eine bestimmte, selber nicht erreichte »Sehnsuchtserfüllung« hin getrimmt wird, sich erfüllen. H. E. *Richter* spricht von der geheimen Ausbeutung von Kindern und Jugendlichen zu »narzißtischen Zwecken« (1972: 39).

Ein klassisches Beispiel der genannten und oben skizzierten sozialpsychologischen Verspätung in den Einstellungen von Eltern gegenüber ihren Adoleszenten, die häufig zur konfliktuellen Verhärtung führt, ist die Frage des »Nach-Hause-Kommens« besonders der Töchter. In diesem Bereich kristallisiert sich – meist ganz dysfunktional hinsichtlich der Erreichung der wie immer gesetzten moralischen oder erzieherischen Ziele der Eltern bezüglich ihrer Kinder – ein Konfliktfeld, bei dem es schließlich *hauptsächlich um die Anerkennung und Einhaltung der von den Eltern gesetzten, zumeist äußerlichen Norm* geht, und damit um die Selbstbestätigung der Autorität der Eltern, durch die von ihnen erlebte Erfüllung ihrer Norm.

Bei neueren Untersuchungen über die Einstellungen von Jugendlichen gegenüber ihren Eltern tritt auch das Aufrichtigkeitsproblem der Eltern besonders hervor. So zeigte eine österreichische Untersuchung (IMAS 1973: 3 ff.), daß die Jugendlichen besonders Anstoß daran nahmen, daß ihrer Meinung nach den Eltern *mehr am günstigen Eindruck* gelegen war, den das Verhalten ihrer Kinder in der Nachbarschaft, bei Bekannten usw. machte *als an ihrem tatsächlichen Verhalten:* d. h. die Eltern schienen ihnen mehr an der Meinung der Nachbarschaft, von Bekannten und Freunden, hinsichtlich einer »vorbildlichen« Aufführung ihrer Kinder interessiert als an deren tatsächlicher Lebensweise.

Wir haben mit diesen Beispielen versucht, für den Bereich der Beziehungen zwischen Eltern und Jugendlichen in der Familie auch Konfliktstoffe und Reibungsflächen darzustellen, um damit ein Bild des intergenerativen Verhältnisses der Familie zur Zeit des Jugendalters der zweiten Generation zu ergänzen, das durch Gemeinsamkeit von Werten und Normen in Grundfragen geprägt schien. Es erscheinen uns auch neuere Urteile über das Verhältnis der Generationen in der Familie (*Hill* 1970: 113) zu harmonistisch, wenn sie zu leugnen suchen, daß es ernsthafte »cross-pressures« zwischen Peer-Einfluß und Eltern-Einfluß bzw. Peer-Beziehung und Eltern-Beziehung für Jugendliche gebe. *Hill* behauptet, daß die Gelegenheiten für Konflikt relativ selten seien, weil die verschiedenen Rollen der Jugendlichen – einerseits die Sohn- und Tochterrollen, andererseits die Peer-Rollen – in *verschiedenen Situationen zum Tragen* kämen. Außerdem meint er, daß die Peers entsprechend dem Geschmack und den Wertsystemen der Eltern gewählt werden.

Mit der zunehmenden Mobilität, der Fragmentierung der Nachbarschaften, mit zunehmender multipler Loyalität, der Fähigkeit, sich an Personen verschiedener Wertsysteme gleichzeitig zu binden, dürfte jedoch diese saubere und klaglose Rollenteilung, wie sie J. P. *Hill* beschreibt, nicht in dem von ihm erwarteten Maß funktionieren. Damit aber begeben wir uns bereits in den Bereich der Peer-Beziehungen, deren innere Problemhältigkeit wir an anderer Stelle behandeln.

Soziologische Untersuchungen über Beziehungen von Eltern und Jugendlichen geraten in Gefahr, durch den richtig erhobenen Bestand grundsätzlich positiver Beziehungen, die sich in der relativen Sicherheit der Jugendlichen, unterstützt zu werden, in schwierigen Situationen Hilfe zu bekommen, sich den älteren Personen grundsätzlich emotional nahe zu fühlen usw. (vgl. S. 57 ff.), ein einseitiges Bild zu bieten. Diese Untersuchungen haben nämlich die Tendenz, *in der Analyse von Beziehungen diese selber und nicht ihre Konsequenzen zu erfassen.* Beziehungen mögen eng sein, sie mögen als stützend, emotional nahe usw. erlebt werden, haben aber vielleicht dennoch die Wirkung, daß sie neurotische Strukturen oder zumindest psychische Störungen bei der nachwachsenden Generation in der Familie hervorrufen. Was selbst bei projektiven Tests als »Nähe«, Unterstützungsbereitschaft des Vaters oder der Eltern verbal von seiten der Jugend manifest wird, mag durchaus mit einem (unbewußt) registrierten Dominierungsverhalten des Vaters bzw. der Eltern verbunden sein, welches als Zwang erlebt und vielleicht auch dementsprechend durch Unsicherheit oder unbewußtes Abwehrverhalten beantwortet wird. Dies vermag sich in Verhaltensstörungen, wie z. B. teilweisem Nicht-Erfüllen der eigenen Pflichten, Nicht-Aufstehen-Können am Morgen, Zuspätkommen äußern, als ablehnendes Verhalten und

Kommunikations-Verweigerung gegenüber Lehrpersonen usw. – in der Schule wird es als »Aufsässigkeit« registriert und bestraft.

Die Jugendsoziologie wird gelegentlich deswegen angegriffen, weil sie, in der Erkenntnis der Bedeutung ihrer Ergebnisse, unter der Notwendigkeit, diese ihre Ergebnisse komplexer zu interpretieren, um Fehlschlüsse daraus zu vermeiden, sich als eine Disziplin sieht, die auch bei »fremden« Wissenschaften Anleihen macht.

Während wir hier Jugendsoziologie im Rahmen sowohl einer Theorie der Lebensphasen und Altersgruppen als auch der Sozialisationstheorie sowie mit Elementen einer Theorie sozialen Wandels konzipieren, scheint es uns gleichzeitig notwendig, auf die innere Verbindung der Jugendsoziologie z. B. zu sozialpsychologischen und tiefenpsychologischen Theorien sowie zu Fragestellungen der Arbeitswissenschaften, der Politologie und anderer Disziplinen hinzuweisen. Die weitere Entwicklung kann unseres Erachtens nur in einer *pluridisziplinären Verflechtung der Jugendsoziologie* liegen, die in dieser auf der Basis ihres eigenen theoretischen Selbstverständnisses eine bedingte Selbständigkeit behält.

Auflösungsprozesse von wissenschaftlichen Disziplinen und deren Integration in bestimmte gemeinsame pluridisziplinäre Fragestellungen sind keineswegs ausschließlich oder vorwiegend auf die theoretische Schwäche der Teildisziplinen zurückzuführen. Das obengenannte Beispiel der Vielschichtigkeit von innerfamiliären Generationsbeziehungen, die Notwendigkeit, sie nicht nur als Gegenstand der Beurteilung durch die beteiligten Personen zu sehen, sondern sich auch mit ihnen hinsichtlich ihrer sozial- und tiefenpsychologischen Konsequenzen zu befassen, ist ein Beispiel für die hier geforderte Pluridisziplinarität.

Natürlich kann die soziologische Jugendforschung sich auch im Rahmen ihrer Erhebungsmethoden um eine Verfeinerung bemühen, z. B. Typen zu strengen oder zu permissiven Verhaltens von Eltern in verschiedenen Kommunikationsbereichen untersuchen: seine eigentliche Erfüllung würde ein solcher Forschungsansatz aber erst dann finden, wenn mit Hilfe tiefenpsychologischer Methoden die Resultate, der Niederschlag dieser Einstellungen, Praktiken usw. bei den Jugendlichen (und darüber hinaus in deren späteren beruflichen und familiären Lebensbereichen) durch Längsschnittuntersuchungen zutage träten.

Oft reichen auch die bisherigen begrifflichen Grundlagen der Soziologie, z. B. hinsichtlich des Rollenbegriffes, nicht aus, um innere Spannungen und Konflikte in den Elternpersönlichkeiten zu erfassen, welche für die Gestaltung der Beziehungen selber, aber auch für die oben genannten Konsequenzen aus diesen Beziehungen besonders folgenreich werden können. Die Rollentheorie vermag nicht in jene innerpsychologische Ambivalenz einzudringen, welche die Widersprüchlichkeit von intendiertem und realem Verhalten zur Folge hat. Eine solche Widersprüchlichkeit läßt sich gleichfalls gut an den Elternbeziehungen erklären.

Unduldsamkeit und Strenge, Gefühle der Verpflichtung gegenüber bestimmten Normsystemen, legen selbst für reflektierende, sich ihrer Erziehungsprobleme bewußte Eltern einen bestimmten Bereich für Verhaltensweisen fest. Zumindest ergeben sich aus diesem traditionalistisch unduldsamen, auf direkte Anweisungen pochenden, ständig Rechenschaft verlangenden Erziehungsstil von Eltern, welcher Ängste und Unselbständigkeit ihrer Kinder fördert, besonders in ehelichen, haushaltsmäßigen, beruflichen Belastungssituationen *Streßsequenzen für die elterlichen Akteure selber.* Je schutzloser die Eltern diesem Streß ausgesetzt sind, desto stärker reagieren sie mit regressivem Verhalten. Im Regreß kommt häufig spiegelbildlich das an sich selbst erlebte Verhalten der eigenen Eltern zutage; die vor Jahrzehnten vermutlich noch stärker verbreiteten körperlichen Züchtigungen liegen dann nicht mehr fern. Aus eigenen Untersuchungen geht hervor (L. *Rosenmayr* 1963), daß das Angeschrienwerden der Jugendlichen durch den Vater gegenüber den Ohrfeigen zwar im Vordergrund stand, diese letzteren aber als Erziehungsmittel ein wichtiger Bestandteil der eigenen erlebten Sozialisation der Eltern durch die vorhergehende Generation waren.

Der Regreß ist jedoch nur eine, wenn auch die am radikalsten realisierte Möglichkeit der Ambivalenz der *Eltern.* Aufklärungsliteratur über Erziehung, allgemeine aus den Medien aufgegriffene Empfehlungen gegen Strenge im Erziehungsverhalten haben die Einsicht verbreitet, daß das traditionelle Bestehen auf Normen durch »harte« Maßnahmen gegenüber Jugendlichen nicht optimal sei. So ergibt sich bei den Eltern die Bereitschaft, milder, verständiger zu sein, auf der Basis von Aussprachen und im Rahmen einer bestimmten Mitwirkung der heranwachsenden Kinder in Haushalt und Familie die Erziehung durchzuführen. Nun können sich einerseits durch eigentlich unüberzeugtes Nachgeben, andererseits durch ein Nicht-Erfüllen der für sich selbst gesetzten neuen, toleranteren Standards in der Erziehungsgestaltung Schuldgefühle bei den Eltern ergeben. Die Wahrscheinlichkeit, daß Schuldgefühle über das eigene Versagen auftreten, ist um so häufiger, je eher die Eltern selber hohe Ansprüche an sich und ihre Kinder stellen.

Aus der Diskrepanz zwischen intendiertem und realem Erziehungsverhalten, die gerade bei Stil-Unsicherheiten über die eigene Erziehung weit aufklafft, ergibt sich, wenn das reale Verhalten allzusehr vom intendierten abweicht, sehr zur eigenen Enttäuschung der Eltern eine Art Zick-Zack-Kurs, der voller Unstimmigkeiten ist und von den Jugendlichen auch als inhomogen wahrgenommen wird und zur Verstärkung der Stimmigkeit bei den Eltern nicht eben beiträgt.

Probleme, wie wir sie hier darzustellen versucht haben, wären Gegenstand differenzierter Untersuchungen sozialpsychologischer und soziologischer Art im Überlappungsbereich von Familiensoziologie und Jugendsoziologie und von zentraler Bedeutung für die Erziehungswissenschaften.

4.7. Zum Verhältnis von Familie und Gesellschaft

Einige Soziologen sehen die Jugendphase, das Zwischenstadium nach der Kindheit und vor Erreichen des Erwachsenenstatus, als Phase des Übergangs zwischen zwei verschiedenen institutionellen Sphären. Insofern Wesensunterschiede dieser Sphären gesehen werden, wird das Jugendalter denn auch als Periode besonderer Schwierigkeiten gekennzeichnet.

Die spekulative Gegenüberstellung von Familie und Gesellschaft, von »Intimbereich und Bereich der Geschäfte, der Politik und der Öffentlichkeit« (*Schelsky* 1957: 123), steht ganz in der Tradition deutscher Sozialphilosophie.[14]

F. *Tönnies* formulierte den entsprechenden Unterschied der zwei von ihm behaupteten Grundtypen sozialer Ordnung – «*Gemeinschaft*» und »*Gesellschaft*« – am eindringlichsten. »Der soziale ... Körper ist ... ein Ganzes, dessen Teile die Menschen als vernunftbegabte Wesen ausmachen. Auch dieses Ganze besteht aber entweder vor den Teilen (*Gemeinschaft*, d. Verf.) oder wird erst aus ihnen zusammengesetzt (*Gesellschaft*, d. Verf.).« (1925: 66). Einen Prototyp der Gemeinschaft sah *Tönnies* in der Familie, während er die elementare gesellschaftliche Tatsache im Tauschakt sah, »der sich am reinsten darstellt, insofern als er sich vollziehend gedacht wird von Individuen, die einander fremd sind und nichts miteinander gemein haben, also wesentlich antagonistisch oder geradezu feindlich einander gegenüberstehen« (1925: 66).

Der ursprüngliche Typ sozialer Ordnung ist für *Tönnies* die Gemeinschaft, während die Gesellschaft ein Ergebnis der historischen Entwicklung ist. »Der Begriff ›Gesellschaft‹ bezeichnet den gesetzmäßig-normalen Prozeß des Verfalls aller ›Gemeinschaft‹« (1925: 71)[15].

Diese Antinomie von Gemeinschaft und Gesellschaft wird als Gegensatz von Familie und Gesellschaft in einigen jugendsoziologischen Erörterungen wieder aufgenommen.

Dieser Gegensatz wird in ähnlicher Weise sowohl von H. *Schelsky* wie von strukturell-funktionalen Theoretikern wie T. *Parsons* und Sh. *Eisenstadt* behauptet.

Schelsky (1957: 39) sieht in der »modernen Gesellschaft zwei ganz verschiedene, vielfach geradezu gegensätzliche Systeme der Sozialstruktur und Sozialbeziehungen: auf der einen Seite die durchaus auf Dauer so bestehenbleibende, intime und kleingruppenhafte Welt der Familie, auf der anderen Seite die Welt der... großorganisatorischen Sozialbeziehungen und sozialen Gebilde«.

Die moderne Gesellschaft sieht *Schelsky* als durch Anonymität, funktionale statt persönliche Beziehungen, Sachlichkeit des Verhaltens, und hohe Dynamik und Veränderlichkeit der Umwelt gekennzeichnet. Als weitere Merkmale führt *Schelsky* Reizüberflutung und Bedürfnisweckung durch Reklame sowie Abhängigkeit der Meinungsbildung von einer »abstrakten öffentlichen Meinung« an. Die daraus seiner Meinung nach resultierende Verunsicherung der Menschen sieht *Schelsky* durch den »vielfachen Wechsel der Weltanschauungen und Wertsysteme auf sozialem, politischem und auch moralischem Gebiet, den gerade unsere (d. h. *Schelskys*; die Verf.) Generation eindringlich erleben mußte«, verstärkt (34–35).

In dieser so charakterisierten modernen Gesellschaft stehe die Familie in einem »Strukturgegensatz« zur modernen Gesellschaft. Auf das »Binnenleben der Familie, in dem das Kind heranwächst« (36), treffen Strukturmerkmale der Gesellschaft nach *Schelsky* nicht zu. In der Familie sieht *Schelsky* die Eigenschaften der Gemeinschaftsformen vergangener Zeiten bewahrt. Durch das solchermaßen bestimmte bipolare Verhältnis von Familie und Gesellschaft ist nach *Schelsky* die Jugend besonders betroffen.

In der traditionellen Gesellschaft war danach die Rolle der Jugendlichen problemarm, weil »Arbeitswelt, Öffentlichkeit und Staatlichkeit jener Zeit familienkonform« waren (32). Das Leben der jungen Menschen war:

> »wie das der Erwachsenen gleichförmig, stetig und in kleinste Horizonte gebannt. Die Menschen und die Ereignisse, die er erlebte, waren allbekannt und stets dieselben. Tradition, Sitte und bewährte Gewohnheiten gaben fraglose und anerkannte Lebensregeln. Er wurde, wenn er heranwuchs, Bauer oder Landarbeiter wie sein Vater oder er lernte ein Handwerk und übersah mit seiner Lehrzeit auch schon seinen zukünftigen Lebenslauf. Die Enge der Lebensverhältnisse ... stützte und sicherte sein Verhalten.« (31)

»Gleichförmigkeit und Stabilität einer solchen sozialen Umwelt« erleichterten das Heranwachsen[16]. Die von *Schelsky* behauptete Nicht-Entsprechung der Strukturprinzipien von Familie und Gesellschaft in der Gegenwart erschwert demgegenüber die Rolle der modernen Jugend:

> »Der Jugendliche, der als Kind heute in der modernen Familie mehr als jemals früher vor der Berührung durch Arbeitswelt und Öffentlichkeit abgeschirmt und

behütet ist, tritt, wenn er sich von der Familie abzulösen beginnt, heute in eine *fast völlig neue und unbekannte Welt, für die ihm das Leben in der Familie und in sonstigen kleingruppenhaften Gemeinschaften kaum eine Erfahrungsgrundlage mitgibt.* Und er tritt mit diesem Übergang in die Welt der Erwachsenen, in die Welt der Arbeit, Wirtschaft und Politik, nicht nur in einen neuartigen sozialen Raum ein, sondern darüber hinaus steht er als Jugendlicher plötzlich im Schnittpunkt unseres allgemeinen Zeit- und Gesellschaftsumbruches.
Wie keine andere Lebensphase wird also die Jugend in unserer Gesellschaft in den Mittelpunkt unserer sozialen Strukturkonflikte gestellt, sie muß sich eine neue soziale Rolle aneignen, eine neue Verhaltensausstattung gewinnen im Übergang zwischen zwei sozialen Umwelten, die einander fremd, ja feindlich gegenüberstehen.« (37) (Hervorhebung von uns).

Soziologische Theoretiker wie T. *Parsons* und Sh. *Eisenstadt* (1956) beschreiben die Entwicklung der Gesellschaft und das Verhältnis von Familie und Gesellschaft ähnlich, wenn auch in einer anderen Terminologie als *Schelsky. Eisenstadt,* der in seinem großangelegten Buch »Von Generation zu Generation« (1956) das Verhältnis von Altersgruppe und Sozialstruktur diskutiert, unterscheidet dabei insbesondere Gesellschaften danach, ob verwandtschaftliche Bindungen ein entscheidendes Organisationsprinzip der Sozialstruktur sind oder nicht. Als *Entwicklungsprinzip der Gesellschaft* sieht *Eisenstadt* mit *Parsons* vor allem die *zunehmende Differenzierung ihrer Struktur,* welche zumeist mit einer *Reduktion der Bedeutung verwandtschaftlicher Bindung als Organisationsprinzip der Gesellschaft* verbunden ist. In der modernen Gesellschaft kommt es so laut *Eisenstadt* zu einem Strukturgegensatz verschiedener gesellschaftlicher Sphären wie z. B. Familie und Berufswelt.

Während die sozialen Beziehungen in der Familie durch *partikularistische* Prinzipien gekennzeichnet seien, werde die moderne Berufssphäre durch *universalistische* Prinzipien beherrscht. Die Beziehungen von Menschen in der Berufssphäre seien weitgehend Beziehungen von Rollenträgern, bei denen die Identität des jeweiligen Rollenträgers nicht von zentraler Bedeutung sei und die Beziehungen sachlich, »ohne Ansehen der Person«, abgewickelt werden (universalistisches Prinzip); die in der Familie gegebenen emotionalen Bindungen seien demgegenüber auf nicht jeweils austauschbare Personen gerichtet (partikularistisches Prinzip).

Der Gegensatz der Strukturprinzipien von Familie und übrigen institutionellen Sphären führt nach *Eisenstadt* zur Herausbildung altershomogener Gruppen:

»Vom Standpunkt der Persönlichkeit aus ist wahrscheinlich der Übergang von partikularistischen zu universalistischen Beziehungen am schwierigsten, da er eine recht starke Änderung emotionaler Einstellungen zu Objekten und den Kriterien, die die Beziehungen eines Individuums zu diesen bestimmen, verlangt und die in partikularistischen Beziehungen enthaltene emotionale Sicherheit der Bindung gefährdet. ...

Unter diesen Bedingungen ... entwickelt das Individuum Antriebsdispositionen für eine neue Art von Interaktion mit anderen Individuen, die ihm den Übergang erleichtern. Dieser Übergang erfordert, daß das Individuum lernt, gemäß universalistischen Kriterien zu handeln, das heißt, seine Objekte zu wählen, ihnen gegenüber sein Verhalten auszurichten und umgekehrt von ihnen Verhaltensweisen zu erwarten gemäß verallgemeinerten, universalistischen Maßstäben ohne Bezugnahme auf seine partikularistischen Eigenschaften. Die Antizipation solcher Beziehungen kann die emotionale Sicherheit des Individuums gefährden. Deshalb sucht es Handlungspartner, die es ihm einerseits ermöglichen, bis zu einem gewissen Grad seine emotionale Sicherheit zu bewahren, ihm aber andererseits Verhaltensbeziehungen erlauben, *deren Reichweite über die Beziehungen innerhalb der Familie hinausgeht* und ihm gestatten, gemäß anderen als den vorherrschenden Kriterien und Orientierungen in altersheterogenen Beziehungen zu handeln. Emotionale Sicherheit kann – selbst innerhalb dieser weiteren Zugehörigkeitskriterien – nur erreicht werden, wenn das Individuum in seinem eigenen Recht und als »Gesamtpersönlichkeit« anerkannt wird (oder sicher ist, als solche anerkannt zu werden). Ferner muß das gemeinsame Bemühen um bestimmte Ziele und Erfahrungen solidarische Gruppenbeziehungen stiften. Mit anderen Worten, das Individuum sucht Beziehungen, die zwar *zugeschrieben sind, aber dennoch auf anderen als Blutsbanden beruhen* (zum Beispiel Freundschaft) und die zu einem großen Ausmaß diffus, solidarisch und kollektivorientiert sind; oder es bewirbt sich um Mitgliedschaft in einer besonderen Art von Primärgruppe, deren Mitgliedschaft und Verhalten entsprechend reguliert sind. Gleichzeitig erwartet es, daß der Inhalt dieser Beziehungen sich *nicht nach denen der Elternfamilie ausrichtet*, sondern hauptsächlich an den Möglichkeiten orientiert, mit anderen Mitgliedern der Gesellschaft Beziehungen einzugehen, die diese Eigenschaften bereits besitzen.
Von allen Beziehungen sind wahrscheinlich diejenigen mit Altersgenossen und Mitgliedern altershomogener Gruppen als einzige geeignet, diesen besonderen Antriebspositionen zu dienen. Jene sind ... zugeschrieben, und ihre diffuse Orientierung wird durch die diffuse Altersabgrenzung »garantiert«. Ihnen ist ferner eine Tendenz zur Solidarität eigen.« (Hervorhebung von uns.)[17]

Aus diesen Gründen postuliert *Eisenstadt* (1956: 270), »daß Altersgruppen in Gesellschaften entstehen, in denen die Familie (oder Verwandtschafts-Einheit) nicht die Haupteinheit der sozialen und ökonomischen Arbeitsteilung darstellt, und in denen das Individuum verschiedene allgemeine Rollendispositionen erwerben und lernen muß, die nicht innerhalb der Familie gelernt werden können. Altersgruppen, die sich üblicherweise während der Übergangsperiode von der Orientierungsfamilie artikulieren, können als Kanäle zum Erlernen wenigstens einiger dieser allgemeinen Rollendispositionen dienen. So ist zu sagen, daß *Altersgruppen eine verbindende Sphäre zwischen der Familie und anderen institutionalisierten Sphären der Gesellschaft* (politische, ökonomische usw.) darstellen.« (Hervorhebung von uns.)

Als verbindende Sphäre können Altersgruppen eine für die Gesellschaft integrative Funktion haben, müssen dies aber nach *Eisenstadt* nicht; vielmehr ist Abweichung ebenso möglich wie teilweise Integrationsförderung. (Vgl. 1956: 273–277).

Die Subkultur der Jugendlichen in den USA, die von T. *Parsons* verschiedentlich diskutiert wird (1942; 1951; 1965), stellt einen besonderen Fall der von *Eisenstadt* erörterten homogenen Altersgruppen von Jugendlichen dar. Während die breit angelegte international vergleichende Diskussion bei *Eisenstadt* eine Ausarbeitung der frühen Arbeit von *Parsons* zu diesem Thema ist, stellen spätere Äußerungen von *Parsons* eine Anwendung der *Eisenstadt*schen Arbeit auf die amerikanische Jugendkultur dar.

Entscheidende Funktion der Jugendkultur ist in diesem System die Erleichterung des Übergangs zu Erwachsenenrollen. Die Schwierigkeiten des Übergangs bestehen diesem Ansatz zufolge in modernen Gesellschaften darin, daß die Rollen, in die das Kind in der Familie hineinwächst, von der Organisation der Erwachsenenrollen entwickelter Gesellschaften entscheidend *verschieden* sind. Die Sphäre der Familie sei partikularistisch, Familienbindungen diffus und allgemein; die Organisation der Erwachsenenrollen in diesen Gesellschaften sei demgegenüber instrumentell und universalistisch. So gesehen, ist das Aufwachsen in modernen Gesellschaften durch diesen Gegensatz besonders schwierig. »Da das Leben in der Familie beginnt, die ein sehr partikularistischer Strukturtyp ist, stellt sich nicht nur die Schwierigkeit des Erreichens höherer Niveaus innerhalb desselben Typs eines Beziehungssystems, sondern auch die Anpassung an einen sehr verschiedenen Typ zu erlernen.« (*Parsons:* 1965: 129/130). Der Übergang aus der Familiensphäre in die durch andere Wertmuster gekennzeichneten Erwachsenenrollen, der durch die Jugendphase vorbereitet wird, werde durch die Jugendkultur erleichtert.

Parsons unterstellt jedoch nicht, daß die Jugendkultur die von ihm behaupteten dem Jugendstadium inhärenten Spannungen völlig konflikt- und problemlos löst: »Es wäre zu erwarten, daß die Jugendkultur Zeichen inneren Konflikts aufweist, und daß sie sowohl Elemente von Konformität als auch von Entfremdung und Auflehnung enthalten würde. In nichtrationaler, psychologischer Weise, statt von rationalen Zielen bestimmt, versucht die Jugendkultur einen Ausgleich ihres Bedürfnisses nach Konformität mit den Erwartungen der am unmittelbarsten betroffenen Erwachsenenagenturen (Eltern und Wohngemeinde) einerseits und einer Art Ventil für Spannungen und Auflehnung und einigem Gespür für die Winde der Veränderung jenseits der örtlichen Situation andererseits zu erreichen.« (*Parsons* 1965: 130)

Die Unterschiede in der Terminologie sollten nicht darüber hinwegtäuschen, daß die inhaltlichen Behauptungen über den Gegensatz Familie-Gesellschaft im Kern gleich sind. *Parsons'* und *Eisenstadts* Beschreibungen des behaupteten Gegensatzes bedienen sich durch Verwendung der »pattern variables« einer gewissen Verfremdung des alten von *Tönnies* entwickelten Gegensatzpaares Gemeinschaft–Gesellschaft und erscheinen dadurch »wertfreier« als *Schelskys* Formulierungen, deren Ursprung deutlich und unverkennbar ist.

Eine weitere Gemeinsamkeit ist der Mangel an empirischem Beweismaterial für den behaupteten Gegensatz von Familie und Gesellschaft. So verschieden das Vokabular auch ist, so gemeinsam ist die im wesentlichen spekulative Natur der Aussagen. Empirische Untersuchungen der Jugend- und Familiensoziologie widersprechen ihnen deutlich. Von der Abschottung der Familie gegen die feindliche Umwelt der Gesellschaft kann nicht die Rede sein. Zum Beispiel G. *Elders* Untersuchung (1974) der Auswirkungen der großen Wirtschaftskrise der dreißiger Jahre auf amerikanische Jugendliche weist eindringlich darauf hin, wie unhaltbar die Behauptung der scharfen Trennung der Sphäre der Familie von der Gesellschaft »draußen« ist. Auch der vielfach bestätigte Befund, wie sehr die Rolle des Vaters innerhalb der Familie von seinem Status und Erfolg außerhalb der Familiensphäre abhängig ist, ist mit dieser These unvereinbar. (*Rosenmayr* 1966)

Der vielfach dokumentierte Einfluß der Eltern und der Familie auf die Berufswahl der Kinder (einschließlich der aktiven Anteilnahme der Eltern an den frühen Schritten ins Berufsleben), bei der Vorbereitung bzw. Einrichtung eines eigenen Haushaltes und bei dem Erwerb einer eigenen Wohnung (*Rosenmayr* et al. 1973) deutet an, daß der die Jugendlichen angeblich so verunsichernde Gegensatz von Familie und Gesellschaft durchaus nicht so vorhanden ist. Auch ist nicht ersichtlich, weshalb dieser Gegensatz, sofern er überhaupt in dieser Weise bestünde, eine besondere Belastung des Jugendalters darstellen soll. Die allgemeine Schulpflicht, bekanntlich ebenfalls ein Charakteristikum moderner Industriegesellschaften, setzt doch schon im Kindesalter die neuen Mitglieder der Gesellschaft diesem angeblichen Gegensatz verschiedener Strukturprinzipien aus. Sofern der Gegensatz von »Intimwelt« und »Öffentlichkeit« die behaupteten verunsichernden Wirkungen hat, so handelt es sich dabei keineswegs um eine *jugend*spezifische Erfahrung: sie ist vielmehr aus dem bewußten Leben der Menschen gar nicht wegzudenken.

Der Bereich, in dem scharfe Gegensätze von Familie und Gesellschaft gesehen werden könnten, stellt zudem nur einen kleinen Ausschnitt aus dem Sozialisationsprozeß des Kindes dar. Im Prozeß der Sozialisation wird von Kindern und Jugendlichen auf weitaus breiterer Basis gelernt und internalisiert. Die Wirkungen von Sozialisationsprozessen hinsichtlich solcher Variablen wie Selbständigkeit, Zeitperspektive, Bereitschaft zur Verzögerung von Belohnungen sind weitaus besser empirisch belegt als hinsichtlich der *Parsons*schen »pattern variables« oder der von *Schelsky* genannten Unterschiede »primärer Gruppen« und sekundärer Systeme. Die Schichtdifferenzen des Sozialisationsprozesses in der Familie korrespondieren in beträchtlichem Umfang mit den Erfordernissen der Arbeitswelt, so wie diese gegenwärtig strukturiert ist.

Das Sozialisationsmuster der verzögerten Gratifikation, das für die Mittelschichten als typisch angesehen wird, entspricht dem dominanten Muster der Kontrolle, dem Erwachsene der Mittelschicht ausgesetzt sind; für dieses ist charakteristisch, daß in relativer Selbständigkeit allgemeine Richtlinien über einen längeren Zeitraum hin befolgt werden und das Ergebnis von Maßnahmen zum Ende eines bestimmten Zeitraums zu vertreten ist, ohne daß jede einzelne Maßnahme jeweils gesondert sanktioniert worden wäre. Das Sozialisationsmuster der Unterschicht, das die Verzögerung der Gratifikation weniger stark und weniger langfristig einübt, entspricht demgegenüber den Berufsrollen, die die meisten Sozialisanden später einzunehmen haben; für diese ist geringere Selbständigkeit und unmittelbare Sanktionierung charakteristisch. Die für Entlohnung geltenden Regeln mit der Spannweite vom Stücklohn bzw. Stundenlohn einerseits bis zum Jahresgehalt andererseits illustrieren – um nur ein Beispiel zu nennen – die unterschiedlichen institutionellen Regeln sehr pointiert.

Weiters läßt sich anführen, daß das Aufwachsen in der Familie (wobei es sich immer um eine an einem bestimmten Ort der Sozialstruktur angesiedelte Familie handelt und nicht um eine aller Eigenschaften beraubte Idealisierung jenseits von Raum, Zeit und Schichtstruktur, die als »Idealtyp« zu bezeichnen eine grobe Verfälschung des *Weber*schen Begriffs wäre) die Anpassung an die Erfordernisse der Arbeitswelt erleichtert und nicht erschwert. Allerdings muß man die Reduktion der Realität auf die Dichotomie »Gemeinschaft–Gesellschaft« bzw. auf die *Parsons*schen »pattern variables« verzichten.

So sehr die Behauptung des Gegensatzes zwischen Familie und Gesellschaft bei *Schelsky* und den Funktionalisten übereinstimmt, so unterschiedlich sind dessen Folgen, die *Schelsky* einerseits und *Parsons/Eisenstadt* andererseits postulieren. *Schelsky* erklärt mit diesem Gegensatz, dem »Strukturdilemma« der modernen Gesellschaft, die von ihm behauptete Verhaltensunsicherheit und Skepsis der jungen Menschen. *Parsons* und *Eisenstadt* dagegen sehen in dem Gegensatz von Familie und Gesellschaft die Ursache für eine Subkultur der Jugend, welche als »sekundäre Institution« (*Parsons* 1951: 406) die Eingliederung der Jugendlichen in die Erwachsenengesellschaft fördere. Die Erfüllung dieser Überbrückungsfunktion sei freilich prekär, die zugrundeliegenden Spannungen könnten gelegentlich auch zu Konflikten statt zur vorgesehenen Integration der Jugendlichen führen.

Unabhängig von der empirischen Frage der Eigenständigkeit der Jugendkultur ist ihr Vorhandensein ein Postulat des strukturell-funktionalen Theorieansatzes. Die Behauptung des scharfen Gegensatzes von Orientierungen der Familie und der modernen Gesellschaft macht es erforderlich, eine *Übergangsinstitution* zu postulieren, welche für die Betroffenen den Gegensatz überbrückt. Dies Postulat erlaubt ferner, gelegentliche Konflikte wie z. B. jugendliche Rebellion mit »Spannungen« zu erklären, ohne den Rahmen der strukturell-funktionalen Theorie zu verlassen, die für Konflikte sonst wenig Platz hätte. Die Existenz einer »Jugendkultur« in modernen Gesellschaften ist indes nicht bloße petitio principii strukturell-funktionaler Theoretiker; sie findet auch Unterstützung empirischer Jugendforscher.

4.8 Die »Subkultur der Jugend«-Kontroverse

Ob es eine autonome Subkultur der Jugendlichen in modernen Industriegesellschaften gibt, ist eine der Hauptkontroversen der Jugendsoziologie der sechziger Jahre. Die bedeutendste empirische Stütze der These einer eigenen Subkultur der Jugend sind Untersuchungen des Soziologen J. *Coleman.* Aufgrund seiner Untersuchung von amerikanischen Schulsystemen des Mittelwestens meint er feststellen zu können, daß es eine eigene Gesellschaft der Heranwachsenden gebe; diese Gesellschaft habe Normen und Verhaltensweisen, die von denen der Erwachsenengesellschaft drastisch verschieden seien; in dieser Gesellschaft der Heranwachsenden der Highschools spielten sportliche Aktivitäten, Autos, Kleider und Dating eine zentrale Rolle; die Abweichung dieser »Gesellschaft im kleinen« von der Gesellschaft der Erwachsenen erschien *Coleman* als groß genug, um die Behauptung der Existenz einer autonomen Subkultur der Jugendlichen für gerechtfertigt zu halten.

Colemans Untersuchung, die 1958 durchgeführt wurde, spielt gleichsam die Rolle des Kronzeugen in dieser jugendsoziologischen Kontroverse um die Existenz einer autonomen Subkultur der Jugendlichen. Orientierung und Verhaltensweisen innerhalb dieser behaupteten Subkultur haben sich verändert; aber mit diesen seit 1958 vorgegangenen Veränderungen haben Umfang und Ausmaß der Jugendkultur zugenommen, wie J. *Coleman* (1974) behauptet. Die Jugendkultur der sechziger und frühen siebziger Jahre sei vielfältiger in Verhaltensmustern und Orientierungen als die Gesellschaft der Heranwachsenden Ende der fünfziger Jahre; einige dieser Verhaltensmuster bezögen sich auf den Kleidungsstil, der von der Verfolgung der neuesten Mode bis zur gründlichen Zurückweisung der üblichen Normen angemessener Kleidung reiche, neue Formen von Musik und gelegentlich damit verbundenem Drogenkonsum, kleine Untergruppen mit sehr intensiver Mitgliederbeteiligung, deren Inhalt von religiösen und mystischen Glaubenslehren bis zu politischer Aktivität reiche, usw. Die Rockmusikkultur, die Hippiekultur, die sportbesessenen Gruppen in Highschools, der Motorradkult, Surfer, die neue Linke, die Drogenkultur, der Jesuskult, Hare Krishna, Mystizismus, die Studentenkultur und vieles andere gehöre, so J. *Coleman* zur Jugendkultur.

Elemente der neuen Jugendkultur

Alle diese recht verschiedenen Phänomene seien durch eine Reihe gemeinsamer Elemente gekennzeichnet. Eines dieser Elemente ist eine bindende Orientierung. Junge Leute, was auch immer das Segment der Jugendkultur sei, das sie wählten, orientierten sich weitgehend an anderen jungen Leuten. Ihre Freunde seien andere Jugendliche und ein großer Teil aller Kommunikation, die sie empfängen, käme von anderen Jugendlichen. Selbst Güter und Dienstleistungen, die sie konsumierten, kämen in zunehmendem Maße von anderen Jugendlichen. Beispiele hierfür sind Rockbands und Sänger, die selbst der Jugendkultur angehören. Ebenso ist die Moderevolution, die in England in den 60er Jahren begann, eine Revolution, in der die Jugendlichen selbst die Mode entwerfen und die Boutiquen besitzen. Die Helden und Führer der neuen Linken sind ebenfalls selbst jung. Die Jugendkultur der frühen 70er Jahre unterscheide sich von früheren dadurch, daß nun in allen Bereichen, in der Politik, in Musik und Unterhaltung, in Kleidung, selbst in Filmen nicht nur für jugendlichen Geschmack produziert werde, sondern daß auch die Produzenten nahezu ebenso jung seien wie die Konsumenten. Beide seien Teil einer weitgehend abgeschlossenen Jugendkultur.
Ein anderes, allen Segmenten der Jugendkultur gleiches Element sei die psychische Bindung Jugendlicher an Gleichaltrige. Die intimsten seelischen Tiefenbindungen bezögen sich heute auf andere Jugendliche. Das Bedürfnis nach psychischer Unterstützung und Sicherheit durch andere werde jetzt zunehmend durch Bindungen intimer Art mit Gleichaltrigen befriedigt. Das Bedürfnis nach derartigen Bindungen hätte immer bestanden, für Jugendliche wie auch für Personen aller Altersgruppen. Der Unterschied sei jetzt, daß Jugendliche heute sich viel mehr anderen Jugendlichen zuwendeten als dies in der Vergangenheit der Fall gewesen sei. Immer weniger erfüllten Familien das Bedürfnis nach Nähe und Intimität; dieses Bedürfnis erkläre sowohl den Marihuana-Konsum wie religiöse Bewegungen unter den Jugendlichen. Dieses Bedürfnis verbinde Erscheinungen, die unter anderen Aspekten sicher verschieden voneinander sind.
Ein drittes Element der Jugendkultur sei ein Drang zur Autonomie. Dieser Drang drücke sich aus in der hohen Wertschätzung für Jugendliche, die erfolgreich Erwachsene herausforderten oder die unabhängig von Erwachsenen handelten. Politische Apostel, jugendliche Schauspieler, die die Unabhängigkeit der Jugend in ihren Rollen darstellten, Rockgruppen, die abweichenden Vorstellungen Ausdruck geben, würden von anderen Jugendlichen bewundert, weil sie mit Erfolg die Erwachsenenwelt herausfordern. Dies habe es tendenziell immer gegeben, aber die bemerkenswerte Veränderung liege darin, daß sich dieser Trend beträchtlich ver-

stärkt habe; in den 50er Jahren sei der Ausdruck dieses Autonomiebestrebens eine milde Form gewesen, welche die Jugendlichen bewunderte, welche erfolgreich den Respekt von Erwachsenen gewannen, während heute diejenigen Jugendlichen bewundert würden, welche erfolgreich die Erwachsenen in direkter Konfrontation herausforderten. Die Normen der Gesellschaft der Heranwachsenden seien immer insofern von den Normen der Erwachsenengesellschaft angeleitet gewesen, daß die direkte Konfrontation von Erwachsenennormen durch Jugendliche nicht zur Respektierung, sondern zur Verdammung durch andere Jugendliche geführt hätte. Die Abweichung der Normen der Jugend von denen der Erwachsenen hätte in der Zwischenzeit zugenommen; und sie seien gestärkt durch die Selbstdefinition der Gruppe der Jugendlichen als einer bestimmten Teilgruppe innerhalb der Gesellschaft. Dies sei besonders dadurch deutlich, daß die Jugendkultur sich ihre eigenen Kommunikationsmedien schaffe. Untergrundzeitungen, Untergrundradiostationen für jugendliche Hörer, jugendliche Filme: die Jugendkultur verfüge heute zunehmend über eigene Kommunikationsmedien, welche von den Medien der Erwachsenengesellschaft verschieden seien.
Zu den genannten gemeinsamen Elementen aller Segmente der Jugendkultur komme hinzu ein durchgängiges Interesse an Veränderung und Sympathie für Minderheiten. Die jeweilige unterdrückte Minderheit und die jeweilige Veränderung sei dabei weitgehend austauschbar; der spezifische Inhalt sei weniger wichtig als die Bereitschaft, Wandel zu fördern und unterdrückten Minderheiten zu helfen.

Coleman behauptet nicht, daß alle Jugendlichen von dieser Jugendkultur erfaßt seien. Er hält das Konzept der Jugendkultur für nützlich »nicht, weil sie eine homogene Kultur darstellt, und nicht, weil alle Jugendlichen dadurch charakterisiert werden, sondern, weil zusammengenommen all diese Aktivitäten von Jugendlichen begonnen werden und mehr von Jugendlichen verfolgt werden als von Erwachsenen. Es trifft immer noch zu, daß viele junge Leute nur wenig an der Jugendkultur teilnehmen, und mit der Vorbereitung für Erwachsenenverantwortlichkeit voll beschäftigt sind«. Dies jedoch beeinträchtige die Jugendkultur nicht; entscheidend sei die ausschließliche Zugänglichkeit für Jugendliche und der beträchtliche Umfang des Phänomens, nicht, daß die Jugend hiervon nicht vollständig erfaßt werde.

Die empirische Grundlage der Subkultur-These

Diese Darstellung *Colemans* beruht nicht auf empirischen Untersuchungen; sie basiert auf unmittelbaren und mittelbaren, aber nicht systematischen Beobachtungen. Mit unmittelbarer Anschauung allein sind jedoch die zentralen Streitfragen über das Vorhandensein einer Sub- oder Gegenkultur der Jugendlichen nicht zu klären. Es wäre zu entscheiden, in welchem Ausmaß diese Jugendkultur tatsächlich eine eigene Welt darstellt, in welchem Ausmaß sie von der Erwachsenenwelt abgeschnitten ist, ob ihre Normen und Werte von denen der Erwachsenengesellschaft abweichen oder mit diesen in Konflikt stehen. An Datenmaterial, daß diese wichtigen Fragen zuverlässig entscheiden könnte, fehlt es.

Für die Kontroverse in der Jugendsoziologie, ob es eine eigenständige Teilkultur der Jugendlichen gebe oder nicht, stellt dieser Sachverhalt nichts Neues dar. Dieser Streit war immer schon gekennzeichnet durch begriffliche Unschärfe und Fehlen verläßlicher und für diese Streitfrage relevanter empirischer Daten. Das Vorhandensein informeller wie auch organisierter jugendlicher Gruppen, an die die teilnehmenden Jugendlichen z. T. mit beträchtlicher Intensität gebunden sind und die einen beträchtlichen Teil der freien Zeit der Jugendlichen in Anspruch nehmen, wurde dabei nirgends in Abrede gestellt. Fraglich war vielmehr, wie eigenständig diese Teilkultur der Jugendlichen sei. Fraglich war auch, ob die Sozialisation durch Gleichaltrige innerhalb ihrer Teilkultur der Jugendlichen für die Ziele der Gesamtgesellschaft förderlich oder abträglich sei, ob das, was Jugendliche von ihren Gleichaltrigen lernen, die Übernahme von Erwachsenenrollen später erleichtert oder erschwert. Dementsprechend finden sich Äußerungen in der soziologischen Literatur, welche vom Bestreiten des Vorhandenseins einer eigenständigen Jugendkultur über die Behauptung der Existenz einer mit der Gesamtgesellschaft kompatiblen Teilkultur der Jugendlichen hin zur Behauptung der Existenz einer jugendlichen Subkultur bzw. gar Gegenkultur reichen. Die Lektüre der verschiedenen Beiträge zu dieser Debatte zeigt, daß der Streit über das Vorhandensein einer eigenständigen wie auch immer benannten Teilkultur der Jugendlichen wegen der vorherrschenden Unschärfe der Begriffe nicht entscheidbar ist[18].

Die Verwirrung angesichts so vieler gegenteiliger Behauptungen über das Vorhanden- oder Nichtvorhandensein einer Subkultur der Jugend war beträchtlich. Zwei amerikanische Soziologen, D. *Gottlieb* und C. *Ramsey* (1964), unternahmen etwas, was oft die Reaktion auf derartige Verwirrung ist: sie unternahmen eine Umfrage. In diesem Fall freilich nicht eine Umfrage unter der Bevölkerung oder unter Jugendlichen, sondern eine Umfrage unter Experten, unter Sozialwissenschaftlern, die durch Jugenduntersuchungen bekannt waren. Das Ergebnis der Umfrage freilich konnte diese Verwirrung nicht lösen, sondern nur ihren Grund identifizieren. Es ist weitgehend unklar, was mit dem Begriff Jugendkultur oder Subkultur der Jugendlichen nun gemeint ist. Je nachdem wie dieser Begriff definiert wird, gibt es eine Subkultur der Jugendlichen oder nicht. Und zuweilen hat der Leser den Eindruck, daß Autoren zunächst beschließen, ob die Existenz einer Subkultur der Jugendlichen behauptet werden soll oder nicht, und anschließend den Begriff der Subkultur mehr oder weniger präzise so definieren, daß ihre entsprechenden Behauptungen nicht an den Daten scheitern.

Empirische Untersuchungen zu diesem Thema sind außerordentlich spärlich. Es scheint gar, daß häufig die Untersuchungsanlage bereits das Ergebnis vorwegnimmt. Die Untersuchung in einer kanadischen Großstadt, auf die sich Gegner der Jugendkultur-These häufig berufen, war eine Befragung von Jugendlichen und ihren Eltern, bei der ein beträchtliches Maß an Übereinstimmung von Eltern und ihren Kindern festgestellt wurde[19]. Die Autoren dieser Untersuchung kommen dementsprechend zu dem Ergebnis, daß es eine Subkultur der Jugendlichen, welche jenseits der Grenzen von Schichten und Klassen der Erwachsenengesellschaft bestehe, nicht gebe. Die Untersuchung, auf die sich die Anhänger der Jugendkultur-These meist stützen, ist eine Untersuchung von J. *Coleman* an Oberschülern in der Umgebung von Chicago.

Coleman befragte ganze Schulklassen. Dabei stellte sich heraus, daß die Altersgruppen, die gemeinsam Oberschulen besuchen, in gewissem Umfang ein eigenes Sozialsystem aufweisen. Die Gesellschaft der Heranwachsenden stellte eine Gesellschaft im kleinen dar; die Annahme, daß es sich um ein entwickeltes Sozialsystem handele, war für *Coleman* überhaupt der Anstoß, diese Untersuchung durchzuführen[20]. Die Untersuchung weist solche Phänomene wie Anpassungsdruck in Gruppen von Oberschülern ebenso nach wie die Prozesse der Zuweisung von sozialem Status und Prestige innerhalb der Gruppe der Gleichaltrigen, wobei die Kriterien für die Zuweisung von Prestige in der Gruppe der Gleichaltrigen nicht identisch sind mit dem, was unter Gesichtspunkten der Schule am wünschenswertesten ist. Die Bedeutung dieses »Sozialsystems im kleinen« für die Heranwachsenden zeigt sich u. a. darin, daß auf eine Frage, ob Mißbilligung durch Eltern oder Lehrer oder Brechen mit einem Freund oder einer Freundin am schwerwiegendsten sei, Freunde und Eltern als nahezu gleichrangig erscheinen.

Mit letzterem Ergebnis ist freilich das Vorhandensein einer eigenständigen Subkultur keineswegs bewiesen. Zunächst ist festzuhalten, daß *Coleman* das Ergebnis kräftig überzeichnet; immerhin ist für eine Mehrzahl (53 %) die Mißbilligung durch die Eltern schwerwiegender als das Brechen mit einem Freunde (43 %). Die Antworten sind nicht gleichrangig; die Frage wurde nicht nach Mißbilligung durch Eltern oder Freunde gestellt und ebenfalls nicht nach Brechen mit Eltern oder Freunden, was gleichrangige Alternativen wären, sondern nach Mißbilligung durch die Eltern gegenüber Brechen mit Freund oder Freundin. Es liegt in der Natur der Fragestellung, daß die Rolle der Eltern hierbei eher untertrieben und die Rolle der Freunde eher übertrieben wird, weil Bruch als Antwortvorgabe sicherlich als weniger wünschbar erscheint als bloße Mißbilligung. Von derartigen Details abgesehen, scheint jedoch eine derartige Untersuchungsanlage prinzipiell nicht geeignet, über Vorhandensein oder Abwesenheit einer selbständigen Teilkultur der Jugendlichen zu entscheiden.

Probleme der Untersuchungsanlage

Vielmehr ist es erforderlich, solche Untersuchungen so anzulegen, daß nicht schon mit der Planung der Erhebung ihre Ergebnisse festgelegt sind. Um empirisch gesicherte Aussagen über die Eigenständigkeit einer Teilkultur der Jugend zu machen, muß man Daten über Eltern *und* gleichaltrige Freunde von Jugendlichen erheben. Solche Untersuchungen müßten erfassen, in welchem Ausmaß und in welchen Bereichen die normativen Erwartungen und Werte von Elternhaus und Freundeskreis übereinstimmen. Gleichfalls wäre zu ermitteln, wo normative Erwartungen und Werte dieser Bezugsgruppen bzw. Bezugspersonen von Jugendlichen auseinandergehen. Nur durch derartige Untersuchungsanlagen wäre zu ermitteln, in welchem Ausmaß die möglicherweise vorhandene Jugendkultur mit den Werten und Normen der Erwachsenengesellschaft übereinstimmt und in welchem Ausmaß sie von der Erwachsenengesellschaft unabhängig und unbeeinflußt ist.

Von den vorhandenen Untersuchungen genügt nur die Untersuchung von *Kandel* und *Lesser* (1972) im Ansatz diesen Anforderungen. Weithin als eine Replikation der Studie von *Coleman* angelegt, werden hier nicht nur amerikanische und dänische Schüler befragt, sondern auch deren Eltern und Freunde. Die Ergebnisse dieser Untersuchung stellen einige der *Coleman*schen Resultate und Folgerungen für die USA in Frage und machen die Kulturgebundenheit auch derjenigen Ergebnisse deutlich, die sie bestätigen.

Von besonderem Interesse sind Fragen, die den Jugendlichen eine Entscheidung zwischen Eltern und Freunden abverlangen (*Kandel* und *Lesser* 1972: 113). Im Unterschied zu der Coleman-Frage, die eine der Hauptstützen für die Subkultur-Behauptung abgab, sind hier die Formulierungen für Eltern und Freunde gleichgewichtig. Es kommt mit großer Klarheit zum Ausdruck, daß nicht nur in Dänemark, sondern auch und gerade in den USA für die Jugendlichen die Meinungen ihrer Eltern wesentlich gewichtiger sind als die ihrer besten Freunde. Dies gilt durchgängig für Jungen wie Mädchen, gleich ob nach Vater oder Mutter gefragt wird. Gewichtiger als derartige Ergebnisse von Einzelfragen dieser etwas hypothetischen Art sind jedoch die durchgängigen Resultate der Analysen, welche die Beteiligung an den Aktivitäten der Gleichaltrigengruppen zu den Beziehungen der Jugendlichen zu ihren Eltern in Beziehung setzen.

Derartige Analysen haben als für die USA und Dänemark gemeinsames Ergebnis, daß Gleichaltrigengruppen und Elternhäuser von Jugendlichen durchaus keine sich feindlich gegenüberstehenden Institutionen sind. Wie eng die Beziehungen zu den eigenen Eltern sind, spielt demnach keine Rolle für das Ausmaß der Beteiligung an der Gleichaltrigengruppe. Die von *Coleman* vorgenommene Gegenüberstellung von Elternhaus und Subkultur der Jugendlichen, derzufolge Beteiligung am einen auf Kosten der anderen geht, wird von diesen Daten weder für die USA noch für Dänemark gestützt.

Der interkulturelle Vergleich zeigt ferner, daß die Gesellschaft der Gleichaltrigen als ein eigenständiges Sozialsystem ein durchaus amerikanisches Phänomen ist. Die »führende Clique« (leading crowd) ist ein Beobachtern amerikanischer high schools vertrautes Phänomen; *Colemans* Untersuchung erbrachte reiches empirisches Material über diese Sozialstruktur im kleinen, welche sich unter den altershomogenen Gruppen amerikanischer Oberschüler zu entwickeln pflegt.

Die dänischen Daten weichen in dieser Hinsicht von den amerikanischen stark ab. Die Art der Beziehungen zu Gleichaltrigen unter dänischen Jugendlichen ist anders. Sie ist weniger durch das Vorhandensein derartiger Cliquen charakterisiert. Die Zahl der Freunde dänischer Jugendlicher ist kleiner als die gleichaltriger Amerikaner, aber die Intensität der Freundschaften dänischer Jugendlicher ist stärker. Es ist zu vermuten, daß es sich hierbei nicht um eine dänische Besonderheit handelt; vielmehr scheint es sich um ein für Europa typisches Ergebnis zu handeln.

Sowohl für Dänemark wie für die USA stellen *Kandel* und *Lesser* aufgrund umfangreicher Analysen der Eltern-Kind-Paare und der Freundespaare fest, daß es Konflikte über Werte zwischen den Eltern und den Gleichaltrigengruppen nicht in größerem Umfang gibt. Die Korrelationen zwischen den Aussagen von Jugendlichen und ihren Eltern sind in beiden Ländern positiv, wenn auch gering; das gleiche gilt für die Korrelationen der Stellungnahmen von Freunden und Jugendlichen. Wir vermuten, daß die relativ niedrigen Korrelationen mit der Reliabilität der dabei verwendeten Variablen zu erklären sind. Das Ausmaß der Übereinstimmung wird unserer Meinung nach von diesen Daten beträchtlich unterschätzt. Abgesehen von diesem methodischen Einwand ist das Ergebnis jedoch auch ohne eine derartige Korrektur deutlich und bedeutsam genug. Der Vermutung der Diskrepanz der Wertorientierungen von Eltern und Subkultur, die bei *Coleman* eine wichtige Rolle spielte, wird von diesen Daten nachdrücklich widersprochen. Die Unterschiedlichkeit der Wertorientierungen der amerikanischen und dänischen Befragten sei hier angemerkt. Während sich die Antworten der Heranwachsenden und ihrer Eltern innerhalb eines Landes nicht sehr voneinander unterscheiden, sind die Unterschiede zwischen den Ländern zum Teil drastisch. Von international weitgehend gleichen Werten der Jugend und entscheidenden Unterschieden derartiger Internationalität zur Provinzialität der Eltern kann angesichts solcher Daten nicht die Rede sein. Die

Unterschiede zwischen den Heranwachsenden beider Länder entsprechen den Unterschieden der Erwachsenen.

Die Untersuchung von *Kandel* und *Lesser*, die wir hier referieren, ist besonders verdienstvoll, weil ihre Anlage ernstzunehmende Aussagen über die Rolle der Subkultur der Jugendlichen zuläßt. Der von ihnen geäußerte Widerspruch zur Subkultur-These ist deshalb besonders beachtlich. Ihre Ergebnisse entsprechen dem, was nach soziologischen Analysen, die sich nicht von vordergründigen Phänomenen den Blick verstellen lassen, zu erwarten wäre: eine weitgehende Entsprechung von Jugendkultur und Erwachsenenkultur, die den betroffenen Jugendlichen zumeist keine Brüche mit dem einen oder anderen abverlangt.

Namentlich in den USA, wo die Subkulturthese entstanden ist, stellt das große Ausmaß der Homogenität von Wohngebieten sicher, daß der geographische Einzugsbereich einer Schule zugleich meistens auch einen sozialen Einzugsbereich definiert; das Schulsystem, welches ja die infrastrukturelle Voraussetzung der Jugendkultur darstellt und Kontakte zwischen verschiedenen Jugendlichen größtenteils überhaupt erst ermöglicht bzw. auch verhindern kann, ist darauf angelegt, die Mischung von Jugendlichen verschiedener sozialer Schichten in Grenzen zu halten. Angesichts dieses Umstands ist nicht recht ersichtlich, wie es zu der ernsthaften Behauptung kommen kann, die Subkultur der Jugendlichen sei etwas, das alle Jugendlichen oder die Mehrzahl der Jugendlichen in gleicher Weise angehe und zur Schichtstruktur der Gesellschaft quergelagert sei.

4.9. Peerbeziehungen Jugendlicher

Die Debatte über die Eigenständigkeit einer »Subkultur« der Jugend akzentuiert nur einen Aspekt der Beziehungen Jugendlicher zu den ihnen Altersgleichen, zu ihren »Peers« – die Frage, ob diese Beziehungen ein soziales Teilsystem eigener Art konstituieren, welches von der Gesamtgesellschaft abweicht. Unabhängig von dieser Frage jedoch gilt es für die Jugendsoziologie, die Bedeutungen, Inhalte und Formen der Beziehungen zwischen Jugendlichen näher zu bestimmen.

Der Stellenwert dieser Beziehungen nimmt im Zuge der Entwicklung der modernen Gesellschaft als Folge zunehmender institutioneller Differenzierung immer weiter zu. Die Trennung der Altersgruppen ist zunächst und vor allem Folge der Entwicklung des Ausbildungswesens. Durch die Verlängerung der Schulpflicht und die zunehmende Verfügbarkeit weiterführender Bildungsangebote erhöht sich zwangsläufig der zeitliche Umfang des Kontakts mit Gleichaltrigen. Mit der inneren

Differenzierung des Schulsystems, das größere Altersstufen umfassende »Zwergschulen« durch Jahrgangsklassen ablöst, wird die durch das Schulsystem bewirkte Alterssegregation noch verfeinert. Diese Alterssegregation ist nicht auf das Schulsystem beschränkt; sie ist ebenso charakteristisch für das Ausbildungssystem industrieller Großbetriebe. Die zunehmenden Anforderungen an die Ausbildungsqualität und die Formalisierung der Anforderungen an betriebliche Ausbildung machen diesen Typus der Ausbildungsorganisation vorherrschend. Nur Formalisierung von Ausbildung scheint deren Qualität durchgängig zu garantieren. Traditionelle Formen handwerklicher Ausbildungspraxis bieten diese Garantie nicht. Neben der (formal eher beiläufigen) Vermittlung von Fertigkeiten und Wissen an Lehrlinge durch deren Beteiligung an der Arbeit des Handwerksbetriebs, die sehr effektiv sein *kann*, gibt es die Ausbeutung von Lehrlingen als billige Arbeitskräfte, die dauerhaft mit Hilfsarbeiten ohne Aussicht auf Lernerfolg beschäftigt werden.[21]. Für diese Art der Ausbildungsorganisation ist u. a. die alltägliche Zusammenarbeit des Jugendlichen mit Personen charakteristisch, die nicht der gleichen Altersgruppe angehören wie er. Mit zunehmender Formalisierung betrieblicher Ausbildung nehmen die Kontakte mit gleichaltrigen Auszubildenden zu und die Kontaktchancen mit Älteren ab, indem sie tendenziell auf die Instruktoren konzentriert werden.

Alterssegregation ist somit weitgehend und zunehmend gegeben für Schule und Beruf, in denen Jugendliche immer mehr und ausschließlicher mit Gleichaltrigen in Kontakt gebracht und von Älteren wie Jüngeren getrennt werden. Alterssegregation ist allerdings nicht hierauf beschränkt; auch das Freizeitverhalten der Jugendlichen wird durch sie weitgehend bestimmt. Eine zunehmende Zahl von Freizeitangeboten wird auf die Gruppe jugendlicher Konsumenten zugeschnitten, seien es nun Diskotheken, Boutiquen, Kneipen oder Rock-Konzerte.

Dies entspricht dem Wunsch der Jugendlichen, ihre Freizeit unter Gleichaltrigen zu verbringen, der in Umfragen deutlich zum Ausdruck kommt. Das gleiche Instrumentarium, das auf die Stärke der Tiefenbindungen zu den Eltern schließen läßt, bietet Belege dafür, daß im Freizeitbereich die Ablösung der Jugendlichen vom Elternhaus wesentlich stärker ist und früher einsetzt als im Bereich der Tiefenbindungen (*Rosenmayr* 1966).

Die Tendenz zur Alterssegregation in der Freizeit ist den (wenigen einigermaßen vergleichbaren) verfügbaren Daten zufolge in den USA noch ausgeprägter als in Europa. So weist *Bronfenbrenner* in seinem Vergleich der Bedingungen, unter denen Kinder und Jugendliche in USA und UdSSR aufwachsen, darauf hin, daß – im Unterschied zu den Verhältnissen in der UdSSR – auch innerhalb der amerikanischen *Fami-*

lien die Freizeitaktivitäten weitgehend nach Altersgruppen getrennt sind, und nur wenige Aktivitäten von den verschiedenaltrigen Familienmitgliedern gemeinsam unternommen werden; wenn z. B. verschiedene Familien sich besuchen, bedeutet dies lt. *Bronfenbrenner* zumeist, daß die jeweils Gleichaltrigen sich miteinander befassen. *Bronfenbrenner* stellt dies als ein relativ neues Merkmal der Beziehungen der Altersgruppen in den USA dar; in der Vergangenheit sei Alterssegregation in den USA weder in der Berufswelt noch in der Familie ausgeprägt gewesen. Dieser Darstellung der amerikanischen Entwicklung wird von dem Historiker *Brenner* zugestimmt, der für das PSAC-Panel (die »Coleman-Kommission«) die Linien dieser Entwicklung in den letzten beiden Jahrhunderten nachgezeichnet hat. Gegenwärtig muß offenbleiben, ob diese Entwicklung auch innerhalb der Familie, die in den USA zu beobachten ist, ebenfalls für andere Industriegesellschaften typisch ist, oder ob es sich um spezifisch amerikanische Veränderungen handelt. Bedauerlich ist, daß die Zeitbudget-Technik in der Sozialforschung noch relativ wenig Verwendung gefunden hat; gesicherte Trendaussagen wären mit diesem Verfahren möglich, wenn wir zuverlässige Aussagen über frühere Zeitpunkte hätten.

Die Tendenz der Alterssegregation durch die Institutionen bewirkt eine Vorauswahl der möglichen Interaktionspartner der Jugendlichen. Die tatsächliche Wahl, mit welchem Partner der Jugendliche interagiert, Form und Häufigkeit der Interaktion sind dadurch noch nicht bestimmt. Diese freie Wahl findet jedoch nur unter denen statt, welche von der institutionalisierten Vorauswahl bestimmt wurden. »Alter« allein ist nicht das einzige Kriterium der Vorauswahl. Von mindestens gleicher Bedeutung sind räumliche Entfernung und soziale Schicht (wobei Entfernung und Schicht umso weniger unabhängig voneinander sind, je homogener hinsichtlich sozialer Schichtung die Wohngebiete sind). Der Kontakte über Schichtgruppen hinweg reduzierende Effekt räumlicher Trennung wird verstärkt durch Elterneinflüsse auf die Freundeswahl. Die meisten Eltern zeigen ein reges Interesse an den Freizeitpartnern der Jugendlichen und nehmen auf die Freundeswahl Einfluß. Soweit beim Elterneinfluß auf die Freundeswahl Gesichtspunkte der sozialen Schicht eine Rolle spielen, kann dies nur in einer relativ geringen Zahl von Fällen zum Ausdruck kommen. Die Gestaltung des Schulsystems und der Stellung von Jugendlichen im Beruf sorgen dafür, daß sich wesentlich mehr Gelegenheiten zur Bekanntschaft mit Jugendlichen der eigenen Schicht als solchen anderer sozialer Schichten ergeben.

Zu diesen Rahmenbedingungen jugendlicher Peerbeziehungen, welche von den sozialen Institutionen gesetzt werden, kommen die von der Kultur der jeweiligen Gesellschaft gesetzten Bedingungen hinzu. Diese bestimmen unter anderem die verbreiteten Formen und Grade von »Freundschaft« als sozialer Beziehung. Im Vergleich europäischer und amerikanischer Sozialbeziehungen wies K. *Lewin* (1936) auf Unterschiede der Intensität wie der Menge der Freundesbeziehungen hin. Dem in den USA vorherrschenden Typ einer großen Zahl jeweils relativ unverbindlicher Freundschaften steht der in Europa stärker verbreitete Typ einer geringen Zahl enger und dauerhafter Freunde gegenüber, die deutlich von der größeren Zahl von weniger verbindlichen Beziehungen zu »guten Bekannten« abgehoben sind – eine Differenzierung, die in dieser Deutlichkeit in den USA untypisch ist.

Diese kulturell gegebenen Muster sozialer Beziehungen bestimmen auch die Peerbeziehungen der Jugendlichen. Die von *Lewin* getroffene europäisch-amerikanische Unterscheidung finden *Kandel* und *Lesser* in ihrer dänisch-amerikanischen Jugenduntersuchung bestätigt. Wenn auch gerade auf diesem Gebiet mehr systematische vergleichende Forschung erforderlich ist, so ist doch aufgrund dieser Überlegungen und Ergebnisse davon auszugehen, daß amerikanische Untersuchungsergebnisse über die sozialen Beziehungen Jugendlicher nicht ohne weiteres generalisiert und auf andere Gesellschaften übertragen werden dürfen.

Untersucht man die »besten Freunde« westdeutscher Jugendlicher hinsichtlich ihrer demographischen und sozialen Merkmale, so findet man die erwartete starke Übereinstimmung der Freunde (*Allerbeck* et al. 1976). Die Mitglieder von Freundespaaren gleichen Geschlechts sind meist nahezu gleichaltrig (bei der Mehrzahl der befragten Paare unterschiedlichen Geschlechts zeigt sich der erwartete Altersabstand, der ja auch dem unterschiedlichen Heiratsalter der Geschlechter – dargestellt in Kapitel 2 – entspricht). Ebenfalls sehr hoch ist die Übereinstimmung der subjektiven sozialen Schichteinstufung; die Übereinstimmung zwischen zwei befragten Freunden ist genauso groß, wie es die Übereinstimmung zwischen einem Befragten und seiner ebenfalls befragten Mutter bzw. Vater ist. Dies illustriert die starke Wirkung der von der Sozialstruktur bereits getroffenen Vorauswahl für die freien Freundeswahlen.[22]

Es ist vielleicht zielführend, den »Peer«-Begriff, ehe wir die innere Problematik der Peer-Gesellschaft für die Entwicklung des jugendlichen Individuums behandeln, kurz einer historischen Analyse zuzuführen, da dies unseres Wissens nirgends erfolgt ist, der Begriff jedoch weithin verbreitet wurde.

Das Wort »Peer« – vom lateinischen »par« (gleich) hergeleitet – hat im Deutschen keine Übersetzung gefunden. Es bedeutet »gleich«, jedoch nicht in dem eher abwertenden Sinn von Gleichmacherei; der Vergleich setzt vielmehr auf der Basis der Gleich*berechtigung* und der gleichen Bedingungen und Möglichkeiten an – hatte der Begriff doch im Angelsächsischen die Zugehörigkeit zu den fünf oberen Rängen der englischen Nobilität bedeutet – und zielt auf den Bereich der positiv gesehenen gemeinsamen Betätigungen. Begriffe wie Kamerad, Genosse, sind ihm nicht im strengen Sinne synonym; auch »Altersgenosse« schränkt ihn zu sehr auf die Bedingungen des gleichen Alters ein. Am besten verfolgen wir den Begriff in seinen sozialen Zusammenhängen.

Der Begriff der »Peer-Group«, wie er in der Jugendsoziologie zentral verwendet wird, ist nach seiner Wanderung und Wandlung durch die Geschichte *amerikanischer* Herkunft. Er beruht im Grunde auf vier Voraussetzungen der amerikanischen Gesellschaft; sie spiegeln sich alle in diesem Begriff:

1. Jugend formiert sich in *kleinen Gruppen,* weil sich umfangreiche und straffer organisierte Jugendorganisationen auf dem amerikanischen Kontinent z. T. wegen des ethnischen und religiösen Pluralismus, z. T. wegen der starken Regionalisierung nicht durchsetzen konnten. »Peers« gibt es auf Gemeindebasis.
2. Ausgehend von der Sektentradition des 17. Jahrhunderts und der daraus resultierenden *Club-Mentalität* bestanden Voraussetzungen für eine bestimmte »informelle Formalität«. Dies heißt, daß man, ohne im strengen Sinn organisiert sein zu wollen, bei durchaus »informeller« Kongregation, ja sozusagen als Anstoß zu einer solchen, die Verpflichtung einer Zugehörigkeit fühlt und diese auch einzulösen bereit ist; dieser allgemein verbindlichen Grundmotivation entspringt schon die Formalisierung ohne strengere juristische Basis und zum Teil Schematisierung der Verhältnisse und Beziehungen: von dorther ist auch der große Erfolg der Rollentheorie, der zuerst in den USA einsetzte, mit zu erklären.
3. Die Mentalität der »competition« erzeugt schon bei Jugendlichen Vorstellungen von konkret begrenzten Aktionsfeldern; Erfolg kann man nur im definierten Bereich haben. Außerdem schloß die Elternrolle in den Vereinigten Staaten schon vor dem psychologischen Reformismus der Zeit nach dem Zweiten Weltkrieg ein, daß die Erwachsenen Kindern und *Jugendlichen einen eigenen Bereich* zuwiesen, in dem diese sich erproben sollten. Da nun die Schule auf den Ideen der Service-Leistung, der Bewahrung vor Überforderung sowie vor allem – zumindest die Grundstufe – auf der Sozialisation zum amerikanischen Bürger aufgebaut war und man in der Schule einen Teamgeist und nicht – wie im französischen Schulsystem – den individuellen Wettbewerb besonders zu fördern trachtete, so mußte sich dieser Wettbewerb auf paraschulischen Feldern realisieren können, wenn auch zum Teil sogar von der Schule mitorganisiert.
4. Wie James *Coleman* in »Adolescent Society« (1961) zeigen konnte, wurde die paraschulische Peer-Kultur von den Eltern durchaus gefördert, obwohl sie »nur« jene geselligen Qualifikationen brachte, die jedoch für das berufliche Fortkommen der Mittelschicht eine große Bedeutung hatten und zum Teil auch noch haben.

Eines der Hauptprobleme der Peer-Kultur ist, daß sie zwar einen Gegenbereich zu den elterlichen Einflüssen zu bieten vermag und daß die Ablösung von den Eltern und Verselbständigung durch die Peer-Gesellschaft gefördert werden sie jedoch weder hinsichtlich der bleibenden Formen der Autonomie der Person noch auch hinsichtlich ihrer symbolkulturellen Entwicklung grundlegende Beiträge bieten kann. Wohl betonen neuere Autoren, wie W. *Hartup* (1975), die Notwendigkeit der Peer-Gruppe zur Aggressionsabfuhr, doch ist *keineswegs ausgemacht, daß eine starke Identifizierung mit den Peers und damit verbundene zumeist raschere Ablösung von den Eltern auch bleibendere Formen von autonomer Persönlichkeit zur Folge haben.* Im Gegenteil: es ist zweifelhaft, daß ein »rasches Entkommen« aus der elterlichen Erziehungstendenz und den anleitenden Kategorien der Eltern und ein Überwechseln zu einem durch die Peer-Gruppe bestimmten Verhalten tatsächlich zu größerer innerer Selbständigkeit führt. Es kann angenommen werden, daß der frühe Peer-Konformismus vorhandene Tendenzen zu einem *generellen* sozialen Konformismus verstärkt, der dann lebenslang wirksam werden kann. Zu diesen Fragen fehlen allerdings Forschungsergebnisse, was nicht verwunderlich ist, da Langzeitstudien zu der genannten Thematik schwierig durchzuführen sein dürften.

In der amerikanischen Jugendsoziologie wird grundsätzlich davon ausgegangen, daß eine Sozialisation in der Peer-Gruppe die Voraussetzung für »effective interpersonal relations« sei (*Roff, Sells* und *Golden* 1972; *Hartup* 1975). Man wird gut daran tun, danach zu fragen, was mit »effective relations« gemeint sei. Ist damit »Anpassung« an Normen und Standards oder Durchsetzungsfähigkeit gegenüber »Konkurrenten« oder was sonst gemeint? *Roff* (1963) entwickelte, daß schwache Peer-Beziehungen in der Adoleszenz ein Indikator für Neurotizismen im Erwachsenenalter seien. Diese Ergebnisse dürfen aber nicht dazu verleiten, die beiden Bereiche kausal miteinander zu verknüpfen. *Bronson* (1966) zeigt eher ein Typenbild auf, das soziale Reserviertheit gegenüber den Peers mit *starker Eigenorientiertheit nach innen* verbindet, sowie höhere Angstanfälligkeit mit geringerer sozialer Aktivität mit sich bringt. Die gängige Interpretation in der amerikanischen Soziologie sieht in einem solchen Typus ein *Negativum.* Vereinzelung und Absonderung während der Adoleszenz jedoch führen zwar nicht als solche bereits zur Kreativität, vermögen diese aber zu unterstützen. Eine genaue und kritische Analyse der Voraussetzungen zu solchen Forschungen empfiehlt sich dringend, damit nicht der Peer-Begriff als eine Art Sozialmythos verfestigt werde. Vereinzelung in der Jugend darf nicht einfach als Negativum abgetan werden.

Wertvoll hingegen sind die praktischen Folgerungen aus der amerikanischen Sozialforschung, die Tendenzen zur informellen Gleichaltrigengruppierung als ein mögliches Instrument der Erziehung einsetzen bzw. dazu transformieren. Das System des »Tutoring«, wonach ältere Jugendliche oder junge Erwachsene mit Jüngeren in Ausbildung und Erziehung arbeiten, in dem also eine *gestufte Selbstführung der Jugend als erzieherisches Mittel* verwendet wird, dürfte in seiner Grundlage chancenreich sein und zur Erweiterung traditioneller schulischer Erziehungsgesichtspunkte beitragen. Auch bei der Aktivierung der Adoleszenten für verschiedene Aspekte der Sozialarbeit könnte die informelle Peer-Struktur von hoher Bedeutung sein.

In Europa sind mit dem Zurücktreten von klarer abgegrenzten Normsystemen in der Erziehung, und mit der zunehmenden Absetzung der Eltern von ihren Erziehungsaufgaben wegen ihrer stärkeren Konzentration auf den eigenen sozialen Aufstieg in einer mobil gewordenen Gesellschaft, Bedingungen entstanden, unter denen sich eine den Vereinigten Staaten und deren Gesellschaft ähnliche Peer-Kultur entwickeln könnte. Hier in Europa blieb vielleicht das traditionelle System des besten Freundes oder der besten Freundin, der stärker individualisierten dauerhafteren Einzelbeziehungen noch mehr im Vordergrund, doch sind auch in Europa peergruppenartige Phänomene im Wandlungsprozeß des Elterneinflusses vor sich gegangen.

Die generell zunehmende Tendenz zur Bejahung und Weiterentwicklung des Pluralismus und zur geteilten Loyalität dürfte der Zunahme des Bewußtseins vom Bestehen einer über Staats- und Nationalitätsgrenzen hinweggehenden Peer-Kultur Vorschub leisten.

Die Bedeutung der Peers für die Ablösung vom Elternhaus

Der Prozeß der Lösung von den Eltern zeigt sich in der soziologischen Forschung differenzierter als in anderen *Ablösungstheorien;* die normativ-emotionalen Bindungen lösen sich zögernder und überhaupt nur unvollkommen, während die Gemeinsamkeit der Aktivitäten, das Verhalten sich rascher und entschiedener zugunsten der Gleichaltrigen ändert. Man könnte eine Parallelisierung soziologischer und tiefenpsychologischer Vorstellungen spekulativ versuchen und sagen: die Elternbindungen, Ergebnisse von Über-Ich-Strukturen und zugleich Festiger dieser, geraten in eine gewisse Spannung zur Ich-Akzentuierung. Diese Ich-Akzentuierung ist nicht bloß aus der von S. *Bernfeld* gesehenen und dargestellten Verlagerung von Bindungsenergie auf das eigene Ich-Ideal (L. *Rosenmayr* 1962), also aus einer Änderung und Umgewichtung in der Über-Ich-Struktur zu erklären, sondern auch das der *realen Umwelterfahrung an und durch die Gleichaltrigen.* Diese »ich-nahen« Personen helfen Rollenunsicherheit beseitigen. Die Rücklenkung von Energien auf das Ich (»deflection« nach P. *Blos*) wird sozial mächtig, d. h. als generelles soziales Phänomen empirisch am Verhalten großer Gruppen von Jugendlichen ablesbar. Sie erfolgt weniger (oder zumindest: keineswegs ausschließlich), weil *narzißtische* Strebungen durch Zertrümmerung oder

Lockerung der *an den Eltern orientierten* Über-Ich-Strukturen befreit würden, wie A. und M. *Mitscherlich* (1967) meinen, oder weil nach *Blos* von den Eltern Bindungsenergien abgezogen würden, sondern weil (oder: weil auch) die *Gleichaltrigen,* die gleich- und verschiedengeschlechtlichen Alters- und Situationsgenossen die *Verstärkerwirkung der Ich-Akzentuierung realistisch leisten.*

Für die Spannungen mit den Eltern, die Schwierigkeiten in der Schule, die Bildung delinquenter Gruppen etc., ist die Frage, was die Gleichaltrigen jeweils an Attraktion bieten, hoch bedeutsam. Sie gelten nicht nur als Ziel (also direkt als *Lustquellen*), sondern häufiger noch als mehr oder minder aktive Mittelspersonen, als *Schlepper oder Stützungs-Personen,* kurzum als Vergleichs- und Bezugsfiguren, und dies wieder mit einer ganzen Skala von Bedeutungen und Stellenwerten, wie wir sie aus der Literatur über kriminelle Jugendbanden und ihre Hierarchien kennen, wie sie aber auch außerhalb krimineller Subkulturen mutatis mutandis wirksam sind.

Die Gleichaltrigen weisen auf Situationen hin und eröffnen unter Umständen auch diese, und sie tun dies, zumeist ohne eine den Positionen der Eltern vergleichbare Über-Ich-Bedeutung einzunehmen. Gewiß, auch der übermächtige *Capo* oder *Tyrann* der kriminellen Bande, der den überstrengen Vater ersetzt, beschäftigt die Fachliteratur. Aber die Hauptfunktion der Gleichaltrigen liegt in der Regel weniger im »Einrücken« in bereits vorhandene Über-Ich-Positionen, sondern mehr im *Flüssig-Machen des Handelns,* der konkreten Verhaltensrealisierung und -determination. Wertrichtungen und Vorbilder mögen durch die Über-Ich-Struktur festliegen; was daran *realisiert* wird, oder was *hinzutritt,* darüber entscheiden in dem Maße die Gleichaltrigen, als sie *Spielraum zur Verhaltensbeeinflussung* durch die elterliche, schulische und (etwa in den sozialistischen Ländern) staatliche Sozialisation erhalten.

5. Jugend als Objekt gesellschaftlicher Einflüsse

5.1. Schule und Bildungswesen

Die Schule und das Ausbildungssystem sind in der modernen Gesellschaft wichtige Sozialisationsinstanzen und entscheidende Rahmenbedingungen für das Jugendalter. Die Schule hat die Übermittlung von Normen zu leisten und den Erwerb spezifischer Fähigkeiten und Kenntnisse durch die neuen Mitglieder der Gesellschaft zu gewährleisten. Die Vorbereitung der Jugendlichen auf Erwachsenenrollen besteht in dieser Übermittlung und im Erlernen solcher Inhalte und Fertigkeiten. Was allerdings zu übermitteln und zu erlernen ist, hängt von den Vorstellungen darüber ab, was ein Erwachsener in der jeweiligen Gesellschaft zu sein, zu wissen und zu können hat.

Dies wird besonders immer dann deutlich, wenn die Inhalte der Ausbildung und ihre Form nicht einfach als traditionell hingenommen werden. Dann wird sichtbar, wie sehr diese Inhalte und Formen abhängig sind von den Vorstellungen des Schulsystems und einflußreicher gesellschaftlicher Gruppen, was Fertigkeiten, Wissen und Glauben eines Erwachsenen sein sollen. Insbesondere zu Zeiten raschen sozialen Wandels ist davon auszugehen, daß die Vorstellungen verschiedener gesellschaftlicher Gruppen hierzu keineswegs einhellig sind. Konflikte zwischen solchen Vorstellungen können die Form des Gegensatzes von Bildung und Ausbildung annehmen; zur Debatte steht dann die Autonomie der Schule gegenüber spezifischen Sektoren der Gesellschaft. Aber daneben kommt es selbstverständlich auch zu Konflikten über die Bildungsinhalte, vornehmlich in Fächern wie Deutsch, Sozialkunde oder Geschichte, deren Inhalte am meisten Bezug zu Inhalten bestimmter politischer Vorstellungen haben. Die Frage, ob die Gesellschaft der BRD nach Lehrplan als eine Klassengesellschaft darzustellen ist, wird selbstverständlich unterschiedlich beantwortet von denjenigen Gruppen, welche entweder konservative oder sozialistische Vorstellungen haben.

Bei solchen Auseinandersetzungen wird häufig davon ausgegangen, daß das Schulsystem tatsächlich das leistet, was die Lehrpläne als Unterrichtsziel und Lehrinhalte vorschreiben. Zu dieser Annahme gibt es wenig Grund. Die Realität des Schulalltags stimmt mit den Inhalten von Rahmenlehrplänen nur schlecht überein. Beobachtungen von Schulstunden zeigen, daß es für Lehrer beträchtlichen Spielraum gibt, was Inhalt und Art der Vermittlung angeht. Bei hitzigen Auseinandersetzungen über die Lehrpläne wird dagegen oft so getan, als seien sämtliche Lehrer bereit und in der Lage, dem Buchstaben des Lehrplans zu folgen. Selbst wenn alle Lehrer dies tatsächlich unternähmen, stände nicht zu erwarten, daß das Ziel solcher Lehrpläne tatsächlich erreicht würde. In Debatten über Lehrpläne wird von den Teilnehmern anscheinend oft vergessen, was jeder von ihnen aus der eigenen Erfahrung als Schüler weiß: wieviele Möglichkeiten es für Schüler gibt, sich den inhaltlichen Anforderungen der Schule zu entziehen, und wie diese erfolgreich von Schülern wahrgenommen werden.

Empirische Untersuchungen über die Effektivität der Schule sind nicht zahlreich. Über die Möglichkeiten der Schule, Werte und Normen der Schüler in systematischer Weise zu bestimmen, gibt es kein quantitativ gesichertes, zugängliches Material. Nur für die USA sind zahlreiche Untersuchungen zu einem engen Bereich verfügbar. Es handelt sich um mit standardisierten Tests erhobene Daten über Lesefähigkeit, Rechenfertigkeiten usw. Die nüchternen Zahlen dieser Studien zeigen sehr deutlich, wie weit die tatsächliche Wirkung der Schule als Bildungsinstitution hinter ihren manifesten Zielen zurückbleibt.

Auseinandersetzungen dieser Art sind aber nicht notwendig auf Fächer mit offenkundigem Bezug zu ideologischen Vorstellungen beschränkt. Ebenso können solche Auseinandersetzungen etwa am Lehrplan des Biologieunterrichts geführt werden. In einigen amerikanischen Bundesstaaten z. B. gibt es machtvolle religiöse Gruppen, welche zum Teil erfolgreich die Darstellung der Darwinschen Evolutionstheorie im Unterricht bekämpfen, weil diese mit der biblischen Schöpfungsgeschichte nicht in Einklang steht[1].

Wenn es solche Auseinandersetzungen gibt, dann zeigen diese, daß es am Konsens der einflußreichen und interessierten gesellschaftlichen Gruppen darüber, was das Leitbild eines Erwachsenen zu sein habe, fehlt. Zugleich machen solche Auseinandersetzungen deutlich, daß es falsch wäre, einfach zu behaupten, in der Schule sozialisiere *die* Gesellschaft *die* Jugendlichen im Hinblick auf die von ihnen später einzunehmenden Erwachsenenrollen. Die Homogenität gesellschaftlicher Werte und Normen, welche dieses Modell voraussetzt, ist in den meisten modernen Gesellschaften nicht gegeben.

Eine bedeutsame Rolle als Sozialisationsinstanz kann die Schule ohnedies nur für einen Teil der Heranwachsenden spielen, weil auch in entwickelten Industriegesellschaften nur Minderheiten unter den älteren Heranwachsenden Vollzeitschulen besuchen. Daß fast alle Jugendlichen (im Sinne unserer Definition) Gegenstand von Sozialisationsbemühungen des Schulwesens sind, ist eine Konsequenz unserer Definition und sollte nicht übersehen lassen, daß etwa in der Bundesrepublik nur eine Minderheit der über 16jährigen durch Vollzeitschulen erreicht wird.

Der Sozialisationseffekt etwa von Berufsschulen, die nur an einem

Tag der Woche für die Mehrzahl dieser Altersgruppe Pflicht sind, ist relativ niedrig einzuschätzen. Die Dauer der Vollzeit-Schulpflicht und Verfügbarkeit weiterführender Schulen, kurz, der relative Schulbesuch von Heranwachsenden ist abhängig von Maßnahmen des Staates und der Bildungspolitik eines jeweiligen Landes.

Ein interkultureller Vergleich moderner Industriegesellschaften macht deutlich, welcher Spielraum an Möglichkeiten hier gegeben ist. Hierzu sind in Tabelle 10 die Schulbesuchsquoten für die OECD-Mitgliedsländer für die 15- bis 25jährigen[2] dargestellt. Die *gemeinsame* Entwicklungstendenz der modernen Industriegesellschaften ist es jedoch, die Schulbesuchsquote von Heranwachsenden zu erhöhen. Die Dauer der Schulpflicht wurde in den letzten Jahrzehnten in den meisten modernen Industriegesellschaften ausgedehnt. Zugleich erfassen weiterführende Schulen und Ausbildungsinstitutionen immer größere Teile der Heranwachsenden.

Dauer der Schulpflicht, Organisation des Ausbildungssystems, Zugänglichkeit und Benutzung weiterführender Schulen durch Heranwachsende sind als institutionelle Rahmenbedingungen für Jugend von entscheidender Bedeutung. Ihre Wichtigkeit wird häufig unterschätzt oder nicht zur Kenntnis genommen. Die Organisation des Ausbildungswesens begrenzt die Erfahrungen, die Heranwachsende machen können. Die Organisation des Ausbildungswesens trifft eine Vorauswahl möglicher Interaktionspartner. Sie bestimmt darüber, ob Jugendliche ihre Kontakte und Freundschaften im wesentlichen nur innerhalb einer eng definierten Altersklasse finden oder ob Heranwachsende die Möglichkeit haben, auch mit Jüngeren oder Älteren in größerem Umfang Kontakt zu haben und leichter Freundschaft zu schließen. Davon hängt u. a. auch ab, in welchem Ausmaß Jugend zu einer sozialen Gruppe mit einem entsprechenden Selbstverständnis zu werden vermag. Je gründlicher und je länger Altersgruppen voneinander getrennt sind, desto größer ist die Chance der Ausbildung autonomer Jugendgruppen und die Möglichkeit des Konflikts der Gruppe Jugend mit anderen Gruppen.

Während die Absichten von Schule und Schulung häufig überschätzt werden, bleibt der Einfluß der Schule als Sozialsystem weitgehend unbeachtet. Die Schule als Sozialsystem und der Einfluß der Organisation des Ausbildungswesens auf Jugendliche werden als unkontrovers hingenommen oder bleiben unbeachtet. Erst in den letzten Jahren ist die Organisation des Ausbildungswesens durch Vorschläge einiger Bildungspolitiker und Beiträge wie jene des *Coleman*-Ausschusses[3] in den USA zu einem Diskussionsthema geworden, das jedoch bei weitem nicht so heiß diskutiert wird wie die Inhalte von Lehrplänen und Rahmenrichtlinien, obwohl die Bedeutung derartiger Vorschläge möglicherweise be-

Tabelle 10: Schulbesuchsquoten im internationalen Vergleich der Altersgruppen

		15	16	17	18	19	20	21	22	23	24	25
Österreich	1969	54,8	32,6	23,6	16,4	10,4	8,7	7,5	6,7	5,6	4,5	4,4
Belgien	1966	75,1	61,3	47,0	33,2	24,4	16,9	13,0	7,3	5,2	3,4	n. V.
Dänemark	1970	85,2	66,8	31,8	23,2	18,0	14,7	14,8	14,6	12,5	10,9	(9,3)
Finnland	1967	(59,2)	51,9	43,5	35,2	26,9	20,6	19,0	17,9	16,7	14,2	n. V.
Frankreich	1970	80,5	62,6	45,1	29,1	19,5	16,2	15,6	12,6	9,7	6,5	6,9
Deutschland (a)	1969	54,9	30,8	20,4	15,7	12,6	10,6	9,5	9,1	7,5	6,9	5,8
Griechenland	1969	56,8	49,1	45,8	26,1	(20,7)	(20,1)	(18,6)	(7,9)	6,7	4,9	3,7
Irland	1967	82,4	64,3	46,5	31,8	16,7	10,0	6,8	n. V.	n. V.	n. V.	n. V.
Italien	1966	42,1	33,6	27,4	20,2	15,5	10,0	7,0	4,5	3,0	1,5	n. V.
Luxemburg	1970	67,9	56,5	42,3	31,2	22,2	14,9	11,8	9,2	6,8	4,5	n. V.
Niederlande	1970	79,7	60,6	41,5	28,4	20,6	15,1	11,1	8,4	6,7	5,1	4,6
Norwegen (b)	1970	94,2	74,6	59,8	46,5	31,7	22,6	19,5	17,1	14,2	11,4	n. V.
Portugal	1970	30,1	25,4	22,0	20,4	16,3	13,0	9,5	7,5	6,4	5,4	5,7
Spanien	1970	35,0	29,6	22,8	19,0	16,7	19,0	11,0	6,7	6,4	6,6	5,8
Schweden	1972	96,1	74,0	60,8	40,8	24,0	19,8	17,9	16,5	13,9	11,8	9,6
Schweiz	1970	94,6	61,5	52,7	27,4	n. V.	n. V.	n. V.	n. V.	n. V.	n. V.	n. V.
England	1970	73,0	41,5	26,2	17,6	14,3	12,4		4,6			n. V.
Australien	1971	81,5	54,2	37,2	23,6	n. V.	n. V.	n. V.	n. V.	n. V.	n. V.	n. V.
Kanada (c)	1970	98,0	89,1	77,2	45,8	31,6	25,9	21,0	12,6	8,3	5,5	4,3
Japan	1970	(83,8)	(79,0)	(74,8)	(29,9)	(22,0)	(13,8)	(13,7)	n. V.	n. V.	n. V.	n. V.
USA	1970	97,7	93,5	86,2	53,8	40,9	(35,4)	(28,3)		14,9		n. V.

trächtlich größer ist als die Frage der politischen Indoktrination von Heranwachsenden in Schulen in der einen oder anderen Weise.

Das gegenwärtig vorherrschende Ausbildungssystem hat zur Folge, daß die möglichen Kontakte zwischen Jugendlichen und Erwachsenen, die weder Lehrer noch Eltern sind, weitgehend beschränkt sind. Die scharfe Trennung des Ausbildungssystems von der Arbeitswelt reduziert die Möglichkeit der Zusammenarbeit von Jugendlichen mit Erwachsenen beträchtlich; die Einübung von Erwachsenenrollen durch Jugendliche wird dadurch beträchtlich verzögert. Die Organisation des Ausbildungswesens in der gegenwärtigen Form schafft beständig Sozialsituationen, in denen Jugendliche im Vergleich zu den Erwachsenen, mit denen sie interagieren, als relativ machtlos und abhängig erscheinen. Was auch immer die manifesten Lernziele des gegenwärtigen Ausbildungssystems sind, zusätzlich erlernen Jugendliche mit der Expansion und Verlängerung des Ausbildungssystems immer gründlicher bestimmte Rollen und intensivieren ihre Selbstdefinition in diesen; dabei sind relative Abhängigkeit und Mangel an Verantwortlichkeit charakteristisch. Dies freilich ist nicht nur die Folge der Absonderung Jugendlicher von Erwachsenen, die weder Eltern noch Lehrer sind, sondern auch ein Ergebnis der Trennung von Arbeitswelt und Ausbildungssystem. Es ist auch die Folge der Trennung von Heranwachsenden verschiedenen Alters.

Das Jahrgangsklassenprinzip ist mit dem Verschwinden von Zwergschulen allgemein verbreitet. Auch die Schaffung von Leistungsgruppen in Gesamtschulen durchbricht das Jahrgangsklassenprinzip insofern nicht, als die Leistungsgruppen selten Heranwachsende verschiedenen Alters zusammenfassen. *Das Jahrgangsklassenprinzip ist eine schlechte Voraussetzung zur Ausbildung von Beziehungen zwischen Heranwachsenden verschiedenen Alters.* Der Rückgang der Kinderzahl in den meisten Familien und die Vergrößerung der Schulen in den letzten Jahrzehnten haben zur Folge, daß für Heranwachsende der Kontakt mit gleichaltrigen Heranwachsenden immer ausschließlicher wird. Die stufenweise Übernahme von Verantwortlichkeiten z. B. gegenüber Jüngeren ist etwas, was von der Organisation des Ausbildungswesens nicht nur nicht erleichtert, sondern erschwert wird.

Selbstverständlich ist die Begrenzung des Erfahrungshorizonts von Jugendlichen durch das gegenwärtige System des Ausbildungswesens nicht vollständig und undurchdringlich. Jugendliche könnten z. B. ihre Ausbildung unterbrechen, um Erfahrung in der Arbeitswelt zu gewinnen. Einzelne Jugendliche nehmen diese Möglichkeit auch wahr. Die abwechselnde Teilnahme an Lern- und Arbeitsprozessen durch Jugendliche wird jedoch institutionell nicht nur nicht erleichtert, sondern tatsächlich sehr erschwert. Reformen, welche die institutionelle Erleichterung und Unterstützung der Verbindung von Lernprozessen und Arbeitsprozessen für Jugendliche zum Ziel haben, sind in den meisten modernen Gesellschaften über das Vorschlags- und Diskussionsstadium bisher nicht hinausgekommen.

Der Schutz vor der industriellen Arbeitswelt durch den institutionalisierten Schonraum Schule wird nur einem Teil der Heranwachsenden für einen längeren Zeitraum zuteil[4]. Diesen Jugendlichen eröffnet er Möglichkeiten der Reifung und Entwicklung. Die Jugendphase kann es erlauben, mit verschiedenen Rollen ohne die Furcht unabänderlicher Konsequenzen zu experimentieren. Psychologen wie E. *Erikson* haben vielfach auf die Bedeutung der Jugendphase für die Entwicklung der Identität des einzelnen hingewiesen[5]. Was sie dabei jedoch meistens übersehen, ist, daß diese Jugendphase als »Experimentierraum« nur für einen Teil der Heranwachsenden real ist.[6]

Für diejenigen Heranwachsenden, welche mit 15 oder 16 Jahren einen Beruf ergreifen oder auf eine bestimmte Berufsausbildung fixiert sind, kann von einer Realität dieser zur Entwicklung der Ich-Identität so wichtigen Jugendphase nicht die Rede sein. Die resultierenden lebensgeschichtlichen Kosten sind zwar nicht in Geldwert auszudrücken, aber nichtsdestoweniger real.

In diesem Zusammenhang stellt sich die Frage, ob die Schule als »Zuteilungsapparatur für Lebenschancen« (*Schelsky* 1957) und die Chance der Entwicklung der Ich-Identität autonom funktioniert oder ob die Funktionsweise dieser Zuteilungsapparatur von außerschulischen Faktoren in gewichtiger Weise beeinflußt wird. Rechtliche Zugangsschranken gibt es in den modernen westlichen Industriegesellschaften nicht. Der Zugang zum Bildungswesen steht rechtlich für alle offen. Durch die rechtliche Bestimmung der Gleichheit vor dem Gesetz ist allerdings noch nicht die tatsächliche Chancengleichheit der Kinder aus verschiedenen sozialen Gruppen und Schichten realisiert.

Diese Erkenntnis hat sich zunehmend durchgesetzt. Daten wie jene über den geringen Anteil der Arbeiterkinder an der Studentenschaft spielten in dieser Diskussion eine wichtige Rolle. Zu den daraus gezogenen Konsequenzen gehören Maßnahmen zur materiellen Herstellung von Chancengleichheit wie Schulgeldfreiheit und Ausbildungsförderung.

Die Expansion des Bildungswesens selbst, die aus den in Tab. 2 (Kap. 2) dargestellten Daten erkennbar ist, bewirkte allerdings wenig zur Angleichung der Bildungschancen von Kindern verschiedener sozialer Schichten, wie aus der Entwicklung des Anteils der Arbeiterkinder an der deutschen Studentenschaft erkennbar ist.

Zwar hat sich dieser Anteil in Deutschland im letzten Jahrhundert erhöht, doch nach wie vor steht der Anteil der Arbeiterkinder in einem Mißverhältnis zum Anteil der Arbeiter an der Gesamtbevölkerung. Der Anteil der Arbeiterkinder an der deutschen Studentenschaft betrug 1911/13 3 %; 1928/29 war er im Deutschen Reich 2 %; in der Bundesrepublik betrug er 1959/60 5 %. Unter den Studienanfängern im akademischen Jahr 1971/72 waren 10,7 % Arbeiterkinder[7]. Diese Zahlen können allerdings nicht darüber Auskunft geben, ob die politischen Maßnahmen zur Förderung der Chancengleichheit, die in den sechziger Jahren in der BRD stattfanden, erfolgreich waren oder nicht.

Der Erfolg dieser Maßnahmen ist jedoch erkennbar an den Zahlen zur sozialen Herkunft westdeutscher *Schüler* im Jahre 1972, die das Statistische Bundesamt (1974) ermittelte. Danach liegt der Anteil der Arbeiterkinder unter 10- bis 15jährigen Hauptschülern bei etwa 60 %, während ihr Anteil unter den gleichaltrigen Gymnasiasten nur 18 % ausmacht. Die Bildungschancen von Arbeiterkindern sind also nach wie vor unterdurchschnittlich; allerdings haben sie in den letzten Jahren zugenommen. »Stammte noch im Jahre 1965 nur jeder fünfzehnte Schüler im 13. Schuljahrgang und jeder zehnte Schüler im 10. Schuljahrgang aus einer Arbeiterfamilie, so war es 1972 fast ein Sechstel aller 15- bis unter 19jährigen Gymnasiasten« (1974: 337).

Die nach wie vor gegebenen Benachteiligung von Arbeiterkindern wird bereits in der Aufgliederung der Schüler verschiedener Schulgat-

Tabelle 11: 10–15jährige Schüler an allgemeinbildenden Schulen nach beruflicher Stellung des Familienvorstandes
Ergebnis des Mikrozensus Juli 1972

Schulgattung	Geschlecht des Schülers	Schüler insgesamt	Berufliche Stellung des Familienvorstandes: Selbst. Landw./ Mithelf. Fam.-angehör.	Sonst. Selbständiger	Beamter/ Richter	Angestellter	Gelernter und Facharb.	Sonst. Arbeiter	Nichterwerbstätiger/ ohne Angabe
		in 1000	%						
Grund-/ Hauptschule	m.	1 604	6,9	7,5	5,9	14,5	30,2	29,1	6,0
	w.	1 533	6,8	7,0	4,5	14,9	29,2	30,5	7,0
Realschule	m.	333	(3,9)	(14,1)	(9,0)	22,2	25,2	21,0	(4,5)
	w.	376	(7,2)	14,1	(9,8)	24,5	25,3	16,0	(3,2)
Gymnasium	m.	447	(3,1)	18,6	16,1	40,5	13,9	(5,6)	(2,2)
	w.	382	(4,2)	22,0	17,3	35,9	(12,0)	(5,2)	(3,4)
Zusammen	w.	2 384	5,8	10,5	8,2	20,5	26,4	23,5	5,1
	m.	2 291	6,4	10,7	7,5	20,0	25,7	23,9	5,8

tungen nach dem Beruf des Familienvorstands deutlich (Tabelle 11). Unter den Gymnasiasten gibt es kaum mehr Arbeiterkinder (18,4 %) als Beamtenkinder (16,6 %), obwohl es insgesamt sehr viel mehr Arbeiterkinder als Beamtenkinder gibt (49,8 % gegenüber 7,9 %). Noch sichtbarer wird die fortbestehende Ungleichheit der Bildungschancen, wenn man die Schüler verschiedener Schulgattungen als Anteil der Kinder der verschiedenen Berufsgruppen zeigt, so wie dies in Tabelle 12 geschieht (diese Tabelle enthält dieselben Daten wie Tabelle 11, ist jedoch in anderer Richtung prozentuiert). Die Chance eines Facharbeiterkinds, eine höhere Schule zu besuchen, ist nur etwa 1/4 der Chance eines Beamtenkinds; verglichen mit Kindern ungelernter Arbeiter, ist die Chance von Beamtenkindern, ein Gymnasium zu besuchen, sogar neunmal so groß.

Tabelle 12: 10- bis unter 15jährige Kinder nach gegenwärtigem Schulbesuch und Stellung im Beruf des Familienvorstandes
Ergebnis des Mikrozensus Juli 1972

Stellung im Beruf des Familienvorstandes	Kinder 10 bis unter 15 Jahre insgesamt		Gegenwärtiger Schulbesuch		
			Grund-/Haupt-schule	Real-schule	Gym-nasium
	in 1 000		%	%	%
Nichterwerbstätige	253	100	80,6	/	/
Selbständige außerhalb der Landwirtschaft	495	100	46,1	20,2	33,7
Beamte/Richter	367	100	44,4	18,3	37,3
Angestellte	945	100	48,9	17,5	33,7
Gelernte und Facharbeiter	1 218	100	76,4	14,7	8,9
Übrige Arbeiter	1 109	100	84,2	11,7	4,1
Selbständige Landwirte und alle Mithelfenden Familienangehörigen	285	100	75,4	/	/
Insgesamt	4 672	100	67,1	15,2	17,7

Diese Ergebnisse sind für die Bundesrepublik Deutschland repräsentativ. Die Gültigkeit der Feststellung, daß die Schule in ihrer Funktion als »Zuteilungsapparatur für Lebenschancen« nicht gegenüber der Schichtstruktur der Gesellschaft autonom ist, ist jedoch keineswegs auf die Bundesrepublik Deutschland beschränkt, wie sich im internationalen Vergleich zeigt. Der großangelegte sogenannte »Coleman-Report« (*Coleman et al.*, Equality of Opportunity, 1966) zeigt mit großer Deutlichkeit die hohe Korrelation zwischen der Position des Elternhauses in der Schichtstruktur und der Qualität der (öffentlichen) Schule, die die Kinder besuchen, in den USA; eine Fülle weiterer amerikanischer Unter-

suchungen hat diesen Sachverhalt seither erhärtet und spezifiziert (zu den Mechanismen der Verbindung vgl. *Heyns* 1974). Ein großangelegter internationaler Vergleich kommt zu bemerkenswert ähnlichen Ergebnissen in dieser Hinsicht (*Thorndike* et al., 1974).
Porter et. al. (1973) zeigen diesen Sachverhalt für Kanada. Sozialistische Gesellschaften unterscheiden sich in dieser Hinsicht ebenfalls nicht wesentlich. *Zagorski* (1974) zeigt in einer sehr gründlichen und umfassenden Untersuchung den starken Zusammenhang zwischen Bildungsgrad der Eltern und höchstem Schulabschluß der Kinder für Polen. Eine Reihe regionaler Untersuchungen in der Sowjetunion kommt zu ähnlichen Ergebnissen (für eine Zusammenfassung vgl. *Dobson* 1975).
Diese vielfach erhärteten Sachverhalte sind nichts Neues; für Bildungssoziologie und soziologische Mobilitätsforschung sind sie aufgrund jahrzehntealter Ergebnisse geläufig. Beachtlich ist jedoch gerade das geringe Maß an Veränderung *auch nach umfassenden staatlichen Maßnahmen,* welche die Herstellung der Chancengleichheit von Kindern verschiedener sozialer Schichten zum Ziel hatten und insbesondere finanzielle Hindernisse zu beseitigen suchten (Studiengeldfreiheit, Stipendiengewährung, Lehrmittelfreiheit usw.).

Der Besuch weiterführender Schulen, der Berufseintritt und Vollerwerbstätigkeit hinausschiebt, bestimmt weitgehend darüber, ob Mitglieder der Altersgruppe der Heranwachsenden *zur Jugend* im eigentlichen Sinne, so wie wir diese in unserer Definition in Kap. 2 gefaßt haben, gehören oder nicht. Die Daten über die Schichtabhängigkeit des Besuchs weiterführender Schulen bedeuten, daß *Jugendliche* sich überwiegend aus Ober- und Mittelschichten der Gesellschaften rekrutieren.

Da die Entscheidung über den Schulbesuch eine Schlüsselentscheidung darstellt, muß die Jugendsoziologie sich auch mit den Ergebnissen der Erziehungssoziologie und -psychologie befassen, welche Faktoren diese Entscheidung betreffen.

Soziale Schichtung und Schulerfolg

Eine beträchtliche Zahl von Untersuchungen weist nach, daß Fähigkeiten und Leistungen des Schülers nicht die alleinigen Steuerungsprinzipien dieser Zuteilungsapparatur sind. Untersuchungen dieser Art zeigen u. a., daß Bildungsziele der Eltern und Berufsvorstellungen der Eltern für die Kinder ebenso eine Rolle spielen wie Lehrerurteile, daß das Sprachverständnis des Schülers ebenso von Bedeutung ist wie die Zeitperspektive[8] und die Leistungsmotivation, welche schon in der frühkindlichen Sozialisationsphase erworben wurde. Und all diese Faktoren, welche das Funktionieren der Zuteilungsapparatur für Lebenschancen beeinflussen, weisen einen Zusammenhang mit der sozialen Schicht der Eltern auf. Der nachgewiesene Einfluß dieser Faktoren ist groß genug, um wenig Raum zu lassen für Erklärungen, welche den Mangel an Mobilität überzeugend mit der Behauptung der weitgehenden Erblichkeit der Intelligenz zu erklären suchen[9]. Die vorliegenden Untersuchungen zeigen einige der Variablen, durch welche der Einfluß der sozialen Schicht auf den Schulerfolg ihrer Kinder (und damit ihrer Zugehörigkeit zur Kategorie Jugend im eigentlichen Sinne der Soziologie) vermittelt wird; diese Variablen, welche den Einfluß der Variablen soziale Schicht der Eltern vermitteln, sind jedoch miteinander in beträchtlichem Umfang verbunden, so daß die Abschätzung des Einflusses einer jeden dieser Variablen zusätzlich zu den anderen außerordentlich schwierig ist. Ferner liegen über das Zusammenspiel dieser durchweg mit der sozialen Schicht der Eltern in Beziehung stehenden Variablen, das in der Benachteiligung der Kinder aus unteren sozialen Schichten resultiert, keine schlüssigen Untersuchungen vor.

Schulische Leistungen werden bekanntlich nicht nur von den Fähigkeiten des Schülers bestimmt, sondern auch von seiner Motivation. Psychologische Untersuchungen weisen nach, daß ein Konstrukt, das Leistungsmotivation genannt wird, in direkter Beziehung zum Schulerfolg steht. Leistungsmotivation wird nach psychologischen Untersuchungen weitgehend in der frühen Kindheit erworben[10]. Die Sozialisationstechniken von Eltern der Mittelschicht sind dabei wesentlich geeigneter, Leistungsmotivation der Kinder zu fördern, als die Sozialisationstechniken der Unterschicht. Es besteht ein Zusammenhang zwischen frühzeitiger Selbständigkeitserziehung der Kinder und Ausbildung der Leistungsmotivation.

Entscheidend für die Ausbildung der Leistungsmotivation ist eine kindzentrierte Selbständigkeit. Diese Selbständigkeit drückt sich darin aus, daß das Kind sich selbst und eigenständig zwischen verschiedenen Möglichkeiten entscheiden kann, d. h. selbst seine Freunde ebenso wählt wie Kleider, Spielzeug usw. Demgegenüber wirkt sich Selbständigkeit, welche sich auf Routinetätigkeiten beschränkt, und lediglich zur Entlastung der Eltern beiträgt, eher hinderlich auf die Bildung von Leistungsmotivation aus. Diese kindzentrierte Selbständigkeit wird vor allem in der Mittelschicht gefördert, Selbständigkeit im Hinblick auf Routinetätigkeiten demgegenüber vor allem in der Unterschicht. Gleichfalls wirken sich hohe Leistungsforderungen an die Kinder, die wiederum in der Mittelschicht vorherrschen, förderlich aus, während die geringeren Leistungsforderungen in der Unterschicht nicht zur Förderung der Leistungsmotivation beitragen.

Ebenfalls von Bedeutung sind die Ergebnisse sozio-linguistischer Untersuchungen, welche den unterschiedlichen Sprachgebrauch in Mittel- und Unterschicht nachweisen. Seit den Untersuchungen *Bernsteins* ist es gebräuchlich, den Sprachgebrauch der Mittelschicht als elaborierten Code zu bezeichnen, während in der Unterschicht vorherrscht, was *Bernstein* den restringierten Code nennt[11]. Unterschiede zwischen elaboriertem und restringiertem Code bestehen in dem Maß, in dem von den reichhaltigen Möglichkeiten der Sprache Gebrauch gemacht wird: Verwendung von Relativsätzen, komplizierteren sprachlichen Konstruktionen, häufigerer Gebrauch von Adjektiven und Adverben usw. Die Tatsache, daß Mittelschicht-Kinder zumeist den elaborierten Code erlernen, Unterschicht-Kinder dagegen eher den restringierten, wirkt sich in einer beträchtlichen Bevorzugung der Mittelschicht-Kinder in der Schule aus. Eine Untersuchung von *Schlee* (1973) weist nach, daß das Sprachverständnis von beträchtlicher Bedeutung für schulische Leistung ist. In *Schlees* Untersuchung wurden Vorschulkindern und Schulkindern eine Reihe relativ einfacher Aufgaben gestellt. Die Anweisungen, die den Kindern gegeben wurden, waren jedoch so konstruiert, daß sie nach Möglichkeit Merkmale des elaborierten Codes enthielten. (Ein Beispiel für solche Anweisungen ist »Mache in alle Kreise einen Punkt, hingegen in die Vierecke ein Kreuz«; ferner sollten zu vorgelesenen Geschichten die entsprechenden Bilder aus einer Anzahl verschiedener Bilder herausgesucht und gezeigt werden.) Die Untersuchung zeigte, daß Vorschulkinder und Kinder der vierten Volksschulklasse aus der Mittelschicht signifikant besser abschnitten als gleichaltrige und nach Intelligenztests gleich intelligente Kinder der Unterschicht.

Die Sprache der Lehrer ist im allgemeinen gekennzeichnet durch Merkmale des elaborierten Code. Dies macht *Schlees* (1973) Untersuchung so bedeutsam. Ihre Ergebnisse deuten darauf hin, daß unterschiedliche Schulleistungen Kinder verschiedener sozialer Schichten zu einem beträchtlichen Teil dadurch zu erklären sind, daß Kinder aus höheren Schichten die ihnen gestellten Aufgaben einfach besser verstehen. Die Untersuchung weist nach, daß es sich hierbei nicht um eine einfache Frage der Intelligenz handelt, sondern tatsächlich um das unterschiedliche Instruktionsverständnis aufgrund des unterschiedlichen Sprachgebrauchs in verschiedenen sozialen Schichten.

Andere psychologische Untersuchungen erhärten, daß nach sozialen Schichten unterschiedliche Schulleistungen nicht ausschließlich durch unterschiedliche Intelligenz, gemessen durch die üblichen Intelligenztests, erklärt werden können. Eine wesentlich schlechtere Benotung der Schulleistungen, als nach Intelligenztests erwartet werden kann, ist bei Kindern aus Arbeiterfamilien häufiger als bei Kindern aus Familien gehobenerer Berufe. Einige schulpsychologische Untersuchungen weisen auf die Bedeutung des Lehrerurteils zur Erklärung derartiger Diskrepanzen hin[12]. Ein recht eindrucksvolles Experiment hierzu wurde von *Weiss* durchgeführt. *Weiss* (1971) legte zwei Gruppen von Lehrern einen identischen Aufsatz zur Benotung vor. Die beiden Gruppen erhielten eine unterschiedliche Information über die Herkunft des Schülers. Der einen Gruppe wurde gesagt, es handle sich um einen sprachlich begabten Jungen, Sohn eines Redakteurs einer Linzer Tageszeitung. Der anderen Gruppe wurde gesagt, der Junge sei durchschnittlich begabt, beide Eltern seien berufstätig und er lese gerne Schundhefte. Ergebnis dieser unterschiedlichen Information, die unmißverständlich auf die soziale Herkunft des Schülers hinwies, sind erheblich unterschiedliche Benotungen ein und desselben Aufsatzes. Die Differenzen zwischen den Noten sind hochsignifikant. Erstaunlich ist, daß nicht nur der Stil und der Inhalt unterschiedlich benotet wurden, sondern auch die Rechtschreibleistung, wo an sich der Spielraum individueller Interpretation geringer sein sollte. Informationen über die soziale Herkunft von Schülern haben also offenkundig einen Einfluß auf die Bewertung ihrer Leistungen, selbst wenn ihre Leistungen gleich sind.

Darüber hinaus dürften freilich die Erwartungen von Lehrern an ihre Schüler eine der Ursachen für unterschiedliche Schulleistungen von Kindern verschiedener sozialer Schichten darstellen. Soziologen ist das Phänomen der sich selbst erfüllenden Prophezeiung geläufig[13]. Voraussagen werden dadurch wahr, daß sie von den Akteuren für wahr gehalten werden. Sozialpsychologen haben nachgewiesen, daß dies auch im Bereich der Schule gilt. *Rosenthal* und seine Mitarbeiter konnten nachweisen, daß die Annahmen von Lehrern über die Leistungsfähigkeit von Schulkindern ihre objektiv gemessenen Leistungen beeinflussen[14]. In einem Experiment wurde Lehrern von Kindern zu Beginn eines Schuljahres mitgeteilt, daß einige dieser Kinder recht intelligent seien, andere dagegen Spätentwickler. Mit der tatsächlichen Leistungsfähigkeit der Schüler hatte diese Mitteilung an die Lehrer nichts zu tun. Aber bei einem späteren Test ergab sich, daß die objektiv gemessenen Leistungen der Gruppe, von der die Lehrer annahmen, sie seien intelligenter, besser geworden waren als die derjenigen Schüler, bei denen es sich angeblich um Spätentwickler handelte. Daß Lehrer von Mittelschicht-Kindern bessere Schulleistungen erwarten als von Unterschicht-Kindern, mag zu einem Teil die Differenzen der Schulleistungen von Kindern dieser verschiedenen Schichten erklären.

Darüber hinaus hat freilich das Lehrerurteil einen unmittelbaren Einfluß auf die Bildungs- und Lebenschancen der Schüler. Das Lehrerurteil hat einen Einfluß darauf, ob Schüler weiterführende Schulen besuchen oder nicht. Eine in den Jahren 1967 bis 1970 an einer umfangreichen (84 000) Stichprobe von Schülern in Baden-Württemberg durchgeführte Untersuchung ermittelte die Übergangsquoten auf weiterführende Schulen für vier Jahrgänge. Diese Untersuchung von R. *Gresser-Spitzmüller* (1973) unterscheidet vier Sozialschichten; aus der obersten Schicht (1) gehen 60,8 % auf eine weiterführende Schule, aus Schicht 2 28,4 %, aus Schicht 3 9,7 % und aus Schicht 4 6 % der Schüler. 58 % der Kinder aus Schicht 1 wurden vom Lehrer für das Gymnasium empfohlen, aber nur 9 % aus Schicht 4. Um zu prüfen, ob der Zusammenhang von Empfehlung und Schicht nur durch die Korrelation von Noten und Schichten bedingt ist, wurden die Noten konstant gehalten. Auch bei gleich guten Noten wurden für die höhere Schicht mehr Gymnasialempfehlungen ausgesprochen.

Elterneinfluß und Schullaufbahn

Ein Schulsystem wie das deutsche gibt der elterlichen Entscheidung bei der Schulwahl verhältnismäßig viel Raum. Die Bildungsziele der Eltern für ihre Kinder sind dabei jedoch keineswegs nur von den Leistungen und Fähigkeiten ihrer Kinder bestimmt. Dezidierte Pläne für das Bildungsziel des Kindes sind zuweilen schon gemacht, bevor das Kind auch nur die erste Schule von innen gesehen hat.

Tabelle 13: Kinder nach Alter und nach dem für die Kinder angestrebten allgemeinbildenden Schulabschluß
Ergebnis des Mikrozensus Juli 1972

Alter von ... bis unter ... Jahren	Kinder insgesamt		Für diese angestrebter allgemeinbildender Schulabschluß			
			Hauptschule	Realschule	Fachhoch-/Hochschulreife	Weiß noch nicht, ohne Angabe
	in 1 000		%	%	%	%
unter 6	5 272	100	11,9	18,2	18,0	51,8
6–10	4 260	100	20,9	26,1	22,5	30,5
10–15	4 687	100	37,3	26,4	23,1	13,2

Beim Mikrozensus 1972 machten etwa die Hälfte der Eltern von Kindern unter 6 Jahren Angaben über den für diese angestrebten Schulabschluß, wie Tabelle 13 zeigt. Aus anderen Daten geht hervor, daß es sich hierbei überwiegend um Eltern aus höheren sozialen Schichten handelt; in Tabelle 13 spiegelt sich dieser Sachverhalt darin, daß der Prozentsatz, für den das Abitur angestrebt wird, wesentlich größer ist als der Anteil der Kinder, für die nur ein Hauptabschluß angestrebt wird.

Besonders bemerkenswert ist, daß sich der Anteil der Kinder, für die das Abitur angestrebt wird, mit zunehmendem Alter der Kinder nicht wesentlich vergrößert (von 18 % bei den unter 6jährigen zu 23,1 % bei den 10- bis 15jährigen), während der Anteil derer, für die nur ein Hauptschulabschluß angestrebt wird, beträchtlich zunimmt und der Anteil der Kinder, für die keine Pläne genannt werden, stark abnimmt (von 51,8 % auf 13,2 %). Dies deutet sehr stark darauf hin, daß der Wunsch nach dem Abitur als Schulabschluß des Kindes, der in den höheren sozialen Schichten besonders stark ist, von den tatsächlichen Schulleistungen des Kindes weitaus weniger abhängt als die niedriger gesteckten Abschlußziele. Die vorliegenden Daten können dies allerdings nur andeuten, nicht aber beweisen; zur genaueren Prüfung wäre eine Längsschnittuntersuchung erforderlich, die eine sichere Basis für die naheliegende Aussage geben könnte: der Besuch der höheren Schule wird sehr häufig durch den Willen der Eltern bestimmt, der Besuch der Hauptschule meistens dadurch, daß es sich »eben so ergibt«, ohne daß die Eltern dies nun *so oder anders* gewollt hätten. Es überrascht nicht, daß mit zunehmender sozialer Schicht und Bildung Eltern häufiger genauere Pläne für den Schulabschluß ihrer Kinder haben, und daß diese Pläne umso ambitionierter sind, je höher die soziale Schicht der Eltern; die entsprechenden Daten sind in Tabelle 14 dargestellt.

Der auf breiter Grundlage durchgeführte, für die Bundesrepublik repräsentative Mikrozensus, aus dem diese Daten stammen, bestätigt so weitgehend die Aussagen, zu denen frühere regionale Untersuchungen von H. *Popitz* (1964) und J. *Kob* (1963) kamen.

Die in Basel von *Popitz* durchgeführte Untersuchung wies darauf hin, daß die Ursache für die Entscheidung von Eltern, ihre zum Besuch weiterführender Schulen geeigneten Kinder nicht in diese weiterführenden Schulen zu senden, nicht in einer expliziten Ablehnung höherer Schulbildung oder individuellen sozialen Aufstiegs zu suchen ist. Vielmehr scheint es sich um das Fehlen von Vorstellungen für den Lebensplan und die Bildungsziele ihrer Kinder zu handeln. *Popitz* konstatiert unter diesen Arbeitereltern »allgemeine Unsicherheit, das Gefühl der Inkompetenz, Hilfslosigkeit gegenüber einer fremden Bildungswelt«.

Kob faßt die Ergebnisse einer Hamburger Studie hierzu so zusam-

Tabelle 14: Kinder nach dem Schulabschluß des Familienvorstandes sowie nach dem für diese Kinder angestrebten allgemeinbildenden Schulabschluß Ergebnis des Mikrozensus Juli 1972

Schulabschluß des Famliienvorstandes	Kinder insgesamt [1]		Für diese angestrebter allgemeinbildender Schulabschluß			
			Hauptschule	Realschule	Fachhoch-/Hochschulreife	Weiß noch nicht, ohne Angabe
	in 1 000	%	%	%	%	%
Hauptschule, ohne Angabe	12 114	100	27,5	25,4	14,5	32,5
Realschule	2 091	100	5,3	26,2	42,5	26,1
Fachhoch-/Hochschulreife (Abitur)	1 540	100	1,6	9,2	70,3	19,0
Insgesamt	15 745	100	22,0	23,9	23,7	30,4

men: »Im Grunde scheinen die Arbeiter eine möglichst hoch qualifizierte Schulbildung für ihre Kinder ebenso zu wünschen wie die anderen Gruppen, nur eben *nicht mit gleicher Entschiedenheit und Selbstbewußtsein*« (J. *Kob*, 1963: 55).

Die Vorstellungen der Eltern, oder der Mangel solcher Vorstellungen über die angemessene Schule für ihre Kinder, spielen auch nach der Entscheidung über den Besuch einer weiterführenden Schule eine beträchtliche Rolle. Sie bestimmt die Reaktion auf z. B. gelegentliches Versagen in einem Schulfach. Eltern, welche ihr Kind bereits als Abiturienten sehen, werden es darauf anlegen, das Kind nicht an diesem Versagen in einem Fach oder in einem Jahr scheitern zu lassen; beispielsweise Nachhilfestunden sind in diesem Fall die Reaktion auf Schwierigkeiten des Kindes in der Schule. Sind dagegen die Eltern vom Ziel des höheren Schulabschlusses nicht in gleicher Weise überzeugt, sondern waren eher von Anbeginn an skeptisch, so werden Schwierigkeiten oft derart interpretiert, daß sie eben zeigen, daß das Kind eben doch nicht auf eine höhere Schule gehörte. So wie bei der Entscheidung über die Schulwahl des Kindes keine Anstrengungen gemacht wurden, das Kind in eine höhere Schule zu senden, so werden beim Aufkommen von Schwierigkeiten des Kindes in der Schule keine Anstrengungen gemacht, es dort zu halten. Das Fehlen elterlicher Unterstützung und elterlicher Anstrengung erklärt zu einem beträchtlichen Teil den geringeren Erfolg von Kindern aus unteren sozialen Schichten in weiterführenden Schulen.

Die verschiedenen Faktoren, deren Wirksamkeit in Einzeluntersuchungen nachgewiesen wurde, wirken in gleicher Richtung und verstärken einander. Leistungsmotivation, Sprachverständnis, Zeitperspektive, Lehrerurteil und -empfehlung, Bildungsziele der Eltern und Berufsvorstellungen der Eltern: dies alles ist von Bedeutung. Einstweilen fehlt es noch an Untersuchungen, welche den Zusammenhang dieser Faktoren erhellen. So ist nicht bekannt, was die Rangordnung dieser Faktoren ist; indessen darf es als ausgemacht gelten, daß keine dieser Variablen allein so bedeutsam ist, daß ihre Veränderung allein in nennenswertem Umfang Chancengleichheit fördern könnte.

Zusammengenommen ist das Ergebnis dieser Variablen und Prozesse, daß das soziale Phänomen Jugend für die Mittelschichten ungleich realistischer und sichtbarer ist als für die Arbeiterschicht. Dies hat Implikationen für die Reaktion der verschiedenen sozialen Schichten auf jugendliche Aktivitäten; sofern es in unserer Gesellschaft normative Erwartungen gibt, die sich auf Jugendliche richten, ist anzunehmen, daß der soziale Ort solcher normativen Erwartungen dort ist, wo auch das Phänomen Jugend in der Sozialstruktur lokalisiert ist. Auf diesen Zusammenhang wird später noch zurückzukommen sein.

In der modernen Gesellschaft, die u. a. durch beträchtliche Bürokratisierung gekennzeichnet ist, spielen formal bescheinigte Qualifikationen eine immer größere Rolle. Damit nimmt die Bedeutung der Schule als Zuteilungsapparatur für Lebenschancen tendenziell zu. Mobilitätsuntersuchungen in Deutschland und England weisen darauf hin, daß der Zusammenhang von Schulbildung und Beruf im Laufe dieses Jahrhunderts stärker geworden ist[15]. Die Bedeutung von Schulabschlüssen für die später von Erwachsenen erreichbaren Einkommen wird deutlich aus Tabellen, welche die durchschnittlichen Einkommen von Absolventen verschiedener Schulzweige darstellen[16]. Diese Tabelle zeigt jedoch auch, daß die Einkommensverteilungen für Gruppen mit verschiedenen Schulabschlüssen sich überlappen. Untersuchungen wie die von Ch. *Jencks* betonen diesen Sachverhalt, indem sie darauf verweisen, daß der Schulabschluß die Einkommen nicht vollständig bestimmt. Auch aus den von *Jencks* (1973) analysierten Daten wird deutlich, obwohl *Jencks* dies nicht betont, daß von allen meßbaren Einflüssen auf die Einkommen der Einfluß der Schulbildung am größten ist[16]. Kann die Schule auch insofern mit Recht als eine Zuteilungsapparatur für Lebenschancen bezeichnet werden, so ist doch darauf hinzuweisen, daß diese Zuteilungsapparatur für Lebenschancen *nicht autonom* funktioniert.

Entwicklungspsychologische Konzeptionen des Jugendalters tendieren dazu, Schichtunterschiede zu vernachlässigen. Die soziale Herkunft der Heranwachsenden bestimmt in beträchtlichem Umfang, ob sie eine Jugendphase im eigentlichen Sinne erleben oder nicht. Und wozu Jugendliche diese Jugendphase nutzen, ist in beträchtlichem Umfang ebenfalls von der sozialen Herkunft bestimmt. Es ist richtig, daß die Jugendphase von entscheidender Bedeutung für die Ausbildung der Identität des erwachsenen Menschen ist und daß in der Jugendphase so etwas wie ein Lebensplan tatsächlich entwickelt wird. Die Wahlmöglichkeiten des Heranwachsenden und seine Entscheidungsfreiheit über lebensgeschichtliche Wahlen sind beträchtlich. Der Spielraum, den der Jugendliche hat, ist beträchtlich und darf nicht unterschlagen werden, wie ein soziologischer Determinismus dies nahelegen könnte. Die Grenzen dieses Spielraums sind jedoch von der sozialen Herkunft gesetzt. Diese Grenzen sind gewiß nicht starr und völlig unüberschreitbar; die Wahrnehmung von Möglichkeiten innerhalb dieser Grenzen ist jedoch wesentlich leichter als die oft kostspielige Wahrnehmung von Möglichkeiten jenseits dieser Grenzen, soweit derartige Möglichkeiten jenseits der sozial gesetzten Grenzen dem Jugendlichen überhaupt bewußt sind.

5.2. Einige Probleme der Berufswahl

Diese Zusammenhänge sind im Prozeß der Berufswahl durch Jugendliche besonders erkennbar. Die Freiheit der Berufswahl ist rechtlich in der BRD als Grundrecht gesichert. Umfragen unter Jugendlichen zeigen, daß die Jugendlichen selbst das Gefühl der Freiheit bei der Wahl eines Berufes haben; Konflikte mit den Eltern über die Wahl des Berufs werden relativ selten berichtet; häufiger ist das Einverständnis der Eltern mit der Entscheidung des Jugendlichen. Wie werden diese Wahlmöglichkeiten von Jugendlichen nun wahrgenommen?

Untersuchungen an Schulabgängern zeigen, daß zum Zeitpunkt der Berufswahl bei vielen Heranwachsenden keine realistischen Vorstellungen von dem bestehen, was mit einem bestimmten Beruf verbunden ist[17]. Die vorhandenen Wahlmöglichkeiten sind nicht in vollem Umfang bewußt, und die Vorstellungen von den verschiedenen Berufsmöglichkeiten nicht sonderlich realistisch. Freilich wäre es auch unrealistisch, von Jugendlichen eine auch nur ungefähre Kenntnis von Tausenden von Berufen zu erwarten, welche in Berufsklassifikationsschemata auftauchen. Denn ein großer Teil dieser Berufe ist für viele der Heranwachsenden ohnehin nicht zugänglich, nicht nur wegen möglicherweise mangelnder Qualifikationen, sondern auch nicht zugänglich aus dem einfachen Grunde der regionalen Wirtschaftsstruktur, in der bestimmte Berufe tatsächlich nicht vorfindbar sind. Auf diesen Zusammenhang wies P. *Lazarsfeld* schon 1931 eindringlich hin, als er die Ergebnisse einer eigenen Untersuchung über die Berufswahl so zusammenfaßte: »Die freien Berufswünsche der großstädtischen Jugend spiegeln in ihrer statistischen Verteilung deutlich den ökonomischen Aufbau der Städte und seine Konjunkturschwankungen wieder, überlagert von kleinen psychologischen Konstanten, Quasi-Konstanten, die entwicklungspsychologisch bedingten Vorlieben und Abneigungen entsprechen.«[18] Zu beachten ist hierbei, daß diese Untersuchung nicht die tatsächliche Berufswahl zum Gegenstand hatte, sondern die Berufswünsche von Jugendlichen; aber bereits in den Jugendwünschen spiegelt sich die regionale Wirtschaftsstruktur als dominanter Faktor wieder.

Wie stark und auf welche Art die Umgebung auf die Berufswünsche sich auswirkt, wird sehr anschaulich in der Lehrlingsuntersuchung des Deutschen Jugendinstituts (*Seidenspinner* 1974: 93–100). In dem Material aus Gruppendiskussionen mit Lehrlingen im Großraum München, das dort ausgebreitet wird, ist hervorstechend der Grad des »Realismus«, der in den wörtlichen Äußerungen der Lehrlinge auffällt. Von Elternhaus und sozialer sowie räumlicher Umgebung sind die Optionen, vor denen die Lehrlinge als Schulabgänger standen, schon weitgehend definiert. Die Alternative, die mit erheblicher Selbstverständlichkeit vorformuliert ist und akzeptiert wird, lautet »einen Beruf lernen« oder Hilfsarbeiter sein, wobei die Eltern nach den Berichten der Lehrlinge meist keinen Zweifel daran ließen, daß wegen der größeren Sicherheit des Arbeitsplatzes nur eine Lehre in Frage komme. Spezifische Interessen der Jugendlichen für bestimmte Tätigkeiten scheinen eine weitaus geringere Rolle zu spielen als die sichere Erreichbarkeit des Ziels. Bewußte Überlegungen nach sorgfältiger Prüfung von Informationen sind für die Berufswahlentscheidungen weniger wichtig als die von der unmittelbaren Umgebung gesetzten Optionsmöglichkeiten, welche eher beiläufig ganz selbstverständlich »sich ergeben«. Innerhalb dieser vorausgewählten Möglichkeiten spielen Gesichtspunkte wie »nicht zu staubige« Arbeitsstätte, Arbeit »draußen in der frischen Luft« usw. dann eine Rolle.

Die regionalen Begrenzungen der Wahlmöglichkeiten sind in der Bundesrepublik erst seit wenigen Jahren zum Gegenstand systematischer Untersuchungen gemacht worden; hervorzuheben sind hier vor allem die Arbeiten im Institut für Arbeitsmarkt- und Berufsforschung der Bundesanstalt für Arbeit[19]. In diesen Studien wird der starke Einfluß der regionalen Wirtschaftsstruktur auf die beruflichen Bildungschancen deutlich sichtbar.

Es ist davon auszugehen, daß für die Mehrzahl der Schulabgänger eine Berufsausbildung faktisch unzugänglich ist, wenn diese einen Wohnortwechsel des Auszubildenden notwendig verlangt. Die Überwindung der vom regionalen Ausbildungsangebot her gesetzten Grenzen setzt beim Auszubildenden (und seinen Eltern) ein außerordentlich hohes Maß an Motivation voraus, diesen im regionalen Ausbildungsangebot nicht enthaltenen Beruf zu erlernen und dafür die Vielzahl der mit einem Wohnortwechsel verbundenen Schwierigkeiten und Nachteile in Kauf zu nehmen. Eine weitere selbstverständliche Voraussetzung ist überhaupt die Kenntnis eines solchen in der näheren Umgebung gar nicht vorhandenen Berufs. Derartige Kenntnisse dürften nur bei einer Minderheit der Auszubildenden (und ihrer Eltern) gegeben sein.

Der Effekt der regionalen Wirtschaftsstruktur auf die Ausbildungschancen wird durch soziale Benachteiligung noch verstärkt, worauf bereits *Lazarsfeld* hinwies.

Lazarsfeld faßte dies so zusammen: »Der sozial benachteiligte junge Mensch hat weniger gesehen, weniger gelesen, von weniger gehört, hat in seiner ganzen Umgebung weniger Veränderungen erlebt als der sozial Bevorzugte und weiß also einfach von weniger Möglichkeiten. ... Der junge Mensch kann über eine Menge von Dingen vielleicht rational – etwa auf Befragen – Bescheid sagen, hält sie aber trotzdem erlebnismäßig nicht in Evidenz; seine psychische Außenwelt ist enger als die objektiv gegebene. Und die Differenz zwischen objektiver und psychischer Umgebung scheint eben mit der sozialen Benachteiligung zu wachsen.«

Das Moment der Wahlfreiheit in der Berufswahl ist nicht zu übersehen; ebensowenig ist aber zu unterschlagen, daß die dem jungen Menschen bewußten Wahlmöglichkeiten nach Schicht und Region unterschiedlich zahlreich sind[20]. Dadurch, daß ein Mensch an einem bestimmten sozialen und geographischen Ort aufwächst, ist mehr bestimmt als nur der Ausgangspunkt seines Lebenswegs; die Ziele, die er sich selbst steckt, sind ebenfalls in beträchtlichem Umfang durch Prozesse der sozialen Plazierung bereits vorgegeben oder eingeschränkt.

5.3. Organisationen für Jugendliche

Unter den staatlichen und gesellschaftlichen Einflüssen auf die Jugend ist die Bedeutung der Einflüsse vergleichsweise gering, die denjenigen Mechanismen und Institutionen zuzuschreiben sind, welche Jugend als Namensbestandteil führen. Der Einfluß staatlicher Jugendpolitik und gesellschaftlicher Jugendorganisationen ist zwar nicht außer acht zu lassen, aber beträchtlich geringer anzusetzen als der von Familie, Gleichaltrigengruppen, Schule oder Wirtschaft.

In Westeuropa ist Jugend Gegenstand staatlicher Pläne (z. B. Bundesjugendpläne, Landesjugendpläne) und Instanzen (Ministerien, in denen »Jugend« meist zusammen mit »Familie«, »Gesundheit« oder »Sport«

ressortiert, schließlich, in direkterem Verhältnis zur Jugend: Jugendämter usw.) und Einzugsbereich gesellschaftlicher Organisationen, welche über mehr oder minder selbständige Jugendabteilungen oder Gruppierungen verfügen (kirchliche, gewerkschaftliche, landsmannschaftliche Gruppen ebenso wie Jugendabteilungen von Sportvereinen und Parteien); spezifisch jugendliche Organisationen, die nicht nur das jugendliche Abbild oder Anhängsel anderer Organisationen sind (wie z. B. Pfadfinder) sind unter derartigen Organisationen in der Minderheit, gleich, ob man die Namen der Organisationen oder ihre Mitglieder zählt. Die staatliche Jugendpolitik sucht ihren Gegenstand vorwiegend über diese freiwilligen Vereinigungen zu erreichen, indem sie diese institutionell und projektspezifisch vor allem finanziell fördert, soweit sie dies überhaupt tut.

Wieviele Jugendliche von diesen Organisationen erfaßt werden, ist nicht leicht anzugeben. Die Mitteilungen der Organisationen über ihre Mitgliederzahlen stimmen nicht gut mit Angaben der Meinungsforschung über Organisationsmitgliedschaft überein. Die Mitgliedsverbände des Deutschen Bundesjugendrings und des Rings Politischer Jugend geben als Zahl ihrer Mitglieder 3,4 Millionen an; die Deutsche Sportjugend, die dem Bundesjugendring nicht mehr angehört, nennt 4,1 Millionen als Mitgliederzahl. Da die Altersgrenzen der verschiedenen Verbände voneinander abweichen (die Spannweite reicht von 6 bis 35 Jahren), ist eine einfache Umrechnung, wieviel Prozent der Jugendlichen diesen Organisationen angehören, nicht möglich. Meinungsumfragen zufolge geben 28 % der 14- bis 21jährigen an, mindestens einer Jugendorganisation als Mitglied anzugehören[21]. Die Bewertung dieser Angaben ist auch deswegen schwierig, weil die Mitgliedschaftskriterien der verschiedenen Verbände sich drastisch unterscheiden. Während in einigen Verbänden regelmäßige Beitragszahlungen und förmlicher Eintritt Voraussetzungen der Mitgliedschaft sind, reicht es bei anderen Organisationen aus, an irgendeiner Veranstaltung teilgenommen zu haben, um als Mitglied gezählt zu werden. Man darf mit Sicherheit davon ausgehen, daß ein stattlicher Prozentsatz der 7,5 Millionen von den Organisationen angegebenen Mitglieder, im Jargon der Jugendfunktionäre gesprochen, aus »Kartei-Leichen« besteht.

Daß nur eine Minderheit der Jugendlichen den *Jugend*organisationen angehört, ist allerdings wohl nur für den überraschend, der die überhöhten Mitgliedsangaben der Verbände für bare Münze nahm. Auch unter Erwachsenen machen die Mitglieder freiwilliger Vereinigungen nur wenig mehr als die Hälfte aus. Es gibt kaum einen Grund anzunehmen, daß der Anteil der in Jugendverbänden organisierten wesentlich größer zu sein hätte: das Gegenteil ist plausibler, da Mitgliedschaft in Berufsorganisationen den Löwenanteil der Organisationsmitgliedschaften von Erwachsenen ausmacht, und da auch andere, nicht spezifisch Jugend ansprechende Organisationen für junge Leute offenstehen.

Die Reichweite von Jugendorganisationen in einer Gesellschaft korrespondiert mit dem Ausmaß, zu dem Erwachsene mehr oder weniger freiwilligen Vereinigungen angehören. In Demokratien westlichen Typs erfassen Organisationen zumeist nur eine Minderheit von Erwachsenen wie Jugendlichen; demgegenüber ist der Organisationsgrad von Erwachsenen wie Jugendlichen in Gesellschaften anderer Herrschaftsordnung, die auf Massenmobilisierung abzielen, wesentlich höher. Das 3. Reich suchte alle Jugendlichen zu Mitgliedern von Hitlerjugend oder BDM (Bund Deutscher Mädchen) zu machen, ebenso wie auch Erwachsene zur Mitgliedschaft in der NSDAP und den von ihr abhängigen oder gleichgeschalteten Organisationen angehalten wurden. Die nominelle Erfassung der Jugendlichen durch mindestens eine offizielle Jugendorganisation in den sozialistischen Ländern ist beträchtlich. (In der DDR durch die Freie Deutsche Jugend, in der UdSSR durch den Komsomol usw. ...)

Die Gleichsetzung von nomineller Mitgliedschaft und tatsächlicher Teilnahme in einer Organisation ist dabei hier wie dort irreführend. Angaben, die zuverlässige Auskunft über das Ausmaß der Mitgliederbeteiligung an der Aktivität der Jugendorganisation geben könnten, liegen allerdings nicht ausreichend vor, so daß das Ausmaß der Diskrepanz zwischen nomineller und aktiver Mitgliedschaft nicht quantitativ angebbar ist.

So sehr sich die Jugendorganisationen auch als Repräsentanten *der Jugend* geben (und zum Teil auch akzeptiert werden), so wenig sind sie im allgemeinen in Zielsetzung und Struktur das Resultat eigenständiger jugendlicher Handlungen. Wenn auch drastische und tiefgehende Unterschiede des Grades staatlicher Kontrolle über die Jugendorganisationen zwischen westlichen und östlichen Gesellschaften bestehen, ist die Tatsache *staatlicher Aufsicht und Einflußnahme auf die meisten Jugendorganisationen hier wie dort gegeben.*

In der Bundesrepublik Deutschland kommt der Einfluß des Staates über die Bereitstellung finanzieller Mittel durch Bundes- und Landesregierung zur Geltung. Mittel für Aktivitäten wie politische und staatsbürgerliche Bildungsarbeit, Berlin- und Zonengrenzfahrten bieten den Organisationen Anreize, die Vermittlung bestimmter politischer Inhalte an ihre Mitglieder zu fördern. Findet eine staatliche Aufsicht über die Inhalte auch nicht statt, so wird doch erwartet, daß die freie Jugendarbeit sich im Rahmen bestimmter Grenzen bewegt, will sie nicht ihre »Förderungswürdigkeit« verlieren. Die Versagung von Bundesmitteln für den Sozialistischen Deutschen Studentenbund (SDS) 1960, als der SDS sich weigerte, die Kursschwenkung der SPD durch das Godesberger Programm nachzuvollziehen, und die Verweigerung der Weiterförderung des Verbandes Deutscher Studentenschaften (VDS) nach dessen Übernahme durch sozialistische und kommunistische Gruppen 1969 markieren die Grenzen der Förderung freier Jugendarbeit.

Die scheinbar nicht politischen Konsequenzen staatlicher Förderung der Jugendverbände sind von nicht geringerer Bedeutung als die manifest politischen, welche nur in derartigen Grenzfällen deutlich werden. Sie sind weniger dramatisch und offenkundig. Staatliche Zuschußempfänger müssen bestimmten Regeln der Bewirtschaftung dieser Mittel genügen: hierzu gehört der Nachweis der ordnungsgemäßen Verwendung dieser Mittel ebenso wie ihre Ausgabe gemäß den Regeln der Haushaltsordnung. Um diesen Anforderungen zu genügen, haben Jugendverbände nicht anders als andere bürokratische Organisationen einen Bedarf für Geschäftsstellen mit hauptamtlichen Funktionären, Buchhaltungen und Registratur – gleich, was das Ziel des Verbands ist, ob nun Volkstanz, Leichtathletik, politische Bildung oder was auch immer: ein bürokratischer Apparat ist Voraussetzung und Folge staatlicher Förderung eines freien Jugendverbandes.

Für die Verbände selbst bleibt dies zumeist nicht folgenlos. Die Struktur der regelmäßigen staatlichen Zuschüsse schafft Motivation und materielle Voraussetzungen für die Institutionalisierung von mehr oder weniger jugendlichen Vorständen und Führern von Jugendverbänden. Sie bestimmt die Struktur der Aktivitäten der Verbände insofern, als in der Wahl zwischen zuschußfähigen und nicht-zuschußfähigen Aktivitäten die ersteren häufig bevorzugt werden. Ohne den Einfallsreichtum von erfahrenen Jugendfunktionären bei der Interpretation von Abrechnungsvorschriften und ohne ihre Virtuosität in den Anforderungen der den Rechnungshöfen genügenden Buchhaltungskünste unterschätzen zu wollen, ist festzuhalten, daß die staatliche Förderung der Jugendarbeit, wie sie in der BRD geübt wird, die Spontaneität der Jugendverbandsarbeit reduziert und die Verselbständigung der Verbandsbürokratien fördert.

Reduziert die staatliche Förderung das Maß der Autonomie aller davon betroffenen Jugendorganisationen, so ist das Maß der Unabhängigkeit der von gesellschaftlichen Gruppen oder Großorganisationen aufgebauten Jugendorganisationen noch kleiner. Konflikte gewerkschaftlicher, parteipolitischer oder kirchlicher Jugendorganisationen mit den sie fördernden Institutionen (als deren Teil sie mit mehr oder minder großem Recht angesehen werden), weisen auf die diesen Jugendorganisationen oder -abteilungen von den sie integrierenden Institutionen zugewiesenen Funktionen hin. Rekrutierung für und Sozialisierung in die gegebenen Institutionen ist die recht klare Zielvorgabe, nicht aber eine die Möglichkeit von Abweichung in zentralen Fragen einschließende Selbständigkeit der *Jugend*organisation.

Wie W. *Schefold* in seiner umfassenden Problemstudie »Die Rolle der Jugendverbände in der Gesellschaft« (1972) feststellt, ist das Interesse der Sozialforschung an der Jugendarbeit gering gewesen und bisher geblieben. Insofern ist es schwierig, präzise und gesicherte Angaben darüber zu machen, welche Funktionen die Jugendorganisationen für diejenigen Jugendlichen erfüllen, die von ihnen erreicht werden, und in welchem Umfang dies stattfindet. Die Angaben der Jugendverbände, die sie selbst zu ihren Zielen und Leistungen machen, sind hierfür wenig geeignet. Die Formulierung ihrer Ziele geschieht häufig im Hinblick auf die Richtlinien, nach denen Finanzämter die Gemeinnützigkeit des Verbands (und damit die Steuerabzugsfähigkeit von Spenden) und Ministerien seine Förderungswürdigkeit entscheiden. Selbst wenn dies nicht der Fall wäre, wäre wie bei anderen Organisationen auch davon auszugehen, daß die formulierten Ziele nicht immer erreicht werden und die Verbandstätigkeit neben den beabsichtigten Erfolgen auch eine Reihe von unbeabsichtigten Folgen hat.

Die Funktionen, welche Jugendverbände erfüllen, können wir mit *Schefold* (1972:54) wie folgt untergliedern: die Jugendverbände können Beiträge leisten zur 1. Sozialisierung, 2. Plazierung und 3. sozialen Kontrolle der von ihnen erreichten Teilnehmer an ihren Aktivitäten, sowie 4. zur Mobilisierung der Jugendlichen als Interessen- und Konfliktgruppen beitragen. Für die jugendsoziologische Analyse ist es dabei nützlich, die Bedeutung der nicht explizit beabsichtigten Ergebnisse der Tätigkeit von Jugendorganisationen nicht über deren offiziellen Zielen zu vergessen oder zu vernachlässigen. Dies gilt besonders für den Bereich der Sozialisierung.

Die Ziele der Sozialisierung in Jugendverbänden sind je nach Ausrichtung des Verbands unterschiedlich. Verschiedene konfessionelle, gewerkschaftliche, politische oder andere Jugendorganisationen suchen die von ihnen erreichten Jugendlichen für ihre je unterschiedlichen Ziele und Wertorientierungen einzunehmen. Nach einem gemeinsamen Zielkatalog etwa von Gewerkschaftsjugend, katholischer Jugend, Sportjugend, Jungen Nationaldemokraten und Jungsozialisten, um nur einige wenige Organisationen beispielhaft zu nennen, zu suchen, wäre offenkundig unfruchtbar. Abgesehen von den expliziten Zielen und manifesten Ideologien gibt es jedoch eine nicht unbeachtliche Menge von Gemeinsamkeiten struktureller Art. Derartige Organisationen erleichtern die Interaktion von Jugendlichen verschiedenen Alters untereinander und ermöglichen damit Erfahrungen, welche ein nach dem Altersklassenprinzip organisiertes Schulsystem kaum noch zuläßt. Sie bieten den von ihnen erreichten Jugendlichen in einem bestimmten, abgesteckten Rahmen Möglichkeiten verantwortlichen Handelns und die zeitweilige Einnahme bestimmter Positionen und Rollen, welche außerhalb von Jugendorganisationen nicht oder nur unter Schwierigkeiten erreichbar sind; sie erleichtern die Einübung von Verhaltensweisen für Zusammenarbeit oder die Austragung von Konflikten unter – in manchen Jugendorganisationen vorhandenen – Bedingungen relativer Herrschaftsarmut und begrenzter Konsequenzen.

In welchem Ausmaß Selbsttätigkeit und Erprobung, Verantwortung und Initiative Chancen erhalten, dürfte von solchen Faktoren wie Größe der Organisation, Aktivitätsumfang und -häufigkeit, Intensität der Mitgliederteilnahme usw. abhängen. Für die Aktivisten, die innerhalb der Organisationen Funktionen übernehmen, scheint der Sozialisierungs»erfolg« beachtlich. Eines der Indizien hierfür ist in der Häufigkeit zu sehen, mit der ehemalige Funktionäre der Jugendarbeit Führungspositionen in den jeweiligen Erwachsenenorganisationen erringen. Die Bedeutung der Jugendabteilungen für diese Organisationen ist zu einem erheblichen Teil darin zu sehen, daß sie die Möglichkeit bieten, ein Potential an Funktionärsnachwuchs auszubilden und durch die Übernahme von Funktionen mit eigenständiger, aber in den Konsequenzen begrenzter Verantwortung in den Jugendabteilungen für verantwortlichere Aufgaben innerhalb der Gesamtorganisation vorzubereiten. Der in Jugendorganisationen durch Altersbegrenzungen der Mitgliedschaft häufigere Wechsel der Inhaber von Funktionärspositionen vermehrt die Zahl organisationserfahrener, bereits »bewährter« Kandidaten, unter denen die Erwachsenenorganisation auswählen kann.

Sind derartige Karrieremuster für die Beziehung zwischen einer Jugendorganisation und einer »Erwachsenenorganisation« gegeben, so nehmen die Möglichkeiten sozialer Kontrolle, welche für die Jugendorganisation gegeben sind, dementsprechend zu. Wichtigste Bedingung der Kontrolle über Jugendorganisationen ist insbesondere das Maß der materiellen Förderung durch die jeweilige »Erwachsenenorganisation«, welche der Jugendorganisation gezielt gewährt oder versagt werden kann. Daß die Jugendorganisation einem erheblichen Maß sozialer Kontrolle unterliegt, bedeutet freilich nicht notwendig, daß die Jugendorganisation selbst für ihre Mitglieder Funktionen sozialer Kontrolle mit erheblicher Intensität ausübt. Angesichts der Freiwilligkeit der Teilnahme und des relativ geringen Anteils der Organisationsaktivitäten im Zeitbudget der meisten jugendlichen Mitglieder ist das Arsenal der Mittel sozialer Kontrolle nicht eindrucksvoll. Es ist erheblicher, sofern die Organisation ihren Mitgliedern Leistungen (z. B. verbilligte Ferienreisen, die etwa als internationale Begegnungen mit staatlichen Zuschüssen gefördert sind usw.) anbieten kann, welche außerhalb der Organisation nicht oder nur zu wesentlich größeren Kosten verfügbar sind. Über die Wirksamkeit der Verwendung derartiger Mittel sozialer Kontrolle sind angesichts der Datenlage Aussagen in genereller Form kaum möglich.

Fraglich ist, ob die von den Jugendverbänden erfüllten Funktionen für sie als *Jugend*organisationen spezifisch sind; eine erst noch zu leistende Aufgabe wäre die Bestimmung des Unterschieds der Wirkungen von Jugendorganisationen und freiwilligen Vereinigungen überhaupt. Erst danach wären gesicherte Aussagen möglich, ob sich Jugendorganisationen in dieser Hinsicht von Organisationen allgemein durch mehr unterscheiden als die Altersgrenzen für die Mitgliedschaft.

Quantitativ gesehen erscheinen nicht spezifisch jugendbezogene Organisationen für Jugendliche ebenso bedeutsam zu sein wie die Jugendorganisationen. In der Bundesrepublik gehörten 1974 etwas über 60 % der 16- bis 20jährigen mindestens einer freiwilligen Vereinigung an; dieser Prozentsatz entspricht übrigens dem des Anteils der Mitglieder freiwilliger Vereinigungen in der erwachsenen Bevölkerung[22]. Die Untersuchung, der diese Angaben entnommen sind (siehe Tabelle 15), läßt für diese Jugendlichen eine Abgrenzung nach Jugendorganisationen und anderen Organisationen nicht mit der wünschenswerten Präzision zu.

Legen wir das erwähnte Ergebnis anderer Untersuchungen zugrunde, daß ca. 28 % der Angehörigen dieser Altersgruppe Mitglieder von Jugendorganisationen sind, so entspricht die Zahl der jungen Leute, die Jugendorganisationen angehören, etwa der Zahl, die nur anderen Organisationen angehört; zu berücksichtigen ist auch, daß ein Teil der Mitglieder von Jugendorganisationen auch Mitglied anderer Vereinigungen ist.

Tabelle 15

Alter		16–20	21–30	31–40	41–50	51–60	über 60
Zahl der Organisationen, denen Befragter angehörig ist	0	38 %	40 %	36 %	40 %	41 %	49 %
	1	36 %	36 %	30 %	28 %	30 %	27 %
	2	17 %	12 %	18 %	15 %	16 %	12 %
	3 und mehr	9 %	13 %	17 %	17 %	13 %	13 %
N =		470	305	510	476	375	634

Diese Zahlen deuten nicht auf einen Rückgang der Bedeutung der Jugendverbände hin. Die Anteile der Mitglieder der Jugendorganisationen entsprechen den Anteilen, welche aus der Zeit vor dem Ersten Weltkrieg und aus der Weimarer Republik aus statistischen Erhebungen berechnet werden können (vgl. *Siercks* 1913; *Mewes* 1929; *Rosenmayr* 1963).

Jugend- und Studentenverbände sind in den Ländern, in denen Ende der 60er Jahre Jugend- oder Studentenbewegungen erheblichen Umfangs sich äußerten, der teils beträchtlichen Einwirkung der Orientierung dieser Bewegungen ausgesetzt gewesen. Besonders sahen sich die Verbände und ihre Vorstände mit der Ablehnung des Repräsentationsprinzips konfrontiert; in vielen dieser Organisationen wurde – oft gegen das jugendverbandseigene »Establishment« – der Versuch der Reorganisation nach den Prinzipien direkterer Demokratie unternommen. Je ernster die Vorstellungen der Bewegungen genommen und je mehr sie in Verbänden zur allgemeinen Auffassung wurden, desto deutlicher wurde ihre Inkompatibilität mit den bisherigen Organisationsstrukturen. Resultat dieser Inkompatibilität war das (mehr oder weniger förmliche) Ende von solchen Organisationen wie den SDS in den USA[23], der UNEF in Frankreich, und Verband deutscher Studentenschaften (vds) und Sozialistischem Deutschen Studentenbund (SDS) in der Bundesrepublik. In manchen anderen Verbänden wurde unter weitgehender Beibehaltung der Strukturen das Führungspersonal durch ein den Vorstellungen der Bewegungen näherstehendes ausgetauscht; in anderen Jugendorganisationen paßte sich das Führungspersonal zumindest durch Verbalradikalisierung der Bewegung an.

Die Rolle der Jugendverbände in der Gesellschaft wird durch die Tatsache gekennzeichnet, daß diese im Wirkungsfeld der Bewegungen lagen; in keinem Fall haben die Verbände die Bewegungen entscheidend beeinflußt oder initiiert. Gegenteilige Äußerungen von Sprechern der Verbände sind erklärlich, aber unzutreffend.

In der Öffentlichkeit haben die Verbände wie die Bewegungen dieselbe Legimitationsbasis. Beide beanspruchten, Forderungen »der Jugend« bzw. »der Studenten« zu artikulieren. Soweit Forderungen und Artikulationsform von Massenmedien und Öffentlichkeit als legitim anerkannt und damit als Verlangen und Äußerungen von Jugend und Studenten pauschal definiert wurden, blieb den Repräsentanten zur Vermeidung von Legitimationskrisen keine andere Option, als sich diese Forderungen und ihr Vokabular zu eigen zu machen. Als »Sprecher der Jugend« konnten sie nur glaubhaft sein, wenn sie den Sprachschatz der Neuen Linken übernahmen.

5.4. Normative Erwartungen jugendlichen Verhaltens

Das Lebensalter eines Menschen steuert in bestimmtem Umfang die sozialen Erwartungen, die sich auf ihn richten. Diese Erwartungen enthalten nicht nur eine Vorstellung davon, was dieser Mensch eines bestimmten Alters wahrscheinlich tun wird und wie er sich wahrscheinlich verhalten wird, sondern sie implizieren auch eine Vorstellung davon, wie er sich zu verhalten habe, was er tun und lassen solle. Die Erwartungen, die sich auf bestimmte Lebensalter richten, sind also auch *normative* Erwartungen; die Verletzung solcher normativer Erwartungen wird zumindest verbal mißbilligt. Diese Mißbilligung ist in einer Bezeichnung des Verhaltens eingeschlossen, die das tatsächliche Verhalten eines Menschen mit dem normalen Verhalten einer anderen Altersgruppe gleichsetzt.

So werden Kinder als altklug bezeichnet, wenn sie sich nicht kindgemäß verhalten, d. h. Antworten und Stellungnahmen von sich geben, statt wißbegierig Fragen stellen. Ein 16jähriger, der es an der erwarteten jugendlichen Dynamik fehlen läßt, läuft Gefahr, ein mißbilligendes »Du Opa« zu hören. Offenkundig Erwachsene, welche sich an »jugendlichen« Protestaktivitäten beteiligen, laufen Gefahr, entweder als noch unreif oder schon senil bezeichnet zu werden. Eine Fülle von derartigen normativen Erwartungen richtet sich auf das Jugendalter. Diese normativen Erwartungen sind in der schöngeistigen Literatur ebenso zu finden wie im Alltag. Normative Erwartungen sind aber als normativ oft nur zu erkennen, wenn die Norm durchbrochen wurde. Werden die Normen eingehalten, so erscheinen sie als bloße Beschreibung von Verhaltensformen, welche doch »natürlich« seien. (Dieser Doppelcharakter von Normen und normativen Erwartungen wird deutlich in Redewendungen wie »das tut man nicht«. Eine derartige Wendung beschreibt anscheinend nur, daß man dieses nicht tut; Ziel des Gebrauchs derartiger Redewendungen ist jedoch zumeist, zu unterbinden, daß jemand das tut, was man doch »nicht tut«, wie die Redewendung weiß.)

So äußerte schon *Aristoteles*[24], daß junge Leute »übertriebene Vorstellungen haben, weil sie noch nicht vom Leben erniedrigt wurden oder seine notwendigen Begrenzungen erfuhren. Ihr Leben wird mehr durch moralisches Gefühl als durch Verstand bestimmt«. Ähnlich meinte *Goethe* in aphoristischer Kürze, daß der Jugendliche Idealist sei, der Erwachsene dagegen Skeptiker[25].

Die Liste von Literaturzitaten, welche die Erwartung idealistischen Überschwangs, jugendlichen Sturm und Drangs zum Ausdruck bringen, ließe sich fortsetzen. Statt dies zu tun, sei hier nur darauf verwiesen, daß derartige normative Vorstellungen als quasinatürliche Kategorie zuweilen auch von Soziologen und Jugendsoziologen verwendet werden. Der Jugendsoziologe F. *Musgrove* z. B., der zu denen gehört, die Vorstellungen von der Natürlichkeit des Jugendalters am nachdrücklichsten bestritten haben, verwendet nichtsdestoweniger zuweilen derartige quasi-natürliche Kategorien, wenn er z. B. davon schreibt, daß die moderne Jugend (1964) oft »in Gefahr sei, sich mit 20 so zu benehmen wie vorsichtige alte Männer«. Und wie sehr diese normativen Erwartungen akzeptiert sind, zeigen auch viele andere jugendsoziologische Untersuchungen aus den 50er Jahren und Anfang der 60er Jahre. Wenn in diesen Untersuchungen politische Apathie, Materialismus und mangelnder Idealismus der Jugendlichen festgestellt wurde, so war dies explizit oder implizit mit der Feststellung verbunden, daß sich diese Jugend der 50er Jahre gar nicht so verhalte, wie man das von Jugendlichen erwarte oder gewohnt sei (H. *Schelsky* 1957; *Goldsen* et al. 1960; F. *Musgrove* 1964).

Inhaltsanalysen von Veröffentlichungen und literarischen Texten[26] könnten belegen, welche Vorstellungen sich mit Jugend verbinden. Unter den vielfältigen normativen Erwartungen, welche sich auf Jugendliche richten, ist die Erwartung jugendlicher Abweichung für die Jugendsoziologie von besonderer Bedeutung. Es gilt, diese Erwartungen empirisch zu untersuchen, statt sie als quasi-natürliche Verhaltensbeschreibung mißzuverstehen.

Diese Erwartung jugendlicher Abweichung ist implizit in der Aussage, daß Jugendliche Idealisten, Erwachsene dagegen Skeptiker seien. Jugendliche Anpassung an das Bestehende verletzt diese Norm; eine Jugendgeneration, die als besonders angepaßt erschien, wurde von H. *Schelsky* nicht zuletzt auch deswegen als skeptische Generation bezeichnet, weil diese Bezeichnung zum Ausdruck brachte, wie wenig jugendlich und wie sehr erwachsen diese junge Generation doch sei. Ausdrückliche Erwartungen von jugendlichem Idealismus, jugendlicher Begeisterung für hehre Ziele und moralische Gefühle beinhalten auch, daß all diese Merkmale für Erwachsene eher unangemessen sind. Demgegenüber wäre rationale Überlegung, Vorsicht und überlegtes Kalkül ein Verhalten, das Jugendlichen schlecht anstünde. Dementsprechend wird von Jugendlichen erwartet, daß sie auch über das Ziel »hinausschießen«; freilich wird auch gewünscht, daß sie das Ziel in der richtigen Richtung suchen. In gewisser Weise ist es eine Vorstellung, die von Jugendlichen erwartet, das zu tun, was die Erwachsenen (jedenfalls die Erwachsenen, die dergleichen zum Ausdruck bringen) gern selbst tun möchten, wozu sie sich aber als nüchterne, erfahrene, abgeklärt und müde gewordene Erwachsene nicht mehr in der Lage sehen. Es ist eine merkwürdige Art von Abweichung, welche von Jugendlichen erwartet und zuweilen verlangt wird: Abweichung ja, aber in der richtigen Richtung, eine abweichende Konformität.

Dieser merkwürdige Doppelcharakter der Erwartung von Abweichung in einer akzeptierten Richtung ist am deutlichsten sichtbar in Äußerungen aus den 50er Jahren und den frühen 60er Jahren. In akademischen Festreden wie intellektuellen Bemerkungen zu Fragen der Zeit wird der damaligen Jugend vorgeworfen, ihr fehle es an Idealismus, Aktivitätsbereitschaft und kritischem Engagement. Die Jugend wird dafür getadelt, daß es ihr an dem fehle, was doch Merkmal von Jugend sei oder sein müsse: Idealismus, Aktivität, Kritik. Die gleichen Reden weisen freilich in der Regel darauf hin, woran Kritik zu üben sei. Es wird erwartet, daß Jugend, wenn sie sich jugendgemäß benähme, die gleiche Kritik vortragen würde, die dem jeweiligen Sprecher so sehr am Herzen liegt, welche er aber als konformer Erwachsener in jener drastischen Form zu artikulieren nicht in der Lage ist, wie es Jugendlichen besser anstünde. Anfang der 50er Jahre gab z. B. der als Jugendtheoretiker höchst einflußreiche Pädagoge E. *Spranger* seiner Enttäuschung über die damalige Jugend so Ausdruck: »Verlust der Heimat, Verlust des einheitlichen Vaterlandes, Zerreißung der Familien, Bedrohung der persönlichen Freiheit und der Unabhängigkeit des eigenen Staates, eine von Fiktionen getragene Wirtschaftslage, weitest getriebener Unfug mit völlig unproduktiven Dingen wie Meetings und Scheinkongressen – es sind nur herausgegriffene Stichworte, aber in ihrer Gesamtheit zielen sie auf einen Zustand einer Welt, von der ich mir nicht vorstellen kann, daß ich ihn in jungen Jahren ertragen hätte, ohne in die äußerste Aufwallung zu geraten; ... kurz: ich vermisse eine Jugendideologie, die von den öffentlichen Angelegenheiten herausgepreßt wäre und zu ihnen Position bezöge.« (E. *Spranger* 1953) Diese Stellungnahme *Sprangers*, welche übrigens von *Schelsky* mit eingeschränkter Zustimmung zitiert wird[27], ist nur ein Beispiel derartiger Äußerungen. Sie unterscheiden sich in der Regel dadurch voneinander, daß Sprecher verschiedener politischer Orientierung unterschiedliche Vorschläge machen, wie Jugend sich zu artikulieren habe; gemeinsam ist solchen Äußerungen jedoch, daß einerseits jugendliche Abweichung von den für Erwachsene geltenden Normen gefordert wird, andererseits jedoch die Richtung der Abweichung mit den Wertvorstellungen und Zielen des jeweiligen Sprechers übereinstimmen soll.

In vergleichbaren Äußerungen aus der zweiten Hälfte der 60er Jahre findet sich eine Vielzahl weiterer Belege für das Vorhandensein dieser Norm für jugendliche Abweichung. In Äußerungen von Politikern und Publizisten wird in Reaktion auf die Studentenunruhen festgestellt, Abweichung und Kritik sei etwas, was Jugendlichen wohl anstünde.

In der Regel wird jedoch betont, daß es zwar Sache der Jugend sei, Kritik an vorgefundenen Arrangements zu äußern, und daß auch in der vorhandenen Gesellschaftsordnung vieles für Kritik Anlaß biete. Im selben Atemzug werden freilich häufig die konkreten Proteste von Jugendlichen und Studenten scharf kritisiert oder verurteilt (vgl. *Allerbeck* 1973: 235 ff.). In Kritik und Urteilen solcher Art wird in der Regel auf die Norm jugendlicher Abweichung Bezug genommen; es werden ausführliche Anstrengungen unternommen, um darzustellen, daß diese Art jugendlichen und studentischen Verhaltens nicht übereinstimme mit den spezifischen Normen jugendlichen Verhaltens: jugendliche Abweichung sei im Prinzip richtig, aber hier stimme die Richtung nicht (etwa deswegen, weil diese Richtung von angeblichen Rädelsführern und Manipulatoren bestimmt sei, welche natürliche Bedürfnisse von Jugendlichen gewissermaßen in die falschen Bahnen lenkten).

So wichtig derartige Reden und literarische Dokumente in diesem Zusammenhang auch sind, aus ihnen ist nicht zu entnehmen, in welchem Ausmaß diese Norm jugendlicher Abweichung von der überwiegenden Mehrzahl der Bevölkerung tatsächlich geteilt wird. Wir wissen auch nicht, welche Rolle diese normativen Erwartungen im Alltag spielen und in welchem Umfang Jugendliche mit ihrem Vorhandensein rechnen können. Das Instrument der Repräsentativumfrage ist geeignet, sowohl die aktive Verwendung als auch die bloße Billigung der Norm jugendlicher Abweichung zu ermitteln und quantitativ zu beschreiben. Eine im Jahre 1972 im Bundesgebiet durchgeführte Umfrage kleineren Umfangs[28] enthielt die Frage: »Darüber, wie sich Jugendliche heute verhalten sollen, gibt es ja verschiedene Meinungen. Manche Leute sagen, in der Jugend solle man sich auf das Erwachsenenleben vorbereiten, und deswegen sollten sich Jugendliche auch wie verantwortungsbewußte Erwachsene benehmen. Andere meinen, zum Jungsein gehört es eben, idealistisch zu sein und das Bestehende radikal in Frage zu stellen und auch schon einmal über die Stränge zu schlagen. Was ist Ihre Meinung: Auf welchem Lebensgebiet sollten sich Jugendliche so wie Erwachsene verhalten, und wo sollte man von ihnen ein anderes Verhalten erwarten als von Erwachsenen?«

Die Vielfalt der Antworten auf diese Frage ist eindrucksvoll. Einige Befragte äußern die Ansicht, Jugendliche hätten sich überhaupt so zu verhalten wie Erwachsene, und sehen kein Lebensgebiet, wo jugendliche Abweichung am Platz wäre; die Vorstellungen einer beträchtlichen Zahl einer anderen Gruppe von Befragten sind am besten damit gekennzeichnet, daß diese jugendliche Abweichung dort begrüßt und für richtig hält, wo sie im Grunde folgenlos bleibt und auf die betroffenen Jugendlichen selbst sich beschränkt (»dort, wo sie unter sich sind«; »in der Mode, beim Tanz, auf dem Sportplatz«); eine weitere Gruppe von Befragten nennt schließlich ausdrücklich den Bereich der Politik und der Gesellschaftskritik als ein Gebiet, wo Jugendliche von Erwachsenen sich zu unterscheiden hätten.

Im Zusammenhang mit unserer Fragestellung nach den normativen Erwartungen, die Jugendlichen entgegengebracht werden, ist die Erwartung jugendlicher Abweichung im Bereich politischer und sozialer Kritik von Interesse. Die Antworten auf die gestellte Frage wurden danach gruppiert, ob darin die Erwartung politischer und sozialer Kritik durch Jugendliche ausgedrückt wurde oder nicht. Wird diese Erwartung, welche in Festreden und Leitartikeln häufig ausgesprochen wird, in allen sozialen Gruppen und Schichten geteilt, oder ist diese Erwartung eine Vorstellung, deren sozialer Ort wesentlich weniger generell ist? Nach dem, was über die Abhängigkeit des Phänomens Jugend selbst von der sozialen Schichtung festgestellt wurde, wäre davon auszugehen, daß normative Erwartungen jugendlicher Abweichung überwiegend dort vorzufinden wären, wo das soziale Arrangement Jugend selbst eine konkrete Realität bedeutet: in Mittelschicht und Oberschicht. Eine Aufgliederung der gruppierten Antworten auf die Frage nach den Bereichen, in denen Jugendliche sich anders als Erwachsene zu verhalten hätten, zeigt, daß diese Vermutung zutrifft. Die Erwartung jugendlicher Abweichung auf dem Gebiet politischer und sozialer Kritik kommt unter Befragten der Mittel- und Oberschicht wesentlich häufiger vor als sie von Befragten der Unterschicht und unteren Mittelschicht artikuliert wird. Die Unterschiede der Antworten verschiedener sozialer Schichten sind beachtlich. Die normative Erwartung politischer und sozialer Kritik durch Jugendliche wird von Befragten der Mittelschicht wesentlich häufiger zum Ausdruck gebracht als von Angehörigen derjenigen sozialen Schichten, in denen Jugend im eigentlichen Sinne keine unmittelbar sichtbare soziale Realität darstellt. Dies gilt sowohl für die jüngeren als auch für die älteren Befragten. Es ist deutlich, daß die Wahrnehmung und der aktive Gebrauch der Vorstellung, Jugendliche hätten politische und soziale Kritik zu äußern, unter jüngeren Befragten häufiger aufzufinden ist als unter älteren. Aber sowohl unter jüngeren wie unter älteren Befragten ist diese Vorstellung in der Mittelschicht wesentlich verbreiteter als in der Unterschicht und in der unteren Mittelschicht. Der Zusammenhang zwischen aktivem Gebrauch der normativen Erwartung jugendlicher Abweichung in dieser Hinsicht und sozialer Schicht ist von beachtlichem Umfang, wie Korrelationskoeffizienten zeigen; unter den jüngeren Befragten ist die Korrelation, gemessen durch den Koeffizienten Yules' Q, + 0.52, unter den älteren Befragten ist der Zusammenhang + 0.56. Dabei ist zu beachten, daß unter den älteren Befragten diejenigen, die die Erwartung politischer und sozialer Kritik spontan ausdrücken, eine Minderheit wenn auch beträchtlichen Umfangs (36 % der befragten Mittelschichtsangehörigen) darstellen[29].

Zustimmung zu diesen normativen Erwartungen ist freilich nicht auf diejenigen beschränkt, die davon spontan und aktiv Gebrauch machen. Es wäre zu erwarten, daß der Anteil derjenigen, welche solchen normativen Erwartungen zustimmen, sofern diese von anderen geäußert werden, größer ist als der Anteil derer, die von diesen normativen Erwartungen selbst Gebrauch machen und diese zum Ausdruck bringen. Diese Erwartung wird bestätigt durch die Ergebnisse einer anderen Umfrage kleineren Umfangs, die 1973 in Westdeutschland durchgeführt wurde. Es wurden für diese Umfrage zwei Sätze ausgewählt, welche verschiedene, aber aufeinander bezogene Komponenten der Erwartung jugendlicher Abweichung in der politischen und sozialen Sphäre zum Ausdruck brachten; diese Komponenten sind einmal Idealismus und Fehlen von Vorsicht, was die gelegentliche Überschreitung bestehender Regeln zum Zwecke höherer Ziele impliziert, und radikale Kritik vorhandener sozialer Arrangements und Institutionen. Die Sätze, die den Befragten vorgelegt wurden, lauteten: »Wenn Jugendliche in ihrem Protest gelegentlich über das Ziel hinausschießen und dabei möglicherweise auch gegen Gesetze verstoßen, so ist das nur natürlich.« Der zweite Satz lautete: »Die Jugend sollte immer den gegenwärtigen Stand der Dinge radikal in Frage stellen.«

Die Analyse dieser Umfrage zeigt, daß die passive Zustimmung zu der normativen Erwartung jugendlicher Abweichung weiter verbreitet ist als der aktive eigene Gebrauch und Ausdruck dieser Erwartung. Dabei zeigt sich das gleiche charakteristische Muster der verschiedenen Unterstützung je nach sozialer Schicht, das sich bereits bei der Auswertung der offenen Frage nach den Lebensbereichen zeigte, in denen sich Jugendliche von Erwachsenen zu unterscheiden hätten. Die Zustimmung zu beiden Items ist unter den Befragten aus den gehobeneren sozialen Schichten wesentlich häufiger als dort, wo Jugend als soziales Arrangement keine eigene unmittelbar erfahrbare Realität darstellt.

Der Zusammenhang der Zustimmung zu diesen Sätzen mit der sozialen Schicht der Befragten ist noch stärker als der Zusammenhang zwischen sozialer Schicht der Befragten und dem aktiven Gebrauch der normativen Erwartung jugendlicher Abweichung es war; die Korrelationskoeffizienten sind + 0,8 und + 1,0. Die Repräsentativuntersuchungen, auf denen diese Aussagen beruhen, sind relativ kleinen Umfangs; größere Untersuchungen sind erforderlich, um diese Zusammenhänge zu erhärten und präziser zu quantifizieren. Eines wird aber schon aus diesem nicht sehr umfangreichen Datenmaterial mit großer Klarheit deutlich: Die normative Erwartung jugendlicher Abweichung ist schichtspezifisch.

Die Schichtspezifität dieser normativen Erwartung jugendlicher Abweichung mag erklären, warum in der Arbeiterschaft die Ablehnung der als Jugendbewegung verstandenen Studentenbewegung und Jugendunruhen wesentlich stärker war als in Mittel- und Oberschicht; die Theorien der an diesen Aktivitäten beteiligten Jugendlichen hätte ja eher das

Gegenteil erwarten lassen. Die Schichtspezifität der Unterstützung der normativen Erwartung jugendlicher Abweichung vermag dieses zunächst überraschende Ergebnis zu erklären, ohne daß eine vorschnelle Revision von Theorien und Aussagen über den Zusammenhang zwischen Sozialstruktur und Unterstützung fortschrittlicher sozialer Bewegungen erforderlich wäre. Was auch immer der Inhalt politischer Vorstellungen von Studentenbewegungen sein mag: solange sie abweichen, entsprechen sie zugleich der normativen Erwartung jugendgemäßen Verhaltens, welche in der Mittelschicht, nicht aber in der Arbeiterschaft ihren sozialen Ort hat. Was Umfragen in der zweiten Hälfte der 60er Jahre und Anfang der 70er Jahre in europäischen Ländern ebenso wie in Nordamerika zeigen, daß die Unterstützung für die Studentenbewegung unter Angehörigen der Oberschicht und der unteren Mittelschicht häufiger ist als unter Angehörigen der Arbeiterschaft, ist nicht – so wie der amerikanische Politologe R. *Inglehart* (1971) es versucht – dadurch zu erklären, daß die Anhänger politischer und sozialer Veränderungen im Sinne der Vorstellungen der Linken nun häufiger in oberen sozialen Schichten zu finden seien, während die Arbeiterschaft demgegenüber zu einer konservativen Orientierung neige. Dementsprechend bringt *Inglehart* auch keine Belege für die behauptete unterschiedliche Unterstützung konkreter progressiver oder sozialistischer politischer Forderungen in den verschiedenen sozialen Schichten. Es handelt sich um eine bloße Hilfskonstruktion zur Erklärung des scheinbar so überraschenden Befunds, daß die für die abweichende Betätigung der Kinder der höheren Schichten in diesen Schichten das Verständnis größer ist als unter der Arbeiterschaft.

Eine inhaltlich ganz gegenteilige, aber ebenso durch Daten nicht gestützte Hilfskonstruktion zur Erklärung dieses Sachverhalts wurde von H. *Kreutz* (1974) vorgeschlagen. *Kreutz* sucht die von ihm zitierten Ergebnisse des französischen Meinungsforschungsinstituts *Sofres*, welche die bekannte größere Sympathie des Bürgertums für die Jugendbewegung der sechziger Jahre wiedergeben, mit einem »Führungsanspruch der erwachsenen Arbeiter und ihrer Organisationen« (1974: 68) zu erklären, als ob die Parteilinie kommunistischer oder sozialdemokratischer Parteien in dieser Frage einen entscheidenden Einfluß auf die Meinungen der Arbeiterschaft habe: das Gegenteil ist von der empirischen Sozialforschung aufs gründlichste dokumentiert; so weisen *Converse* und *Pierce* (1971) in einer gründlichen empirischen Analyse nach, wie relativ gering die Gefolgschaftstreue der französischen Arbeiterklasse gegenüber dem großen kommunistischen Gewerkschaftsbund CGT während der Maiunruhen 1968 war.

Die empirisch nicht gesicherten Konstruktionen von *Inglehart*[30] sind ebenso überflüssig für eine Erklärung des vermeintlich neuen Phänomens wie die empirisch widerlegten Hilfskonstruktionen von *Kreutz*. Vielmehr erklären sich die schichtspezifischen Reaktionen auf die Studenten- und Jugendbewegungen vor allem durch die je schon vorhandenen schichtspezifischen Vorstellungen von angemessenem jugendlichen Verhalten. Je größer die Übereinstimmung der Bewegung mit diesen normativen Erwartungen ist, desto größer ist auch die Zustimmung, die sie erfährt.

6. Jugend als Subjekt von Kontinuität und Veränderung

Jugendliche wurden bisher vorwiegend als Gegenstand der Einwirkung gesellschaftlicher und staatlicher Institutionen betrachtet, welche zum Ziel hat, die Jugendlichen in die Gesellschaft nach den Vorstellungen der jeweiligen Institutionen einzugliedern. Diese Perspektive ist freilich nicht vollständig. Sie ist zu ergänzen durch die Untersuchung der Intentionen und Verhaltensweisen, mit denen Jugendliche auf das, was sie als gesellschaftliche und staatliche Arrangements vorfinden, reagieren. Die Spannweite möglicher jugendlicher Reaktionsformen auf das je Vorgefundene reicht hierbei von dem Bemühen nach möglichst reibungsloser Einpassung in die vorgefundenen Verhältnisse bis zu revolutionärem Bemühen um Umgestaltung der Verhältnisse nach den je eigenen Vorstellungen.

6.1. Das Verhältnis von Jugend und Politik

Die Vielfalt der Erscheinungsformen jugendlicher Haltungen zur Politik wird deutlich, wenn man jugendsoziologische Analysen aus den 50er und 60er Jahren betrachtet, welche heute merkwürdig antiquiert anmuten, obwohl sie z. T. kaum mehr als zehn Jahre alt sind. Der Konsens derjenigen, welche als Jugendsoziologen in verschiedenen Ländern Jugendliche untersuchten, ist eindrucksvoll. Die Äußerungen der Jugendsoziologie dieser Zeit sind einhellig.

»Jugend ist bemüht, sich dieser Gesellschaft möglichst früh zu integrieren, um an ihren Möglichkeiten voll teilhaben zu können. Anpassung ist das dominante Verhaltensmuster. Damit gelingt es der Gesellschaft, die Nachfolger zu bejahenden Mitspielern im Sinne des vorgefundenen Systems zu gewinnen.« So faßte Viggo Graf *Blücher* seine Untersuchungen über die westdeutsche Jugend in der ersten Hälfte der 60er Jahre zusammen.

Er stand damit keineswegs allein. Zuvor hatte H. *Schelsky* in seiner Untersuchung der skeptischen Generation das Fehlen politischen Engagements in der Jugend der 50er Jahre in Westdeutschland festgestellt und ihre Konformität mit dem, was als Gesellschaft gegeben war, konstatiert. In Italien sprachen Jugendsoziologen von der 3-M-Jugend, welche sich überwiegend für Autos, Beruf und Frau (nicht notwendig in dieser Reihenfolge) interessiere[1]. Äußerungen amerikanischer und britischer Jugendsoziologen über die Jugend ihrer Länder zur gleichen Zeit waren zu gleichen Befunden gekommen. Soweit in den sozialistischen Ländern wie z. B. in Polen Untersuchungen über politische Einstellungen von Jugendlichen durchgeführt wurden, so kamen auch diese zu dem Ergebnis, daß das politische Engagement der jungen Generation gering sei und ihre Anpassung an das vorgefundene sozialistische System nicht durch irgendeinen ideologischen Eifer gekennzeichnet sei[2]. Von derartigen Resultaten wurde unterstellt, sie gälten für die Jugend insgesamt; Unterschiede etwa zwischen Studenten und Gleichaltrigen wurden in der Regel nicht untersucht oder nicht für wesentlich gehalten. Die Untersuchungen waren in der Regel so angelegt, daß Aussagen über Verschiedenheiten und Ähnlichkeiten solcher Teilmengen der damaligen Jugend nicht möglich waren. In der Regel wurde von einer dieser Teilmengen auf Jugend insgesamt geschlossen. Derartige Aussagen wurden akzeptiert, weil der Augenschein ihnen nicht widersprach und diese Aussagen sich innerhalb des Konsenses der damaligen Jugendsoziologie bewegten.

In der zweiten Hälfte der 60er Jahre wurde der Kontrast zwischen dem Verhalten verschiedener Teilmengen der Jugend außerordentlich deutlich. In Deutschland konnte M. *Kaase* (1971 a, b) in einer Untersuchung im Jahre 1968 nachweisen, daß es außerordentlich große Unterschiede zwischen Studenten einerseits und der nicht-akademischen Jugend andererseits gab; die nicht-akademische Jugend war in vieler Hinsicht den Erwachsenen zum gleichen Zeitpunkt wesentlich ähnlicher – in Einstellungen, Meinungen und Verhalten – als den studierenden Jugendlichen.

Die nicht-akademische Jugend zeigte sich als wesentlich weniger engagementsbereit als die studentische Jugend, war wesentlich unkritischer gegenüber Gesellschaft und Politik und gekennzeichnet durch die Meinungen und Einstellungen, die auch große Teile der Erwachsenen in der BRD zu diesem Zeitpunkt kennzeichneten. Besonders deutlich werden diese Kontraste am Beispiel der Einstellungen zum Nationalsozialismus. Während für die Studentenschaft eine scharfe Ablehnung des Nationalsozialismus kennzeichnend ist und dieses Thema für die Studentenschaft Bedeutung hat, ist die Bedeutsamkeit dieses Themas für die nicht studierende Jugend so gering wie für die Erwachsenen, und die Ablehnung des nationalsozialistischen Regimes ist nicht ausgeprägter als bei den Erwachsenen. Wie »erwachsen« die nicht-akademische Jugend war, geht aus dem Resultat hervor, daß eine Mehrzahl (51 %) der Aussage zustimmte, den Jugendlichen gehe es zu gut und straffe Disziplin tue not.

Kaases Untersuchung stellt in der BRD die erste systematische Umfrage dar, die durch ihre Anlage erlaubt, mit einem hohen Maß von Zuverlässigkeit Aussagen über Differenzen zwischen Erwachsenen und Jugendlichen einerseits und Jugendlichen insgesamt und der studentischen Jugend andererseits zu machen. Eine dieser vergleichbaren Untersuchung hat seither in der BRD nicht stattgefunden. Allerdings gibt es mehrere Untersuchungen, durchgeführt in den Jahren 1970, 1971 und 1974, die wenigstens einen systematischen Vergleich von Jugend und Erwachsenen zulassen. Deren Ergebnisse deuten darauf hin, daß seit 1968 ein Wandel stattgefunden hat. Die nichtakademische Jugend ist in verschiedener Hinsicht der akademischen Jugend ähnlicher geworden; die Unterschiede zwischen Jugendlichen und Erwachsenen haben zugenommen. Nach den Untersuchungen von *Jennings* (1973) ist die Bereitschaft der Jugendlichen, autoritär klingenden Aussagen, welche nach Ruhe, Ordnung und Disziplin verlangen, zuzustimmen, wesentlich kleiner als die Bereitschaft der Erwachsenen, sich derartige Aussagen zu eigen zu machen.

Das Verlangen der Jugendlichen nach Veränderung der politischen und sozialen Verhältnisse war wesentlich stärker als das der gleichzeitig mit den gleichen Instrumenten befragten Erwachsenen.

1974 zeigt sich, daß die Teilnahmebereitschaft von Jugendlichen an Protestaktivitäten aller Art wesentlich größer ist als die Bereitschaft von Erwachsenen, sich an solchen Aktionen zu beteiligen; noch ausgeprägter sind die Unterschiede, was die Zustimmung oder Ablehnung von verschiedenen Ausdrucksformen von Protest angeht[3]. Eindeutig autoritäre Maßnahmen von Regierung und Behörden werden von den Jugendlichen wesentlich häufiger abgelehnt als von Erwachsenen. Und Jugendliche und Erwachsene in der BRD unterscheiden sich 1974 auch dadurch, daß sie die politischen Etiketten »*links*« und »*rechts*« unterschiedlich bewerten; links ist für Jugendliche öfter ein positives Attribut als für Erwachsene. Zwar ist es keineswegs so, daß alle Jugendlichen »links« für etwas Positives und alle Erwachsene »rechts« für etwas Positives hielten; die Verteilungen für Erwachsene und Jugendliche überlappen sich in beträchtlichem Umfang. Aber die Unterschiede zwischen Erwachsenen und Jugendlichen sind nichtsdestoweniger unverkennbar.

Im Hinblick auf andere Fragen, welche die Unzufriedenheit mit politischen und gesellschaftlichen Verhältnissen indizieren, sind die Unterschiede zwischen Erwachsenen und Jugendlichen im Jahre 1974 in der BRD jedoch außerordentlich gering bzw. gar nicht vorhanden. Etwa $^2/_3$ aller Befragten – der Jugendlichen wie der Erwachsenen – sind der Auffassung, daß es in der BRD Gruppen gibt, welche unterprivilegiert sind, und ebenso meinen $^2/_3$ der Befragten, von Erwachsenen wie Jugendlichen, daß es Bevölkerungsgruppen gibt, die mehr haben und erhalten, als ihnen eigentlich zustünde, gerechterweise. Allgemein gehaltene Artikulationen von Unzufriedenheit und Mißbilligung der politischen Gegebenheiten finden eine relativ breite Zustimmung, unter Erwachsenen wie unter den Jugendlichen.

Weder Erwachsene noch Jugendliche vermuten, daß sich die Politiker viel darum kümmern, was Leute wie sie denken; sie sind überwiegend der Meinung, daß die Abgeordneten im Bundestag im allgemeinen ziemlich schnell den Kontakt mit dem Volk verlieren. Die Behauptung, daß Parteien nur die Stimmen der Wähler wollen, ihre Ansichten dagegen die Parteien nicht interessieren, findet ebenfalls die Zustimmung eines großen Teils der jugendlichen und erwachsenen Befragten. Daß Politiker, Bundestagsabgeordnete oder Minister im allgemeinen immer die Wahrheit sagen, wird nur von einer kleinen Minderheit der jugendlichen wie erwachsenen Befragten unterstellt.

Die Unterschiede zwischen Erwachsenen und Jugendlichen scheinen nicht so sehr in der Bewertung der politischen Verhältnisse zu liegen. Die wesentlichen Unterschiede sind darin zu sehen, daß Jugendliche mehr als Erwachsene im Jahre 1974 sich andere Verhältnisse vorstellen können und bereit sind, sich dafür zu engagieren; sie sehen wesentlich mehr Möglichkeiten, ihre Meinungen zur Geltung zu bringen. Die Zustimmung zu Aussagen wie »Leute wie ich haben so oder so keinen Einfluß darauf, was die Regierung tut«, »Neben dem Wählen gibt es keinen anderen Weg, um Einfluß darauf zu nehmen, was die Regierung tut«, »Manchmal ist die ganze Politik so kompliziert, daß jemand wie ich gar nicht versteht, was vorgeht« ist unter Jugendlichen weitaus weniger häufig als unter Erwachsenen. Der gleiche Sachverhalt zeigt sich auch in den Einstellungen zu verschiedenen Arten von Artikulation von Protest, welche unter Jugendlichen mehr Zustimmung finden als unter Erwachsenen. Die Unterschiede hier scheinen ausgeprägter im Bereich der nicht-konventionellen politischen Partizipation; was die konventionellen Mittel politischer Teilnahme angeht, so sind die Unterschiede zwischen Erwachsenen und Jugendlichen weitaus weniger groß.

Im Zusammenhang der Diskussionen über die Senkung des Wahlalters von 21 auf 18 Jahre, welche im letzten Jahrzehnt in verschiedenen Ländern intensiver geführt wurden, wurde häufig unterstellt, daß sich das Wahlverhalten der Jungwähler beträchtlich von dem der älteren Wähler unterscheide. Erwartungen, wie sich das Verhältnis der Parteien durch die Ermöglichung der Beteiligung jüngerer Wähler verschieben würde, spielten bei dieser Diskussion eine wichtige Rolle. Nach der Senkung des Wahlalters ist es durch die repräsentative Wahlstatistik jedenfalls für die Bundesrepublik Deutschland möglich anzugeben, ob diese Erwartungen unterschiedlichen Wahlverhaltens gerechtfertigt waren oder nicht.

Die repräsentative Wahlstatistik für die Bundestagswahl 1972 erbrachte das Ergebnis, daß die Anteile der SPD und FDP-Wähler unter den jüngeren Wählern – sowohl männlichen wie weiblichen – um etwa

10 % größer waren als die Anteile der Wähler dieser Parteien an der Gesamtheit der Wähler.

Tabelle 16: Jungwählerverhalten bei der Bundestagswahl 1972 (im Vergleich zu Wählern insgesamt)

Männer	SPD	CDU/CSU	FDP
unter 25	54,3	34,7	9,6
insgesamt	46,9	43,0	8,8
Frauen			
unter 25	55,1	35,9	8,5
insgesamt	45,7	46,0	7,7

Während ein in diesem Umfang abweichendes Wahlverhalten ausreichen mag, um eine Wahl bei einem knappen Stimmenverhältnis beider Lager zu entscheiden, ist der Umfang der Abweichung keineswegs ausreichend, um von einem dramatisch abweichenden Wahlverhalten der jungen Generation im Jahre 1972 zu sprechen; die Ähnlichkeit der Größenordnungen der Parteien unter den Jungwählern mit der unter der Wählergesamtheit ist ausgeprägt, die Abweichung nur graduell.

Vergleicht man die repräsentative Wahlstatistik der Bundestagswahl 1972 mit den repräsentativen Wahlstatistiken von bisherigen Landtagswahlen, bei denen 18- bis 21jährige wahlberechtigt waren, so stellt die Bundestagswahl den Fall mit der größten Abweichung der Jungwähler dar. Versteht man die Wahlentscheidung als Entscheidung zwischen politischen Alternativen in bestimmten Bereichen, die bei der jeweiligen Wahl als zentral erscheinen, so entsprechen diese Wahlergebnisse in gewisser Weise den oben diskutierten Umfrageergebnissen. Nach diesen wäre zu erwarten, daß die Unterschiede zwischen jüngeren und älteren Wählern am größten sind, wenn die Wahl Merkmale moralischer Entscheidung aufweist und die Parteien den Etiketten »links« und »rechts« relativ eindeutig zugeordnet sind; wo diese Unterschiede weniger deutlich und eindeutig sind und die Wahlentscheidung sich eher als eine Auswahl unter Politikern unterschiedlicher Kompetenz, aber nicht entscheidend verschiedener Glaubensbekenntnisse darstellt, dürfte danach das Wahlverhalten jüngerer Wähler dem älteren Wähler weitgehend entsprechen. Soweit es möglich ist, den jeweiligen Wahlen zentrale Themen zuzuordnen, entsprechen die Unterschiede hinsichtlich der Abweichung jüngerer Wähler weitgehend den Ergebnissen unserer Untersuchung hinsichtlich der Themenbereiche, in denen die Abweichung jugendlicher Befragter von den Antworten älterer Befragter mehr oder weniger stark ist.

Die Mechanismen der politischen Sozialisation sorgen dabei dafür, daß die Abweichungen von Jugendlichen im Bereich des Wahlverhaltens im Vergleich zu anderen Verhaltensbereichen relativ klein sind, was auch immer zentrales Thema der jeweiligen Wahl sein mag[4]. Der Konformitätsdruck innerhalb der Familie und die Unterstützung durch das jeweilige Milieu, die er erfährt, führt zu beachtlichen Übereinstimmungen von Eltern und Kindern, was Bereiche wie »Parteipräferenz« angeht.

Im allgemeinen dürfte der Vergleich des Wahlverhaltens jüngerer Wähler ohnehin das Ausmaß der Differenzen politischer Einstellungen unterschätzen. In höherem Maße als andere Arten politischen Verhaltens und politischer Einstellungen sind Wahlverhalten und Parteipräferenzen begrenzt durch die von den Institutionen des politischen Systems definierten und zur Wahl angebotenen Alternativen. Die politische Spannweite der politischen Parteien erlaubt zudem die Umsetzung ganz unterschiedlicher politischer Intentionen in die Präferenz derselben Partei. Die Wahl ein und derselben Partei durch Menschen unterschiedlichen Alters ist so nicht unbedingt Indikator für die hohe Ähnlichkeit ihrer politischen Vorstellungen.

Bei der Darstellung der Ergebnisse zum Verhältnis von Jugend und Politik haben wir freilich bis jetzt den Umstand vernachlässigt, daß sich derartige Untersuchungen in der Regel nicht der soziologischen Definition von Jugend bedienen, sondern wie selbstverständlich Jugendliche als Angehörige bestimmter Geburtsjahrgänge zum Untersuchungszeitpunkt definieren. Bei der Wertung der Ergebnisse ist dies zu berücksichtigen.

Wir hatten bereits auf die Ergebnisse *Kaases* (1971) hingewiesen, der die großen Einstellungs- und Verhaltensunterschiede zwischen der akademischen Jugend und den übrigen Angehörigen derselben Altersgruppe darstellte. Die erheblichen Unterschiede, die innerhalb der jüngeren Altersgruppe vorgefunden werden, sind dabei nicht eine Besonderheit westdeutscher Verhältnisse. Ähnlich große Unterschiede ermittelten *Converse* und *Pierce* (1971) bei ihren Untersuchungen der Mai-Unruhen in Frankreich 1968. D. *Yankelovich* (1974) belegte für die USA in einer großen Zahl umfangreicher Jugenduntersuchungen, daß die Unterschiede innerhalb der jungen Generation, die vor allem zwischen College-Studenten einerseits und den nicht-studierenden Gleichaltrigen andererseits bestehen, auch noch nach einer gewissen Verbreitung der von der Studentenbewegung ausgehenden anderen politischen und Wertorientierungen weiterhin bestehen. Diese Unterschiede innerhalb der jungen Generation erscheinen noch beachtlicher als die Unterschiede zwischen den Generationen.

Diese Differenzierung innerhalb der Altersgruppe der Jüngeren entspricht durchweg der Differenzierung des Bildungswesens. Die »der Jugend« weithin zugeschriebenen abweichenden Vorstellungen finden sich tatsächlich überwiegend bei denjenigen, welche Institutionen des höheren Bildungswesens besuchen. Einstellungen und politisches Verhalten dieser Personengruppe unterscheiden sich demnach in gleicher Weise sowohl von den Erwachsenen als auch von den Angehörigen der gleichen Altersgruppe, die nicht mehr Ausbildungsinstitutionen besuchen.

Die der Kategorie »Jugend«, im soziologischen Sinne definiert (vgl. Kapitel 2), zuzurechnenden Personen besuchen in der Mehrzahl weiterführende Schulen und Ausbildungsinstitutionen. Die Abweichungen der Jugend (in diesem Sinne verstanden) sind also erheblich größer als die Abweichungen etwa der 16- bis 21jährigen Altersgruppe insgesamt.

Dementsprechend ist zu erwarten, daß die Generationsunterschiede am ausgeprägtesten in der Mittel- und Oberschicht sind. Diese Erwartung bestätigt sich, wenn man das oben referierte Datenmaterial der für die Bevölkerung der BRD repräsentativen Studie aus dem Jahre 1974 entsprechend aufgliedert. Die Korrelationen von Einstellungen wie Selbsteinstufung auf einer Links-Rechts-Skala, Befürwortung von Protest und Einstellung zu repressiven Maßnahmen seitens der Regierungs-

Tabelle 17: Korrelationen zwischen Alter und politischen Meinungen in verschiedenen Bildungsgruppen (BRD 1974)*

	Volksschule ohne Abschluß	Volksschule mit Abschluß	Mittlere Reife	Abitur, Universität
Politisches Interesse	- 0,08	0,04	- 0,09	0,0
Links-Rechts-Skala	0,08	0,10	0,17	0,36
Befürwortung von Protestformen wie ...				
Petitionen	0,12	0,26	0,14	0,38
Boykotten	0,09	0,19	0,14	0,27
Demonstrationen	0,12	0,28	0,34	0,44
Befürwortung staatlicher Maßnahmen zur Herstellung von Ruhe und Ordnung wie				
Harter Polizeieinsatz	- 0,10	- 0,16	- 0,29	- 0,45
Abschreckende Gerichtsurteile	- 0,15	- 0,16	- 0,33	- 0,36
Demonstrationsverbote	- 0,13	- 0,19	- 0,37	- 0,40
Bundeswehreinsatz bei Streiks	- 0,08	- 0,14	- 0,18	- 0,29
N ≈	(350)	(1 490)	(597)	(198)

* Goodman und Kruskals γ.

gewalt mit dem Alter sind in der Bevölkerung insgesamt, wie bereits dargestellt, zumindest nicht sehr beachtlich. Dies untertreibt jedoch in erheblichem Maße die ausgeprägten Generationsunterschiede in den höheren Schichten.

Werden diese Korrelationen von Einstellungen und Alter für die verschiedenen Schichten getrennt berechnet, so nehmen die Altersunterschiede (gemessen durch diese Korrelationen) mit steigender sozialer Schicht erheblich zu (Tabelle 17). Diese starken Schichtunterschiede vermögen auch zu erklären, warum die Thesen vom »generation gap«, der Kluft zwischen den Generationen, trotz widersprechender Daten der Umfrageforschung so anhaltende Verbreitung fanden. Diese Thesen werden überwiegend von Angehörigen derjenigen sozialen Schichten geäußert und diskutiert, in denen die Altersunterschiede am ausgeprägtesten sind.

Die erheblichen Einstellungs- und Verhaltensunterschiede der verschiedenen Generationen in den höheren sozialen Schichten bedeuten nicht notwendig auch einen Generationskonflikt. Daß sich die Meinungen von Vätern und Söhnen der höheren Schichten, wenn sie im Aggregat einander gegenübergestellt werden, beträchtlich unterscheiden, läßt nicht ohne weiteres den Schluß zu, daß sich auch innerhalb der einzelnen Familien diese Meinungsunterschiede finden und einen Generationskonflikt darstellen. Die bereits erwähnte Untersuchung von *Allerbeck, Kaase* und *Klingemann* (1976) ist so angelegt, daß sie Aussagen über Meinungsunterschiede von Jugendlichen und ihren Eltern zuläßt; anders als konventionelle Umfragen angelegt, wurden bei dieser Untersuchung sowohl 16- bis 20jährige als auch ihre Eltern befragt.

Wie zu erwarten, ergeben sich sehr deutliche Unterschiede der Verteilungen der Antworten von Eltern und Kindern auf die Fragen, bei denen Alters- oder Generationseffekte eine wichtige Rolle spielen. Gegenüber der Verteilung der Eltern ist die Verteilung der Antworten ihrer Kinder deutlich gewissermaßen »nach links verschoben«. Mit dem Bild recht drastischer Unterschiede bei Betrachtung der Verteilungen der jeweiligen Gruppen kontrastiert aber das Bild, das sich beim Vergleich der Einstellungen der Eltern mit denen ihrer eigenen Kinder ergibt. Letzteres Bild ist gekennzeichnet durch ein beträchtliches Maß an Übereinstimmung der politischen Ansichten von Eltern und Kindern. Die Korrelationen ihrer Antworten sind durchweg positiv; d.h., je positiver die Eltern – um nur ein Beispiel herauszugreifen – Demonstrationen gegenüber eingestellt sind, desto positiver ist auch die Einstellung ihrer Kinder zu Demonstrationen (und desto größer ihre Bereitschaft zur Teilnahme).

Der Schluß von der Verschiedenheit der Antworten von Eltern und

Kindern im Aggregat auf erhebliche Meinungsverschiedenheiten oder Generationskonflikte innerhalb der Familien ist deswegen falsch. Die Verschiebung der Antwortverteilungen, die im Aggregat durchaus eindrucksvoll wirkt, ist das Resultat von innerhalb der jeweiligen Familie jeweils relativ geringfügigen Verschiebungen, welche zumeist durchaus undramatisch sind.

Diese Ergebnisse entsprechen Untersuchungen über politische Sozialisation, welche insbesondere in der amerikanischen politischen Wissenschaft vorgelegt wurden. Durchweg betonen diese ein hohes Maß politischer Übereinstimmung zwischen Eltern und ihren Kindern. Ob durch solche Übereinstimmung allerdings die Wirksamkeit von bestimmten Mechanismen der politischen Sozialisation im Elternhaus als bewiesen gelten darf, erscheint fraglich.

Die Folgerung, die Eltern seien entscheidende Instanz der politischen Sozialisation ihrer Kinder, ist durch solche Übereinstimmung durchaus nicht bewiesen. Ohne eine Aufteilung des Einflusses im einzelnen zuzulassen, lassen die Daten der referierten Untersuchung vermuten, daß die Übereinstimmung von Eltern und Kindern dann am höchsten ist, wenn sie vom Milieu gestützt wird. Darauf deutet hin, daß die Korrelationen z. B. konventioneller religiöser Einstellungen von Eltern und Kindern die Höhe der meisten Korrelationen politischer Einstellungen und Verhaltensweisen – ausgenommen Wahlverhalten und Parteipräferenz – noch erheblich übersteigen. Ein weiteres Indiz für die Bedeutung der Homogenität des Milieus sind die ebenfalls nicht unbeachtlichen Korrelationen der Einstellungen der Eltern und der Einstellungen der Freunde ihrer Kinder.

Es erscheint deswegen erforderlich, die Übereinstimmung von Eltern und Kindern nicht allein auf den Elterneinfluß zurückzuführen, sondern zu berücksichtigen, daß Eltern und Kinder oft auch den gleichen Einflüssen ausgesetzt sind; ferner ist zu beachten, daß auch Einstellungen und Verhalten der Jugendlichen Einfluß auf die politischen Haltungen ihrer Eltern haben können. Ohne Längsschnittuntersuchungen, welche über die Richtung des Einflusses entscheiden könnten, erscheint eine Diskussion müßig, ob Übereinstimmung nur Resultat elterlichen Einflusses oder z. T. auch Resultat elterlicher Anpassung an die Vorstellungen ihrer Kinder ist.

6.2. »Studentenunruhen«

Seit im Herbst 1964 Studenten der Universität Kaliforniens in Berkeley zu Techniken gewaltsamen Ungehorsams griffen, um ihr Recht auf politische Betätigung in der Universität durchzusetzen, gibt es auch in modernen Industriegesellschaften wieder Studentenbewegungen, die bestehende Ordnungen radikal herausfordern. Soziologen hatten ebenso wie andere Beobachter geglaubt, Studentenbewegungen dieser Art seien für Industriegesellschaften eine Sache der Vergangenheit, des 19. Jahrhunderts; sie wollten derartige Erscheinungen nur noch in Entwicklungsländern als Möglichkeit gelten lassen. So überraschend diese Bewegungen, die sich nach und nach in mehreren Ländern immer weiter verbreiteten (in den USA bis zum Jahre 1970; in der Bundesrepublik Deutschland 1967–1969; in Frankreich am dramatischsten und kurzlebigsten im Mai 1968; und weniger dramatisch in anderen Ländern wie Italien, den Niederlanden, Großbritannien), zunächst waren, so intensiv waren die Bemühungen, mit den Mitteln der empirischen Sozialforschung zu bestimmen, was die Bedingungen des Aufkommens dieser Bewegungen waren. Inzwischen verfügt die empirische Sozialforschung über ein umfangreiches Datenmaterial über studentische Aktivisten, über diejenigen, die deren Aktivitäten nur passiv unterstützten und diejenigen Studenten, welche solchen Bewegungen ablehnend gegenüberstanden.

Merkmale sozialer Bewegungen

Die wichtigsten Ergebnisse dieser Untersuchungen sollen im folgenden dargestellt werden[5]. Hierzu ist es wichtig, sich die Merkmale von Bewegungen zu vergegenwärtigen. Bewegungen haben breite Unterstützung, weisen eine eigene Identität auf im Bewußtsein von Anhängern und Gegnern, sind aber nicht Organisationen; Bewegungen haben im Unterschied zu Organisationen keine Satzungen, Vorstände, Mitgliedsbücher und dergleichen mehr. Bewegungen entwickeln sich meistens nach ein und demselben Muster. Sie entstehen aus nicht besonders großen, meist relativ losen Gruppen, denen es um bestimmte Ziele geht, die meist in der Durchsetzung bestimmter moralischer Wertvorstellungen bestehen. Sie gewinnen an Identität und Stärke häufig durch direkte Aktionen, welche zu Auseinandersetzungen mit Hütern der bestehenden Ordnung führen. Bewegungen mit Massencharakter sind in der Regel in dieser Form eine relativ kurzlebige Erscheinung. Entweder institutionalisiert sich eine Bewegung in diesem Stadium, wird mehr und mehr eine normale Organisation mit Satzung, Vorstand, Sekretariat usw.; oder sie verschwindet aus dem Blickfeld, um in den Erinnerungen der Teilnehmer weiterzuleben. Wenn dies der Fall ist, bilden sich in ihrer Nachfolge oft kleine Gruppen, die durchweg Organisationscharakter haben, aber zugleich behaupten, sie seien die Bewegung. In der Entwicklung der Studentenbewegungen hat sich in allen Ländern der letztere Vorgang vollzogen. Die Bewegung als solche war aufgrund ihrer antiautoritären Orientierung nicht in der Lage, sich zu institutionalisieren. Nachdem sie ihren Höhepunkt überschritten hatte (in den USA nach den Massenaktionen im Protest gegen den Kambodschafeldzug und die Erschießung von Studenten in Kent State im Mai 1970, in Frankreich nach dem Scheitern der Mairevolte 1968, in Deutschland nach den Massenaktionen gegen den Springer-Verlag und die Notstandsgesetzgebung), schien die Bewegung sich aufzulösen. Aus dieser Auflösung der Massenbewegung mit der gruppenübergreifenden Identität heraus bildeten sich vielfach kleine, straff organisierte Gruppen, die nach dem »Scheitern« der relativ gewaltlosen Massenbewegungen den bürgerlichen Ordnungen den Krieg erklären und dies z. T. auch durch gewaltsame, terroristische Aktionen ohne breite Massenbasis in die Tat umzusetzen suchen. Beispiele hierfür sind die Weathermen in den USA, die groupuscules in Frankreich und Italien und die »Baader-Meinhof-Gruppe« sowie der KSV in Westdeutschland.

Derartige Gruppen verstehen sich quasi als Testamentsvollstrecker der Studentenbewegungen. Es ist wichtig, sie nicht mit den Bewegungen zu verwechseln, will man die Bewegungen selbst erklären. Die Erklärung von massenhaften Bewegungen verlangt andere Kategorien als die Erklärung abweichender, straff organisierter Kleingruppen. Teilnahme an einer überwiegend friedlichen Massendemonstration ist etwas ganz anderes als Teilnahme an einem strategisch geplanten terroristischen Überfall; Bewegungen sind etwas von organisierten Gruppen strikt Verschiedenes; über einen Kamm scheren mag diese unterschiedlichen Erscheinungen der, dem es vor allem um die Bekundung von Sympathie oder Abscheu für Ziele und/oder Methoden politisch abweichender Gruppen geht. Wer mit den Mitteln empirischer Sozialwissenschaft diese Erscheinungen erklären will, darf die Unterscheidung zwischen Bewegungen und Organisationen solcher Art nicht außer acht lassen.

Die Stichhaltigkeit verbreiteter Erklärungen

Im folgenden werden wir uns auf die wissenschaftliche Erklärung des Phänomens der Studenten*bewegungen* konzentrieren. Dies scheint bemerkenswert und erklärungsbedürftiger. Denn die gängigen »Theorien«, die mit Drahtziehern im Ausland, Verschwörungen oder den Aktionen linker Gruppen und Rädelsführer die Bewegungen »erklären« wollen, sind ja augenfällig nicht schlüssig. Denn es ist ja nicht zu erklären, daß diese Kräfte im Hintergrund (einmal unterstellt, sie existierten in der oft behaupteten Form) eine Bewegung dieser Art in Gang setzen *wollen* (die Mobilisierung der Massen war bekanntlich immer schon das Ziel kleiner und kleinster linker Gruppen), sondern daß diese Bewegung plötzlich in Gang kommt, nach Jahrzehnten eines fehlenden Massenechos für derartige Gruppen. Wie war dies möglich?

Das gängigste Erklärungsmuster verweist auf die Reformbedürftigkeit der Hochschulen und Mißstände in den Universitäten. Die berechtigte Unzufriedenheit der großen Mehrzahl der Studenten, so lautete die in vielen Ländern beliebteste offizielle Erklärung, mache es möglich, daß eine kleine radikale Minderheit, die ganz andere Dinge im Sinn habe, plötzlich Massen von Studenten mobilisieren könne. Eine Fülle von Daten zeigt, daß diese Erklärung ebenso unrichtig wie beliebt ist.

Die Einstellungen von Studenten gegenüber der Studentenbewegung waren durchweg aufs engste mit ihren allgemeineren politischen Vorstellungen verknüpft. Die Meinungen von Studenten zu solchen Fragen wie Bürgerrechte für Schwarze und Vietnamkrieg determinierten die Teilnahme oder Nicht-Teilnahme von Studenten in den USA an studentischen Protestaktionen; in Deutschland waren es Meinungen zu Fragen wie Vietnamkrieg oder Notstandsgesetzgebung, die bestimmten, ob Studenten an Demonstrationen sich beteiligten oder nicht. Hochschulpolitische Forderungen waren von politischen Vorstellungen im allgemeinen nicht isoliert.

Demgegenüber hat die Zufriedenheit oder Unzufriedenheit mit den eigenen Studienbedingungen keinerlei nachweisbaren Zusammenhang mit den Einstellungen zur Studentenbewegung. Eine Fülle von Einzeluntersuchungen in den USA und in der BRD hat dies immer wieder aufs neue nachgewiesen. Daß dies umfangreiche Datenmaterial immer wieder ignoriert wurde, ist selbst erklärungsbedürftig.

Die große Mehrzahl der Anhänger der Studentenbewegungen ist auf der linken Seite des politischen Links-Rechts-Kontinuums zu finden. Die Spannweite ist allerdings immer beachtlich gewesen. Sie reicht von extrem linken politischen Orientierungen, die in den Institutionen der politischen Systeme nicht vertreten sind, bis zu gemäßigten linken Gruppen. So sind unter amerikanischen studentischen Aktivisten Anhänger der chinesischen Ausprägung kommunistischer Vorstellungen ebenso zu finden wie liberale Anhänger der Demokratischen Partei. In Deutschland fanden sich unter den Anhängern der Studentenbewegung sowohl Marxisten aller Schattierungen als auch »bürgerliche« Anhänger von SPD und FDP. Für die Studentenbewegungen charakteristisch war, daß sich trotz der Unterschiedlichkeit der politischen Ideologien diejenigen, die an den Aktionen der Studentenbewegungen teilnahmen, als Teil ein und derselben Bewegung sahen.

Der starke Zusammenhang von allgemeinpolitischen Orientierungen und Einstellungen zur Studentenbewegung wird in allen Untersuchungen auch indirekt deutlich, wenn man die Umwelt von Aktivisten mit der Umwelt von Nicht-Aktivisten vergleicht, wenn man die Elternhäuser von Studenten ebenso in die Betrachtung einbezieht wie ihre gegenwärtigen Studienfächer. Zugleich wird dabei deutlich, wie wenig empirische Daten bei der öffentlichen Verkündung rascher Interpretationsformeln für neue Ereignisse berücksichtigt werden.

Eins der gängigsten Klischees war das vom Generationenkonflikt. Die studentische Rebellion sei, so hieß es oft, ein Aufstand gegen die Eltern. So alt dieses Interpretationsschema auch ist, so oft wird es von empirischen Untersuchungen widerlegt. Eine Vielzahl von Untersuchungen zeigt, daß die Anhänger der Studentenbewegung überwiegend Kinder linker und liberaler Eltern sind. Studierende Kinder konservativer oder reaktionärer Eltern sind zumeist auch Gegner der Studentenbewegung oder stehen ihr zumeist passiv-ablehnend gegenüber. Die politische Sozialisation im Elternhaus hat sich durchweg als eine der wichtigeren Determinanten der Unterstützung der Studentenbewegungen erwiesen.

Eine andere, in den USA besonders populäre Erklärung, der auch in Deutschland prominente Soziologen wie J. *Habermas* Ausdruck und den Anschein der Glaubwürdigkeit verliehen, verweist auf den Erziehungsstil, der angeblich in den Elternhäusern von Aktivisten vorherrschend sei[6]. Aktivismus, so wird behauptet, sei das Resultat eines besonders freizügigen Erziehungsstils, für den Vernachlässigung möglicherweise eine treffendere Bezeichnung wäre als das Wort »Erziehung«. Diese vielzitierten Erklärungen namhafter Soziologen verweisen alle auf eine einzige Quelle: eine winzige Untersuchung des Soziologen R. *Flacks* (1967) in Chicago. Geht man dem Quellenverweis nach, so findet man eine Untersuchung, die erstens gegen eine Reihe von Grundregeln der empirischen Sozialforschung verstößt und zweitens, selbst wenn man sie trotz dieser Verstöße ernstnimmt, gar nicht behauptet, was ihr nachgesagt wird.

Wenn überhaupt diese kleine Studie von R. *Flacks*, auf die so oft verwiesen wurde, irgendetwas beweist, dann nur die auch anderweitig vielfach belegte Tatsache, daß die politische Tradition einer Familie außerordentlich stark ist. In dieser Untersuchung ist der Effekt von politischer Orientierung der Eltern auf die Beteiligung an der Studentenbewegung wesentlich stärker als der mögliche Effekt des Erziehungsstils der Eltern[7]. In anderen amerikanischen und deutschen Untersuchungen ist ein starker Effekt von nicht-autoritärem Erziehungsstil und Familienstruktur des Elternhauses nicht nachzuweisen.

Wirkungen der Studienfächer: Selektion und Sozialisation

Eine wichtige Rolle für die Unterstützung der Studentenbewegung spielen die Studienfächer; und hier sind populäre Erklärungen scheinbar einmal zutreffend. Studenten der Sozialwissenschaften, Soziologen, Politische Wissenschaftler usw., sind besonders häufig auch Anhänger der Studentenbewegungen. Ebenso sind jedoch auch Studenten der Geisteswissenschaften überdurchschnittlich häufig studentische Aktivisten. Und auch Naturwissenschaftler, Mathematiker und Physiker, sind, sofern sie sich für Politik interessieren, genauso häufig unter den studentischen Demonstranten zu finden wie etwa Sozialwissenschaftler, wie eine Reihe von Untersuchungen zeigt; bei der ersten Massenverhaftung von Studenten in Berkeley 1964 nach der Besetzung von Sproul Hall war z. B. molekulare Biologie das Fach, das relativ die meisten verhafteten Studenten aufzuweisen hatte. Demgegenüber sind Studenten der Betriebswirtschaft oder der Ingenieurwissenschaften überwiegend negativ zur Studentenbewegung eingestellt. Die Rangfolge der Fächer ist in einer großen Zahl von Untersuchungen in den USA und der Bundesrepublik Deutschland erstaunlich gleichförmig, was die Unterstützung der Studentenbewegungen angeht. Diese Rangfolge der Fächer ist allerdings nichts Neues. Wenn man vor Beginn der Studentenbewegung die Studienfächer nach den politischen Orientierungen ihrer Studenten anordnete, ergab sich in etwa die gleiche Rangfolge. Diese Rangfolge zeigte sich in amerikanischen Untersuchungen nun schon seit etwa 40 Jahren. Das politische »Klima« im Umfeld eines Studenten ist einer der ausschlaggebenden Faktoren für die Beteiligung von Studenten an der Studentenbewegung.

Wie dieser Faktor wirkt, ist aus den vorhandenen Untersuchungen nicht genau zu bestimmen. Ziehen Studienfächer nur diejenigen Studenten an, die ihrem politischen Klima entsprechen? Oder passen sich die Studenten ihrem Fach an, bzw. werden in ihm indoktriniert? Weder eine einfache Rekrutierungs- noch eine simple Indoktrinationserklärung sind mit den allerdings nicht ganz ausreichenden vorhandenen Untersuchungsergebnissen zu vereinbaren. Es spricht viel dafür, daß Studienfächer überwiegend solche Studienanfänger anziehen, die auch in ihren politischen Vorstellungen in das politische Spektrum, das in diesem Fach vorherrscht, passen; das Studium dieses Faches scheint auf direktem und indirektem Wege (u. a. durch Vorauswahl des Kreises von Studienbekannten usf.) diese schon bei Studienanfängern vorhandenen Orientierungen zu verstärken.

Die Bedeutung politischen Interesses und politischer Ereignisse

Die in Elternhaus und Studienfach vorherrschenden politischen Orientierungen haben sich als die wichtigsten Bedingungen für die Einstellung von Studenten zur Studentenbewegung erwiesen. Es wäre falsch, diese Bedingungen als Ursachen mißzuverstehen; vielmehr erleichtern oder erschweren sie die Teilnahme, die für die große Mehrzahl der Anhänger der Studentenbewegungen politisch (und nicht *hochschul*politisch) motiviert ist. Ohne ein Interesse für Politik führen auch die für die Studentenbewegung günstigsten Umweltbedingungen nicht zu einer Beteiligung an ihr.

Die Bedeutung politischer Faktoren wird noch klarer, wenn man die Untersuchungen über Teilnahme an der Studentenbewegung mit in den 50er Jahren durchgeführten Untersuchungen über Studenten vergleicht. Dann wird deutlich, daß dieselben Umweltbedingungen, die damals liberale politische Orientierungen und prinzipielle Unterstützung bürgerlicher Freiheitsrechte begünstigten, Ende der 60er Jahre die Unterstützung radikaler Studentenbewegungen förderten. Dies ist ein eindeutiger Verweis auf die Bedeutung der in der Zwischenzeit stattgehabten politischen Veränderungen für ein Verständnis der Studentenbewegungen.

Das Ende des kalten Krieges, der innerpolitische Auseinandersetzungen zuvor beeinträchtigte, und das Aufkommen neuer politischer Konflikte, die vom Parteiensystem nicht aufgegriffen wurden, haben zentrale Bedeutung für ein Verständnis der Studentenbewegungen. Der Vietnamkrieg und die Bürgerrechtsbewegung sind notwendige Elemente einer Erklärung der amerikanischen Studentenbewegung. Die Große Koalition, die verfassungsändernde Notstandsgesetzgebung und der Krieg in Vietnam waren Voraussetzungen für die westdeutsche Studentenbewegung. Die Positionen der Studentenbewegung (ob nun radikal oder gemäßigt) wurden von keiner der großen politischen Parteien in Deutschland oder den USA vertreten; die Vertretung dieser politischen Forderungen mußte dementsprechend außerhalb des Parteiensystems und damit außerhalb des politischen Systems erfolgen, solange Parteienstruktur und Konfliktstruktur einander nicht entsprachen[8].

Daß diese politischen Forderungen für die Studentenbewegungen so zentral waren, führt zu der Frage, warum denn dann zum gleichen Zeitpunkt keine nicht-studentischen Bewegungen nennenswerten Ausmaßes mit gleichen oder ähnlichen Forderungen aufkamen. Die Antwort auf diese Frage ist in dem Charakter der Rolle »Student« und in der Struktur der Gruppe Studentenschaft zu finden.

Sozialstrukturelle Bedingungen

Die Sozialstruktur der meisten modernen Industriegesellschaften bietet schlechte Voraussetzungen für die massenhafte Austragung sozialer Konflikte. Viele ihrer Mitglieder haben eine Vielzahl von Rollen zu spielen, sind Mitglied einer Mehrzahl sozialer Gruppen, deren Anforderungen an die Individuen oft widersprüchlich sind, »Kreuzung sozialer Kreise« nannte G. *Simmel* dieses Phänomen, das für Industriegesellschaften kennzeichnend ist. Unter den Bedingungen der Industriegesellschaft werden die meisten sozialen Konflikte zu Konflikten von Repräsentanten sozialer Gruppen, die sich stellvertretend für ihre Mitglieder streiten. Die massenhafte Teilnahme der einfachen Mitglieder an derartigem Streit ist um so unwahrscheinlicher, je mehr die Mitgliedschaft in beiden Gruppen sich nicht nur nicht ausschließt, sondern faktisch überlappt. Eine der Gruppen, die von diesem Strukturmerkmal moderner Gesellschaften nicht gekennzeichnet ist, ist die Studentenschaft. Die Rolle »Student« ist nahezu das, was Soziologen als eine »totale Rolle« kennzeichnen[9]. Die Gruppe Studentenschaft ist von anderen sozialen Gruppen auf vielfältige Weise getrennt; Studentenheime, Mensen, Studentensport, Studentenreisen, Studentenkneipen und dergleichen erleichtern Kontakte innerhalb der Gruppe Studentenschaft. Untersuchungen zeigen, daß die Freunde der meisten Studenten andere Studenten sind. Es gibt keine klare Trennung von Arbeits- und Freizeit für Studenten. Ein Student ist quasi immer »im Dienst« (gleich, ob er nun fleißig studiert oder nicht: auch der nur gammelnde Student, der seit Semestern weder Bibliothek noch Hörsaal betrat, bleibt Student; er versteht sich selbst so, und wird von anderen als Student angesehen). Nur wenige andere Rollen in modernen Gesellschaften sind »total« in dem Sinne, daß sie andere Rollen der Rollenträger ausschließen: die des Priesters, des Soldaten (in einer traditionellen, auf Uniformzwang auch in der »Freizeit« bestehenden Armee) und des Gefangenen sind Beispiele für derartige totale Rollen.

Untersuchungen zeigen, daß, wenn Träger solch totaler Rollen in größerer Zahl zusammenkommen, und als Gruppe in einer eigenen Welt leben, die Bedingungen für soziale Bewegungen und Konflikte mit der Außenwelt besonders günstig sind. Das heißt nicht, daß derartige Bewegungen immerzu stattfinden, sondern nur, daß derartige Bewegungen möglich sind, wenn die Motivation für ihre Ziele vorhanden ist. Die Sozialstruktur der Gruppe Studentenschaft und der Charakter der Rolle »Student« ermöglichten es, daß die studentische Opposition gegen Vietnamkrieg, Notstandsgesetzgebung usw. sich als massenhafte *Bewegung* artikulierte und zum Teil verselbständigte und organisierte.

6.3. Sozialisation und sozialer Wandel als komplementäre Perspektiven

Die Analyse des politischen Verhaltens Jugendlicher und die empirischen Untersuchungen der Studentenbewegungen verweisen auf den inneren Zusammenhang, in dem zielorientiertes, originäres Verhalten von Jugendlichen und seine sozialstrukturellen Voraussetzungen stehen. Es kann kein Zweifel daran sein, daß es besonders durch die Jugend- und Studentenbewegungen zu beachtlichen Veränderungen in vielen gesellschaftlichen Bereichen gekommen ist. Zu nennen sind hier u. a. institutionelle Veränderungen, welche die Partizipationsmöglichkeiten in verschiedenen Institutionen erweitern oder ausbauen, Verschiebungen und Verlagerungen der Parteienstrukturen und Regierungskonstellationen und die Wiederbelebung oder Schaffung des Bewußtseins von alternativen Sozialordnungen. Die Bewegungen haben z. B. verschüttete sozialistische und anarchistische Vorstellungen und Traditionen aus der Nicht-Öffentlichkeit sektiererischer Zirkel und dem Staub der Archive gefördert und zeitweilig ins Zentrum politischer und theoretischer Diskussionen gebracht. Daß dies nicht immer Wirkungen auf die praktische Politik hatte, daß sie in den Medien häufiger beim Feuilleton als im politischen Teil ressortierten, nimmt diesen Wirkungen nichts von ihrer Bedeutung. Diese liegt nicht zuletzt darin, daß sie in massiver Weise frühere Selbstverständlichkeiten fraglich machten. Dies gilt sowohl für die wirtschaftlichen Rahmenbedingungen der gesellschaftlichen Ordnung wie für die Gestaltung persönlicher Beziehungen.

In einer Erklärung konkreter historischer Jugendbewegungen – sei es nun die jüngste oder seien es frühere – muß das Selbstverständnis, müssen die Intentionen und bewußten Motivationen dieser Bewegungen deshalb berücksichtigt werden. Dabei sind jedoch die sozialen Bedingungen nicht zu übersehen, unter denen sie entstehen und unter denen sie sich entfalten können. Diese Bedingungen begrenzen vor allem ihre Reichweite. Hier ist darauf zu verweisen, daß die jüngsten Bewegungen, welche Unterprivilegierung bekämpften, von den jeweils Privilegierteren getragen wurden: von Studenten mehr als von nicht-akademischer Jugend, von Lehrlingen mehr als von jungen Hilfsarbeitern.

So sind Bewegungen, welche die Wertorientierungen der Gesellschaft zu ändern suchen, für potentielle Anhängerschaft auf diejenigen verwiesen, in deren Sozialisationsprozeß Werte überhaupt von zentraler Bedeutung waren – Jugendliche und junge Erwachsene, deren Adoleszenz bevorzugt ablief. Die Bedeutung der Sozialisation im Hinblick auf Werte zeigt sich nicht nur, wenn die Wertorientierungen etwa des Elternhauses »erfolgreich« verinnerlicht wurden, sondern auch dann, wenn es zu einer Auseinandersetzung mit diesen kommt, welche zu anderen Wertorientierungen oder aber zu anderen Werthierarchien (d. h. anderen Rangfolgen hinsichtlich des Vorrangs bestimmter Werte) führt. In Sozialisationsprozessen, in denen die Verhaltenskontrolle den Vorrang gegenüber der Verinnerlichung von Orientierungen hat, werden die erforderlichen Voraussetzungen für die Teilnahme an wertorientierten Bewegungen nicht geschaffen. So erweist sich die Bedeutung der Sozialisationsprozesse auch gerade dann, wenn ihr Resultat *nicht* die volle Entsprechung von Sozialisationsobjekten und Sozialisationsinstanzen ist, sondern sich spezifische Abweichungen ergeben.

Die gegebene Sozialstruktur und der Prozeß der Plazierung führen zugleich zu einer Begrenzung der Optionen, die Jugendlichen offenstehen, indem sie diese Optionen jeweils an bestimmten Alternativen fassen. Dies ist vielleicht bei den mit der Berufswahl zusammenhängenden Fragen am deutlichsten. So wie Kinder der oberen Mittelschicht die Alternative »Studieren oder Nicht-Studieren« sehen (mit der selbstverständlichen Erwartung der Eltern, daß das »Bessere« gewählt wird), sehen sich Kinder von Arbeitereltern vor der Alternative »Lehre« oder »Hilfsarbeiter« gestellt (wobei gleichfalls, jedenfalls von Jungen, erwartet wird, daß sie »etwas Ordentliches« lernen). Die bewußten Entscheidungen der Jugendlichen sind so Wahlen zwischen schon vor-formulierten Optionen. Was außerhalb dieser Optionen liegt, kommt kaum ins Bewußtsein. Das Verhalten der Jugendlichen kann nur verstanden werden, wenn dabei sowohl ihre eigenen Entscheidungen wie diese vorformulierten Alternativen, welche den Gesichtskreis notwendig einschränken, berücksichtigt werden. Dies gilt für politisches Verhalten nicht anders als für die Berufswahlentscheidungen, auch wenn die Optionen hier unschärfer definiert sein mögen.

Der Stellenwert bewußter Entscheidungen der Jugendlichen und ihrer Orientierungen unterscheidet sich freilich je nach Art des Verhaltens. Er mag bei Anpassung ans je Vorgefundene kleiner sein als bei Abweichung. Dabei ist nicht zu verkennen, daß es auch Abweichungen gibt, welche nicht viel mehr sind als bloße negative Reaktionen auf das von Jugendlichen Erwartete. Hierzu zählt der bloße Rückzug, der sich den jeweiligen Anforderungen verweigert, ohne jedoch alternative Lebenspläne auch nur ansatzweise zu entwickeln. Diese und die aus ihnen resultierenden Probleme bedürfen der Untersuchung vor allem der Bedingungen, die sie herbeiführten.

Viele der dringendsten Probleme, mit denen Jugendliche selber konfrontiert sind oder ihre Eltern und Lehrer konfrontieren, drücken sich in den individuellen Reaktionsformen von *sozialstrukturellen* und *sozialsituationellen* Gegebenheiten aus.

Unter *sozialstrukturellen* Gegebenheiten verstehen wir z. B. fehlende oder gestörte Partnerschaft der Eltern, Probleme, die die Eineltern-Familie für die Jugendlichen schafft, bestimmte Autoritätsmuster, Lehr- und Lernstile in der höheren Schule, die durch die Stellung des Lehrers im Schulsystem gegenüber bestimmten Größen von Schulklassen bedingt werden usw.

Unter *situationell* sind die der wandelbaren Konstellationen durch die Pubertät zu verstehen, das Neuauftreten von Freunden oder Freundinnen, das kurz- oder mittelfristige Gefühl, in seinem sich neu entwickelnden Selbstgefühl und Selbstbild von den Eltern nicht verstanden zu werden, Intensivierung von bestimmten Formen von Medieneinfluß, Zeitschriften, Popmusik, Film etc., welche die Aufmerksamkeit stärker festlegen.

Für die Verarbeitung der strukturellen und situationellen Einflüsse wäre eigentlich eine auf Jugendliche zugeschnittene Soziologie der Persönlichkeit notwendig, für die *Igor Kon* (1971) bereits wichtige Vorarbeiten geleistet hat. Dies bedeutet allerdings, wie schon oben (S. 90) gefordert, daß Variablen sozial-psychischer Auswirkung bei jugendsoziologischen Untersuchungen viel stärker in den Bereich der abhängigen Variablen aufgenommen werden müssen. Bestimmte Folgeerscheinungen sozialer Strukturen und Situationen werden ja bei Jugendlichen erst manifest, obwohl sie in der Kindheitsphase bereits vorhanden waren. Als Beispiel dafür kann die auch als sozialer Störungsfaktor besonders im Unterricht von größeren Klassen deutlich werdende *Konzentrationsschwäche* angesehen werden.

Ein weiteres Beispiel ist die »Schulmüdigkeit«, die Ablehnung des Schulsystems durch Jugendliche, vor allem der höheren Schule. Dabei wird die Ablehnung des Systems auch auf die *Lerngehalte* übertragen. In einer neueren Studie »Gymnasiasten im Konfliktfeld Schule« hat *Schmidt-Wellenburg* (1974: 107 ff.) die Ursachen von »Passivität und Interesselosigkeit der Gymnasiasten im Unterricht« zu studieren versucht.

Im Alltag der Schule dominiert das Erfolgsstreben, das sich vor allem in der höheren Schule auf die Benotung richtet, weil diese in der BRD für die schließliche Zulassung zur Hochschule bzw. das erstrebte und gewünschte Fach auf dieser, ausschlaggebend ist. Der Hochschulbesuch erscheint aber, mangels anderer an die höhere Schule anschließender, berufsbildender Schulzweige, als die einzig sinnvolle Fortsetzung der ja weitgehend unspezifischen Vorbildung der höheren Schule.

Weil dem Jugendlichen nicht die Gelegenheit geboten wird, in einer »zwangsfreien Lernsituation« Selbstbewußtsein und Selbstvertrauen zu entwickeln, welches ihm auch Lerngegenstände aufschlösse und zu einem engagierten Verhältnis diesen Gegenständen gegenüber führen würde, tritt die erwähnte Interesselosigkeit und mit der *Ablehnung des Lernsystems* auch die *Abwertung der Lerngehalte* ein. Da nun vom Elternhaus her kein Kanon, kein entwickeltes Konzept darüber, was man als Gebildeter wissen solle, samt Durchführungs- und Durchsetzungspunkten zur Verfügung steht, ergeben sich überhaupt sehr verworrene Perspektiven, hinsichtlich dessen, was wissenswert und -würdig ist; nur in optimalen Fällen wird die Wissensvorstellung eines Lehrers oder irgendeiner Vorbildperson als exemplarisch und nachstrebenswert erlebt. Alternativen zum traditionalistischen Schulsystem und Formen »neuen Lernens«, wofür etwa wechselseitiges Instruieren der Jugend bei Beratungsfunktion der Lehrer genannt werden könnte, sind nicht gegeben. Ein gemeinsames Sich-Erarbeiten der Begrenzung des Stoff-Bereiches, der Hauptthemen sowie der Formen der Aneignung der Inhalte ist deswegen schwer aufzubauen, weil ja durch das traditionalistische Schulmodell die Solidarisierungsbereitschaft von Jugendlichen herabgesetzt worden ist.

Uns scheint überhaupt die Frage nach neuen Wegen von Solidarisierungsmöglichkeiten (für die Lösung von Sachaufgaben) jugendpädagogisch Vorrang zu verdienen. Mit der Zunahme von heterogenen Loyalitäten, die durch die Ausweitung des Pluralismus bedingt sind, gewinnen alle Stützungsmöglichkeiten für Solidarität und die Entwicklung von Methoden hierzu an Bedeutung. Da die Jugendorganisationen an Gewicht bei der Jugend verloren haben und sie kaum wiedergewinnen können, erhalten die Probleme der Jugendzentren, der vorwiegend non-direktiven Einrichtungen, die Angebots- und Servicecharakter haben, gesteigerte Bedeutung.

Der Prozeß der Auffindung von Lösungen für die eigene Lebensgestaltung macht beim Wegfallen oder zumindest teilweisen Entbehren stützungsfähiger Institutionen eine Fülle von Beratungsdiensten notwendig. Es muß daher diesem Thema, z. B. der Erforschung der Effektivität von Beratungsdiensten in den sogenannten Info-Zentren, besonderes Gewicht beigemessen werden.

Die zunehmende Belastung der Schule und ihre kulturelle Verspätung im Prozeß gesellschaftlichen und informationstheoretischen Wandels hat den in der alten Eliteschule gegebenen persönlichen, intimen Charakter der Schulklasse bzw. ihrer Cliquen als Einheiten gefährdet. Die soziale Heterogenität, der Zustrom der unteren Mittelschicht und auch unterer Schichten in die höhere Bildung hat diese Schwierigkeiten nur verstärkt. Lösungsversuche sind weitgehend auf neue Beratungsformen angewiesen, die z. T. vom Schutz der Anonymität Gebrauch machen werden müssen, wie dies in der Telefonseelsorge der Info-Centers bereits der Fall ist.

Überhaupt ist die Kategorie des Beratungswesens immer mehr als Schlüsselkategorie für Ausbildungs- und Entwicklungsprozesse anzusehen, zumal sich durch den zunehmenden Pendelprozeß zwischen beruflicher Realisierung und Ausbildung (Recurrent Education), der weit über das Jugendalter hinaus soziologisch von Bedeutung sein wird, nicht nur die lerntheoretischen sondern auch die tiefen- und sozialpsychologischen Probleme des Lernens und der Informationsverarbeitung bei diesen Prozessen, sowie auch die *emotionalen Stützungen bei diesem rekurrenten Fluktuieren* als besonders dringlich erweisen werden.

Wenn man nämlich die »Adoleszenz«, die ja ursprünglich in der europäischen Geschichte die *für das Lernen* entwickelte Zeit und Phase in der menschlichen Lebenslaufbahn gewesen ist, nunmehr als »re-current education« in gewissem Sinn auf das ganze Leben erstreckt, so wird man auch Reifungsprozesse und »*Reifungskrisen*«, wie man sie bisher nur der Adoleszenz zuschrieb und für das Erwachsenenalter gar nicht in Betracht ziehen wollte, *lebenslang mitzukonzipieren haben,* was auch eine Institutionalisierung von Hilfen, Beratung, Stützung usw. zur Folge haben wird.

7. Jugend in der Geschichte

In einer gewissen Ähnlichkeit mit den Naturvölkern ist auch in den archaischen Gesellschaften eine scharfe Trennung zwischen Kindheit und Erwachsenenalter festzustellen; ein Zwischenstadium »Jugend« ist in diesen nicht vorgesehen. Dies ist für die Jugendsoziologie nur insofern von Interesse, als es nachdrücklich die irrige Auffassung von Jugend als quasi-natürlicher Kategorie widerlegt.

Von größerer Bedeutung sind die Ansätze zur Herausbildung von Jugend als sozialer Kategorie in der europäischen Antike und im Mittelalter und die damit verbundenen Jugendbilder. Dieser Vergleich zeigt die gesellschaftliche und historische Bedingtheit von Jugend, ohne daß in seinem Rahmen eine vollständige und umfassende Darstellung der jeweiligen Jugend und Jugendvorstellungen, welche allen Differenzierungen gerecht würde, geleistet werden könnte.[1]

7.1. Altersphasentheorien in der griechischen Antike

In der griechischen Antike wurden *schon vor der Klassik* Altersphasentheorien und damit auch Kategorien für die Bewertung der Jugend aufgestellt. Diese *ethologische* Betrachtungsweise, deren Anfänge bis ins 8. vorchristliche Jahrhundert zurückreichen, gewann für die griechische Antike große Bedeutung; sie wirkte sich schließlich noch auf das Corpus Hippocraticum »über das Alter« aus. Ausgehend von *Hesiod* und *Homer*, und weiter ausgebaut von *Solon*, spielte sie in Dichtung, Literatur und Philosophie der Antike eine große Rolle, die über die Moralphilosophie des Mittelalters und des Humanismus zur Renaissance weiterwirkte und heute, wenn auch in modifizierter Form, eine Wiederbelebung in der Theorie der Lebensphasen erfährt. Diese *ethologische* Betrachtung war der erste Schritt einer systematischen Behandlung der Problematik des Jugendalters überhaupt. Von ihr stammt die älteste Gliederung des Lebensablaufes nach 10 Heptomaden. Sie war ursprünglich nach astrologischen Vorbildern von *Hesiod* entwickelt und später von *Solon* weitergeführt worden. Mit 7 Jahren erfolgt der Zahnwechsel, mit 14 die Pubertät, mit 21 der Bartwuchs; mit 28 Jahren ist die stärkste körperliche Kraft erreicht, mit 35 die Zeit zum Heiraten und Kinderzeugen, mit 42 der volle Abschluß des Charakters usw.; ab 63 geht der Mensch der »Neige des Todes« entgegen. Noch Jacob *Grimm* spricht vom sieben Fuß langen Grab, worin die sieben Jahrzehnte Menschenleben gebettet werden. Diese Siebener-Mystik hat sich viele Jahrhunderte erhalten und wurde auch mit anderer Zahlensymbolik synkretistisch vermengt.

In seinem Beitrag »Die Lebensalter« zeigt F. *Boll* (1913), daß schon in den Werken der vorklassischen Griechen eine dichotomische Einstellung bzw. Polarisierung von jung und alt die Grundidee der Lebensalterslehre war. Schon *Homer* setzte den Mittag nicht zwischen Morgen und Abend, sondern *nach* beide. Auch nach *Platon* (Gesetze, 715) hat die Gottheit »Anfang und Ende *und Mitte* alles Seienden« in sich. F. *Boll* meint dazu, daß *Platon* gewiß nicht zufällig die Grenzpunkte vorangestellt und die sie verbindende Mitte erst nachher hinzugefügt habe. In ähnlicher Weise wird bei der Betrachtung der Lebensphasen vorgegangen. Jugend und Alter werden zunächst als Grenzpunkte des Lebensablaufs zur Vergegenwärtigung von Extremen auf der Suche nach einer »via media« gesehen. Das Gleichgewicht könne nur in der Mittelposition zwischen den Extremen gefunden werden.

Der folgenreiche Ansatz der Ethologie wurde von *Aristoteles* aufgenommen und in der »Rhetorik« ausgebaut; er beschreibt darin die Lebensphasen folgendermaßen:

Die Jugend gehorcht hauptsächlich körperlichen Bedürfnissen, unter denen das »sinnliche Vergnügen« eine besondere Rolle spielt. Allerdings dominiert auch das Ringen nach sozialer Stellung durch den »Drang nach Überlegenheit«. Dabei ist Jugend großmütig, weil sie vom Leben noch nicht gedemütigt worden ist, und sie ist voll Hoffnung, weil sie noch nicht enttäuscht wurde. Sie wird durch Konvention erzogen, nicht durch eigene Lebenserfahrung. Jugend zieht die Gesellschaft Gleichaltriger allem anderen Umgang vor (!). Für Jugend ist die Zukunft lang und die Vergangenheit kurz. Sie beurteilt nichts auf die Nützlichkeit hin. Alle ihre Irrtümer sind auf Übertreibungen zurückzuführen.
Die *Alten* bedenken alles, wissen aber dabei nichts mit Sicherheit. Weil sie immer alle Seiten sehen, können sie sich nur schwer entscheiden. Alle ihre Stellungnahmen sind zögernd, sie sagen »vielleicht« und »es mag sein«, bedienen sich einer qualifizierenden Ausdrucksweise, sind aber mißtrauisch und boshaft weil sie enttäuscht und vom Leben gedemütigt worden sind. Sie bauen auf Erfahrung; ihre Vergangenheit ist lang und ihre Zukunft ist kurz. Während die Jugend hochherzig und kühn ist, sind die Alten feig und immer dazu geneigt, Schlimmes zu befürchten. Sie betrachten alles unter dem Gesichtspunkt der Nützlichkeit.
Aus dieser Gegenüberstellung leitet *Aristoteles* die Position der *guten Mitte*, den Menschen der mittleren Jahre ab, den er durch eine Zusammenschau der *positiven* Eigenschaften *beider* Extremgruppen charakterisiert.

7.2. Zur Sozialgeschichte der Jugend in der Stadt-Staat-Kultur

Erst mit der Entstehung eines städtischen Adels und eines wohlhabenden Bürgertums in der griechischen Stadt-Staat-Kultur um 500 v. Chr. werden die Voraussetzungen für eine freiere Stellung der männlichen Jugend geschaffen. Die *Erziehung* zum selbständigen Bürger, der mit rhetorischen und logischen Argumenten seine Auffassungen darzulegen und eine Führerstellung in der Gesellschaft zu erringen vermag, verlangt, daß ein bestimmter Lebensabschnitt für diese Erziehung zur Verfügung steht. Damit ist ein sehr bedeutender Ansatz für die Vorstellung von Jugend gegeben. Das archaische Familiensystem wird durch die sophistische, speziell aber durch die sokratische und platonische Erziehung in gewissen oberen Schichten der Gesellschaft geöffnet, allerdings gaben gerade im klassischen Athen die *Väter* durch die Wahl der Betreuer der Epheben den Anstoß für das neue »künstliche Sozialgebilde«. Erziehung im Sinne von Paideia führte zur Erneuerung der Demokratie; Ideen von Eros, Freundschaft, Gemeinschaft, politischer Reform und Initiative greifen bei jungen Männern um sich. Schon in diesem Ansatz liegt die Wurzel für die Mehrdeutigkeit des Begriffes Jugend beschlossen. Weil bestimmte Gruppen von jungen Männern sich der Bildung und Kultur (Paideia) und den damit verbundenen Innovationen, den »neuen Ideen«, zuwenden konnten, empfand man diese als eine Sache der Jugend. Auch war ja gegen das zunehmende Lebensalter hin keine scharfe Grenze gesetzt. Wer in Dialektik, Freundschaft und »Erotik« der Philosophenschule verblieb, gehörte damit zur »Jugend«. Der für einen Lebensabschnitt spezifische Begriff wurde so mit einer bestimmten *kulturellen Funktion* gleichgesetzt, Jugend mit Bildungsfreudigkeit und Gesellschaftsreform identifiziert. Jugendbildung – Paideia – wurde zum Symbol und Begriff für Kultur schlechthin. Dazu kommt, daß sich auch die bildende Kunst stärker der Darstellung des jungen männlichen Individuums als sportlichem oder militärischem Kämpfer zuwendet. Über die informellen Zirkel hinaus bietet die generelle Institution der Ephebie eine für den Jüngling und jungen Erwachsenen eingerichtete Organisation (W. *Hornstein* 1966: 50 ff.).

Die Ephebie war in Athen ursprünglich (seit etwa 370 v. Chr.) ein »System der staatsbürgerlichen und vor allem der militärischen Ausbildung der Bürger-Soldaten« gewesen, wurde jedoch durch den Verlust der Unabhängigkeit durch die makedonische Herrschaft zu einer »friedlichen Anstalt, in der eine Minderheit reicher Jünglinge in die Verfeinerungen des eleganten Lebens eingeführt« wurde. Das Militärische wandelte sich zum sportlichen Üben; die Ephebie wird zum »Scheinparlament« und Debattierklub, wo gefrages städtisch-soziales Verhalten gelernt wird.

Mit der *Veränderung der Herrschaftsordnung* und des Herrschaftsanspruches einer Obrigkeit, Regierung usw. ist so ein *Wandel des Wertsystems in den Ausbildungs-Institutionen der Jugend* verbunden. Je nach der Herrschaftsordnung gestaltet sich die Rekrutierung für Systemverteidigung, die Sozialisation zur Systemtreue etc.

So wie die Eroberung der griechischen Stadtstaaten durch Alexander den Großen in der zweiten Hälfte des vierten Jahrhunderts v. Chr. durch die weitgehende politische Entmündigung dieser Staaten mit Hilfe eines hegemonialen Systems die Ephebie *ent*politisierte, so wurde unter des Augustus Reaktivierung des römischen Herrschaftsdenkens um die Zeitwende auch die römische Jugend in ihren Verbänden *r*epolitisiert und remilitarisiert. Aus diesem Argument soll zumindest eines abgeleitet werden: nämlich, daß wir Jugend in ihrer Formung durch die Institutionen nicht nur vom ökonomischen, sondern, und dies in einer gewissen Selbständigkeit, vom *politischen* System und dessen Entwicklungsrichtung abhängig sehen müssen. Diese Abhängigkeit von der Herrschaftsordnung dürfte, wenn man auf eine Theorie der politischen Abhängigkeit der Altersgruppen zielt, für die *Jugend* allerdings stärker gelten als für das letzte Lebensdrittel.

7.3. Das römische Jugendbild

Für die gesamte europäische Geschichte, nicht nur für die der romanischen Länder, ist die *römische* Vorstellung vom jungen Menschen viel folgenreicher geworden als die griechische. Wir meinen damit nicht die Bildungsgehalte *für* die (Oberschicht-)Jugend, die ja aus der griechischen Klassik und Nachklassik durch Kulturvermittlung von der italisch-römischen Jugend angeeignet wurden. Rom hat eben durch seinen gestaltenden Einfluß als Sozialsystem, über die Einrichtungen des Kaiserreiches und die von seinen Moralisten und Dichtern formulierte Sozialphilosophie für die Spätantike Sozialmodelle geschaffen. Darin waren auch Lebensauffassungen aus der griechischen Philosophie verarbeitet, aber die Letztform war zumeist römisch, und so haben sie in Europa, z. T. in Kontinuität, z. T. in steter Wiederaufnahme, im Mittelalter wie in der Renaissance, ja selbst wieder im 18. Jahrhundert ihren Einfluß geltend gemacht.

Voran allen anderen Kulturvermittlungs-Trägern hat dabei natürlich die lateinische Kirche gewirkt. Natürlich war es auch das römische Recht, in seiner Wirkung besonders durch das Familienrecht, das für den Jugendbegriff wirksam wurde.

Sieht man von Sparta ab, so genoß die klassische Stadtstaatkultur der Griechen mit ihrer *kulturell* (auf Bildung, Theater, Rhetorik) und auf Lokalpolitik und Handel orientierten Gesellschaft in den Grenzen der führenden und tragenden Schichten eine *viel größere Freiheit des sozialen Austausches und der Assoziierung* als die in den Familiensystemen organisierte römische Gesellschaft. Die führenden Begriffe der *Freund-*

schaft und Erotik, die Verbindung von Paideia und Paiderastia (im System der altersgruppen-verschiedenen Erzieher-Zögling-Beziehung) weisen dies für Hellas aus. Dazu kam noch die gesellschaftliche Zentralität des Mannes im *mittleren* Alter in der griechischen Stadt. Er war Träger von Kultur, Macht, Erotik und Dialektik. Freundschaft und Erotik waren *gewählte* und bis zu einem gewissen Grad ersetz- und *austauschbare* Beziehungen. Anders in der römischen Gesellschaft. In Rom wird das Kind nicht von einer Sklavin sondern von der *Mutter* selbst aufgezogen, auch in den obersten Schichten der Gesellschaft (H. I. *Marrou* 1967: 341). So entstehen *un*austauschbare Fixpunkte in den Beziehungsstrukturen mit stärkster emotionaler Besetzung bereits in der frühen Kindheit. Sodann tritt nicht ein Erzieher in das Naheverhältnis zum Kind und Jüngling, sondern der (in den oberen Schichten) mit der Aura der Vorväter und Ahnen, der Kontinuität der staatlichen Macht verbundene *Vater.* Hier sind die Beziehungen viel asymmetrischer als in der erotischen Freundschaft, da Pflicht- und Verpflichtungsdenken dominiert. Der Vater widmet sich den Erziehungsaufgaben, wenn auch nicht jeder Vater mit jener Hingabe, wie sie *Plutarch* für das Verhalten von Cato Maior seinem Sohn Cato Minor gegenüber beschreibt. Alle weitere »Auctoritas« ist – und bleibt in lebenslanger Erinnerung – von der *väterlichen* abgeleitet, die »hohen Persönlichkeiten«, denen junge Menschen Schutz für ihre Ausbildung verdankten, traten keineswegs in ein »erotisches« Verhältnis zu ihnen. Sie wurden vom Vater gewählt, blieben distanziert, »würdig«, und schafften sich damit Verehrungsansprüche. So kam auch die Gerontokratie im alten Rom viel stärker zum Ausdruck als im klassischen Griechenland. Zwar klagen *Catull* und *Horaz* in ihrer Lyrik über die Unfähigkeit zur Sinnenlust im höheren Alter und über den Winter des Lebens, worin, wenn er dazu überhaupt noch die Kraft hat, der Greis voll Sehnsucht der Jugend nachtrauert. Andererseits aber entsteht in *Ciceros* Dialog »De Senectute« der erste bedeutende Traktat über das Thema, wie der Mensch mit dem Unbill seines höheren Alters zu Rande kommen solle, und indirekt damit wohl auch eine Laudatio auf das Alter, die in stoischer Philosophie fußt.

Wir kennen schon aus der römischen Republik das mit dem 17. Jahr beginnende tirocinium fori, das in den führenden Schichten als eine politische Lehrzeit zwischen Kindheit und Militärdienst eingerichtet war. Später gewinnen die collegia iuvenum an Bedeutung. Zuerst handelte es sich wohl um direkte Nachbildungen der Ephebien, wie sie unter hellenistischem Einfluß (H. I. *Marrou* 1957: 356) entstanden. Diese Collegia waren Clubs, »Verbindungen«. Sie dürften durch eine persönliche Initiative des Kaisers Augustus im Zuge der Bemühung um nationale Wiedergeburt allgemeiner und neu wirksam geworden sein. Die collegia iuvenum spielten auf Gemeindeebene eine große Rolle, sie griffen in die Politik ein, veranstalteten aber auch sportliche Wettkämpfe, Festumzüge u. dgl. Ähnlich der griechischen Ephebie verlor sich relativ rasch – wenn im römischen Reich auch aus anderen Ursachen als in der griechischen Stadtstaatenwelt – der paramilitärische Charakter, wie er zu Augustus Zeiten bestanden hatte.

Die collegia iuvenum hielten sich aber dessen ungeachtet in den römischen Provinzen über die Jahrhunderte hin. Zumindest lokal dürften sie mancherorts eine beachtliche Kontinuität, über die Völkerwanderungszeit bis ins Mittelalter entwickelt haben (G. C. P. *Falletti-Villafalletto* 1953: 453 ff. und H. *Feilzer* 1971: 150).

Zusammenfassend lassen sich für die römische Jugend zumindest die folgenden Merkmale hervorheben, die sie besonders charakterisieren:

a) die auf kultischem Prinzip beruhende Hervorhebung der Familie als Institution;
b) die Hochschätzung eines gewissen »höheren Alters«, die sich aus einer besonderen Bewertung der militärischen und politischen Erfahrung und Bewährung ergibt, sowie
c) die Tendenz zu strenger korporativer Organisation des Gemeinwesens. Daraus ergibt sich eine Autoritäten akzeptierende, in den collegia iuvenum zusammengefaßte (W. *Hornstein* 1966: 74), für den Sprung in die politische oder administrative Laufbahn sich vorbereitende Oberschichtjugend.

Die Spätantike, ihre Charismatiker und Gnostiker waren am *Person*begriff, nicht an Merkmalen wie alt und jung, an der richtigen Ausnutzung der Lebensphasen und ihrer immanenten Harmonie interessiert. Verjüngung interessierte als geistiges Phänomen der Umkehr, der inneren Erneuerung, der Wiedergewinnung von Unschuld, der Vorbereitung auf das Ende der Zeiten und den erwarteten neuen Äon, die eschatologische Weltzeit. »*Jung*« war, wer, unabhängig von seinem biologischen und sozialen Alter, bereit war, sich dem in der Geschichte allmächtig wirkenden Gott, der auch den neuen Äon herbeiführen würde, zu erschließen und darin zu verjüngen bereit war. »Introibo ad altare dei, qui laetificat iuventutem meam«, war der Psalmvers, der bis über die Mitte des 20. Jahrhunderts hinaus zu den ersten Zeilen der Meßliturgie gehörte.

Das Christentum hat keine Anthropologie mit einer akzentuierten Lebensalterstheorie hervorgebracht. Es war ja eine allgemein historische, dynamische, auf den *Wandel in den Gesinnungen aller* zielende Doktrin, die zudem auf ein Ende der Zeiten und auf eine individuelle Verwandlung jedes einzelnen durch seinen Tod und auf eine allgemeine *Auferstehung* orientiert war. Alle Erziehungs- und Entwicklungsgedanken des irdischen Daseins standen unter diesem Aspekt. Eine *Lebens*alters- und *Lebensphasen-Theorie* »konnte« aus dem prophetischen und jenseitsorientierten Christentum gar nicht hervorgehen, da ein solches »human development« Konzept *ja stark daseinsimmanent orientiert ist.* Es bezieht seine Rechtfertigung aus einem amelioristischen Bewußtsein der Begrenztheit im Diesseits und baut nicht auf die Vision und Utopie der besseren Welt. In gewisser Weise ist jede radikale Geschichtstheorie an Lebensphasen und Altersgruppen wenig interessiert. Und das Christentum war von allem Anfang eine solche, die jüdischen Erlösungshoffnungen transformierende radikale Theorie der Endzeit, sah es doch die totale Erneuerung in der Heimholung der Welt. Die Vorbereitung auf diese Erneuerung und deren teilweise Vorwegnahme in dem durch Christus eingeleiteten heilsgeschichtlichen Prozeß, woran alle (nicht nur die Jugend) in der Ekklesia Vereinigten mitzuwirken aufgerufen sind, erfolgt in der Stimmung einer grundsätzlichen Geringschätzung des Diesseits. Zumindest waren dies wichtige Elemente der herrschenden spätantik-mittelalterlichen Version des Christentums. Die Person konstituierte sich gerade in dieser inneren Ablösung von der Welt. Da war daher kein Platz für eine Jugendideologie, nur, später für einen gesamtmenschlichen und gesamtgesellschaftlichen *Reform*begriff.

7.4. Zur Sozialstruktur der Jugend im Mittelalter

Während wir also im *Altertum* nur jeweils *eine Jugend* kulturell und politisch vor uns sehen, die wir in der Spitze der sozialen Pyramide zu lokalisieren haben, fächert sich uns das Bild der Jugend im europäischen *Mittelalter* entsprechend den sozialen Strukturen dieser vielgliedrigen Epoche, insbesondere nach den sozialen Schichtungen und Klassenbildungen auf. Es entsteht vor uns erstmals ein europäisches Bild, das im Verlaufe seiner Geschichte und schließlich im Zuge der Industrialisierung radikale Züge erhalten soll, und dazu führen wird, daß man mehrere »Jugenden«, mehrere, grundsätzlich stark verschiedene und voneinander segregierte Formen des Übergangs zum Erwachsenenalter und Gestaltungen dieser Defizienz anerkennen muß.

Für die mittelalterliche Entwicklung führt W. *Hornstein* (1966) das Aufblühen der europäischen Städte seit 1100 als das für die Jugendentwicklung entscheidende Datum an: das Entstehen komplexer Wirtschaftsformen mit umfassenderen Bildungsvoraussetzungen verlangt für die Bewältigung dieser Aufgabe eine Hinausschiebung der Jugendphase, ein »Hinaufwandern der Mündigkeitstermine« (S. 90). Diese Auffassung fügt sich in die generelle These W. E. *Mühlmanns,* wonach Jugend und Jugendlichkeit Produkt »progressiver Wirtschaftsgesellschaft« seien (1975: 80). Verlängerte Ausbildung und damit, bei geforderter freiheitlicher Aktivität: »Jugend« wurde für das städtische Bürgertum, das Besitz zu verwalten und zu mehren hatte, funktional notwendig – weit mehr, als in der agrarisch-feudalen Kultur. Das Überleben der Familie und des Standes mußte demographischen und wirtschaftlichen Schwankungen standhalten und angepaßt werden.

Drei Institutionen bestimmen in besonderem Maße die Erscheinungsform von Jugend in der mittelalterlichen Welt:
1. das Ritter- und Knappentum,
2. die Korporation der Universitäten mit dem ihr spezifischen Verhältnis zwischen Lehrenden und Lernenden, und
3. die Zunft.

Allen drei Institutionen ist die symbolgekleidete Reifeerklärung gemeinsam als Ritterschlag, Graduierung und Lehrlings-Lossprechung. Daneben haben allerdings auch die Junggesellenverbände Bedeutung, deren historische Beziehung zu den mittelalterlichen Bruderschaften noch einer weiteren Klärung bedarf.

Von den drei Hauptgruppen der Jugend beschreibt H. *Feilzer* zuerst an der ritterlichen Jugend ihre Integration in den *Stand* des Rittertums: »Es gehörte zur Ausbildung des Nachwuchses, die Wertvorstellungen für irdischen Besitz zu entwickeln und auszuprägen. Auch dabei handelte es sich um die Tradierung und Sicherung einer der fundamentalen soziologischen Grundlagen des Standes« (S. 189). Anders als in den Jungmannschaftsverbänden, wo durch einige Züge der internen Selbststeuerung der Jugend ein gewisser Freiraum gegeben wurde, war die ritterliche Jugend auf den Stand als solchen orientiert. Bloß das Raubrittertum gab dem Jugendelement stärker nach. Härten in der Behandlung junger Menschen lassen sich sowohl in der ritterlichen Erziehung (S. 295) als auch in der handwerklichen Jugend besonders an den Beispielen des Entlaufens der Lehrlinge zeigen (S. 204 f.).

Die räumliche Mobilität, die für den jungen Handwerker während seiner Gesellenjahre im Spätmittelalter sogar Pflicht wurde, hatte eine *soziale* Mobilität der Jugend als Gruppe der Gesellschaft *nicht* zur Folge. Es ging nur um eine Erfahrungsmehrung, die aber erst mit dem Meisterstück des damit für erwachsen erklärten Handwerkers akzeptiert wurde. Für die handwerkliche Jugend gilt, was für die ritterliche ausgesagt werden konnte, ihre strenge, funktionale Hinordnung auf den Stand. Nur gewisse Gesellenverbände erlangten eine etwas stärkere Unabhängigkeit.

Es war einzig und allein der *Bildungsfaktor,* der eine gewisse »Entkoppelung von Jugend und Erwachsenenwelt« (H. *Feilzer* 1971) bewirkte. Dieser Prozeß ist mit der mittelalterlichen Schulbildung – die auch durch das Klosterschul- und Internatwesen eine räumliche Separierung von den Eltern bewirkt hat – irreversibel in Gang gekommen. Auch wo das Kind oder der Jugendliche nicht in die Klosterschule geschickt wurde, befaßten sich in der ritterlichen Oberschicht – anders als im römischen Modell – die Erzieher und Hauslehrer mit ihm. »Auch wer seine Kinder liebte, erzog sie nicht selbst« (A. *Borst* 1973: 84). Dieser Befund stimmt mit Forschungsergebnissen von Ph. *Ariès* (1962) überein, der schon vor 15 Jahren auf das Fehlen existentieller Bindungen zwischen Eltern und Kindern im Hochmittelalter hingewiesen hatte, Bindungen, wie sie erst die spätmittelalterliche Familie ab dem 15. Jh. entwickelte und die moderne Familie fundierte, die erst mit dem Bürgertum des 18. Jahrhunderts erscheint. Die Familie ist im Mittelalter eine moralische und soziale, aber *keine emotionale* Einheit gewesen.

Die Studentenschaft im Mittelalter

Die Verselbständigung der Bildungsjugend wurde durch die Universität verstärkt, weil die Studentenschaft bei strenger innerer Hierarchie nach außen *korporativ* verfaßt war; nach außen trat sie als Einheit auf. Der durch die Kleidung sichtbar gemachte privilegierte Studentenstatus – die Studenten trugen, auch als ihnen die Waffen verboten wurden, als vorgeschriebene Tracht einen Talar mit Gürtel und Kapuze und sie führten vielfach auch Stöcke mit sich – hob diese gegenüber dem Stadtbürgertum, *allerdings auch gegenüber dessen Jugend,* hervor und grenzte sie aus.

Sehr anschaulich beschreibt H. *Feilzer* das Verhalten der Studenten: »Breitrandige Hüte, wie sie von Kupplern getragen wurden, Kränze in den Haaren, mit Schnüren besetzte Wamse nach Art der Ritter, bunte und gestreifte Hosen, Schuhe mit möglichst langen, spitzen Schnäbeln, in solchen und anderen Aufmachungen sorgten sie für Abwechslung und Ärger in den Straßen der mittelalterlichen Stadt ... Bevorzugter Ort, wo man sich mit den Bürgern anlegte, waren die Wirtshäuser ... Dort kam es dann zu manch üblen Belästigungen. Betrunkene Studenten rempelten die Bürger an, entführten ihnen die Mädchen bei Tanzveranstaltungen und lärmten und randalierten auf den Straßen« (S. 245). Man darf diese Konflikte jedoch nicht auf den immer wieder zitierten »Ulk« beschränken. Es gab blutige Raufereien mit den Handwerksgesellen und sogar bandenartig organisierte Fehden, sowohl z. B. in Leipzig als auch in Köln um die Wende zum 16. Jh.

Die studentische Jugend war stärker als die jungen Ritter und Handwerker ausgegliedert. Die örtliche Mobilität der Studenten als fahrende Scholaren verstärkte diese Unabhängigkeit, zumal Kaiser schon im

Hochmittelalter Scholaren privilegierten. Diese Unabhängigkeit wurde zudem vielfach literarisch dargestellt und verklärt, wie die Sammlungen der Carmina burana, der Lieder der Vaganten, zeigen.

Ph. *Ariès* wies nach, wie sehr die mittelalterlichen Schüler *verschiedenen* Alters gewesen sind. Wir dürfen uns die Schule nicht einfach als durch altershomogene Schulstufen strukturiert vorstellen, sondern als altersinhomogenen Anhang von Lehrern in klösterlichen Kreuzgängen, vor Kirchen- und Kathedralentoren, selbst an Straßenecken oder in billig gemieteten Räumen einer bestimmten Straße, wohin dann der Zuzug der Lernwilligen – pueri, adolescentes, juvenes, senes – einsetzte (Ph. *Ariès* 1962: 153). Die Korrelation zwischen Alter und schulischem Studium darf für die mittelalterliche Welt nicht angenommen werden. Eine Ausnahme bildeten die für den klösterlichen Nachwuchs errichteten Schulen in den Konventen.

7.5. Familie und Jugend-Erziehung im Mittelalter

Kindheit und Jugend im Übergang vom Mittelalter zur Modernen, also bis zu den Ansätzen der allgemeinen Schulpflicht, sind nach *Ariès* unter dem Aspekt der *ständigen Einengung des ursprünglich dominierenden Modells der Jugendbildung und -erziehung als »apprentissage«* zu sehen.

Denn das Kind wurde im europäischen Mittelalter mit etwa sieben Jahren (dem gleichen Alter, da es in Rom von der Obhut der Mutter in die des Vaters überging bzw. in der Stadtkultur der griechischen Antike aus der Obhut der Mutter entlassen wurde und in die Schule eintrat), von zu Hause weggeschickt und in eine andere Familie »in die Lehre« gegeben. Das bedeutete für das Kind die Aufnahme entweder in einen ritterlichen oder handwerklichen Haushalt, auf jeden Fall aber

a) eine abrupte Ablösung von »zu Hause«, der Herkunftsfamilie,
b) eine Eingliederung in einer dienenden Funktion.

Selbst die Schüler wurden im Hochmittelalter zu einer fremden Familie »weitergereicht«.

Treffend schreibt hierzu auch M. *Rassem* (1975)

»Im Handwerk und in der Ritterschaft wird ein besonderes Pathos des Dienstes entwickelt, es entstehen Vorschriften aller Art, und der Ziehvater unterliegt im Grunde der öffentlichen Kontrolle mehr als ein leiblicher Vater, in dessen Gebarung man sich nicht einmischen kann ... Andererseits kann man sich kaum verhehlen, daß diese den leiblichen Müttern entrissene Jugend, die aus nüchternen Erwägungen heraus recht eigentlich verschickt wird, doch auf harte und abrupte Weise mit dem Sozialleben konfrontiert wird.« (S. 103)

Was Ph. *Ariès* erwähnt, mehr am Rande, was für die Sozialstruktur der europäischen Familie ebenso wie für die »Einseitigkeit« der Jugend charakteristisch war: Die Mädchen blieben zu Hause, oder kamen höchstens in die Nachbarschaft oder zu Verwandten (1962: 366). Die Schule begann für die weibliche Jugend erst mit dem späten 18. bzw. frühen 19. Jahrhundert eine soziale Wirklichkeit zu werden.

Grundlegend war in der mittelalterlichen Welt Europas für die männliche Jugend also die *Lehre,* welche sie in *fremdem* Haushalt durchzumachen hatte, was immer die weitere Bestimmung und Laufbahn der Individuen war. Die Wissensvermittlung, darüber hinaus die Sozialisation, erfolgte durch dienstbotenartige Teilnahme am Leben der Erwachsenen. Im Sozialisationsprozeß wurde die Jugend in die Stände integriert. Eine Sensibilität und *emotionale* Tiefenverpflichtung gegenüber der Familie, wie romantisierende Projektionen von Soziologen des 19. und 20. Jahrhunderts dies wahrhaben wollten und wollen, gab es ebensowenig wie eine durchgehende altersgruppenmäßige Solidarisierung. Das Wort »jung«, wie wir es in den Vagantenliedern finden, klingt darum auch vielmehr nach einer spezifisch amoralischen Protestvokabel als nach einer Solidarisierungsformel.

Mit dem 15. Jahrhundert allerdings begann für die männliche, städtische Jugend der mittleren Schichten die Schule die dominierende Sozialisationsinstitution zu werden. Und da begannen auch die theologischen und – von der Theologie inspirierten – pädagogischen Ideen zu wirken. Ausgehend vom Begriff der Kindheit Jesu wurde für eine Humanisierung der Behandlung des Kindes argumentiert. Ab dem 16. und 17. Jahrhundert wurde die Verpflanzung der Kinder in einen fremden Haushalt für die Teilnahme am Schulunterricht prinzipiell schon in Frage gezogen, die Wiederkehr in den elterlichen Haushalt erfolgte häufiger bzw. wurde überhaupt vorverlegt usw. (W. *Hornstein* 1966: 118; Ph. *Ariès* 1962: 370). Überhaupt zeigt M. *Rassem* (1975) mit Recht, daß durch den Pietismus und die sentimental-phantastische Literatur des 17. Jahrhunderts Grundlagen für den auf das Kind und den Jugendlichen bezogenen Egalitarismus schon fast ein Jahrhundert vor *Rousseau* gelegt worden sind (S. 100).

Auf die Pflichten der Eltern zur persönlichen Wahl der Schule oder des Lehrers begann die moralisch-pädagogische Literatur im Übergang vom Mittelalter zur Neuzeit hinzuweisen. So wurden z. B. Forderungen an die städtischen Magistrate herangetragen, mehr Schulen zu bauen, damit die Kinder und jungen Menschen in der *Nähe* des Elternhauses zur Schule gehen könnten, etc.

Die *Individualisierung* des Verhältnisses zur Schule wurde aus der *Personalisierung* des Verhältnisses zu den Eltern abgeleitet. Jedoch darf nicht nur eine einseitige Kausalität angenommen werden, um den entscheidenden Umschwung zur Vorbereitung der Empfindsamkeit gegenüber der Humanität des Kindes und Jugendlichen zu erklären.

Entscheidend wird das Aufscheinen eines neuen *Menschen*bildes, welches sich im sozialen Verhalten zum Kind und zum Jugendlichen durch die Prozesse der spätmittelalterlichen bzw. frühneuzeitlichen Familiarisierung ebenso wie durch die beginnende »Verschulung« durchzusetzen beginnt. Wenig erforscht ist noch der Zusammenhang zwischen der wirtschaftlichen Entwicklung und der Herausbildung dieses humanitären Menschenbildes. Da es sich zuerst im städtischen Bürgertum herausbildete, dürfte es mit den Grundvorstellungen des Austausches und Handels verbunden sein. Führend in dieser Entwicklung waren ja nicht die Oberschichten, war nicht der Adel und auch nicht das Handwerk; beide blieben bei der ständischen Lehrzeit (apprentissage). Führend in der pädagogischen Umwertung wurden die städtischen Mittelschichten, der Handel und die mit dem Aufkommen neuzeitlicher Verwaltungseinrichtungen sich entwickelnde Bureaukratie.

Gerade diese aus dem Wandel des Jugendbegriffes sich ergebende Einsicht falsifiziert die starre Auffassung, daß Kulturformen immer von der *Spitze* der sozialen Pyramide nach unten »wandern«. Die Scholarisierung, der Zugang zu einer inneren Flexibilität sowohl eigener geistiger Entwicklung und damit Autonomie als auch zu den neuzeitlichen Formen politischer Repräsentation, nahmen ihren Ausgang von der aufstrebenden städtischen Mittelschicht.

Dabei dürfen wir uns Jugend historisch nicht vom heutigen Erscheinungsbild aus vorstellen! Aufgrund unterschiedlicher Ernährungsgewohnheiten, eintöniger, vermutlich auch kalorien- und vitaminärmerer Nahrung erlangten junge Menschen ihre vollen Körperkräfte erst in der Mitte des dritten Jahrzehnts (J. R. *Gillis* 1974: 7). Die Altersgruppen, die wir heute als jugendlich bezeichnen, sind vom europäischen Mittelalter bis zur beginnenden Industrialisierung in ihrem körperlichen Erscheinungsbild Kindern ähnlicher gewesen als heutige Jugendliche. Natürlich gab es neben den individuellen und genetischen Unterschieden die sozialen insofern, als die Jugendlichen der oberen Schichten schon wegen der besseren und abwechslungsreicheren Ernährung, aber auch anderer Begünstigungen, früher körperlich reif wurden als die unteren Schichten. Die *Kohorten der Adoleszenten boten also ein uneinheitliches Bild,* was natürlich auch dazu beitrug, daß diese in Erwachsenenkleidern »steckenden« älteren »Kinder« nicht als eine eigene Gruppe angesehen wurde. Berücksichtigt man diese sozialmedizinischen, sozialstatusmäßigen und symbolischen Gesichtspunkte, wie sie sich z. B. an der Kleidung dokumentieren, so erkennt man erst, wie komplex das Zustandekommen eines sozialen Lebensalterstypus, wie Adoleszenz, ist. Denn schon bahnte sich ja seit dem 15. Jahrhundert für die männlichen Jugendlichen zwischen Adel und Handwerk in den parallelen und einander wechselseitig beeinflussenden Prozessen der Scholarisierung und Familiarisierung eine Wandlung an, die auf das *Bewußtsein dieser einzelnen* gewirkt haben mußte, bei all ihrer Infantilisierung in Dienstbotenrolle und Erwachsenenkleid.

Wir haben hier Jugendtypen in frühen Phasen europäischer Geschichte exemplarisch skizziert. Für die Entwicklung der Sozialgestalt Jugend in der europäischen Neuzeit bietet das Werk von John R. Gillis (1974) die beste Grundlage. Dessen Auswertung für die Soziologie und eine eigene Verarbeitung von Quellen für die Stellung der Jugend in der europäischen Neuzeit bietet L. Rosenmayr (1976: 83 ff).

Eine klare Abgrenzung der Adoleszenz gegenüber der Kindheit konnte es erst mit der Erreichung der Breitenwirkung der Sekundarschulen gegen Ende des 19. Jahrhunderts geben. Das Einschwenken des wissenschaftlichen Interesses auf *Adoleszenz* trug zu dieser Zeit neben den Wirkungen der »Lebensphilosophie« und der literarischen Produktion entscheidend dazu bei, daß eine neue Phase gesellschaftlichen Bewußtseins von Jugend entstehen konnte. An dieser Konstituierung kommt, wie neuere Forschungen zeigen, der Wissenschaft um die Jahrhundertwende eine große Bedeutung an.

8. Die Zukunft der Jugend

Die zukünftige Entwicklung der sozialen Kategorie Jugend ist ein bisher vernachlässigter Gegenstand der Jugendsoziologie. Dies mag auch mit der Scheu vor Prognosen zu tun haben, die sich aus den Fehlschlägen früherer Prognosen erklärt. Sicherlich aber ist eine Ursache der Vernachlässigung die Orientierung auf die Untersuchung von Einstellungen und Verhalten der Jugend zu jeweils einem Zeitpunkt in jeweils einem Land. Diese Orientierung führt zur Aussparung makrosoziologischer Fragestellungen, die sich auf die Voraussetzungen von Jugend richten, welche von der sozialen Gestaltung des Alters gegeben werden. Statt dessen wird implizit (und fälschlich) vorgegangen, als sei Jugend als soziale Kategorie eine konstante Größe.

Diesem Vorgehen entspricht es, daß sich die Elemente der verbreiteten Vorstellungen von Jugend im Zeitablauf relativ wenig geändert haben, jedenfalls weitaus weniger als die soziale Kategorie Jugend selbst. Betrachtet man die *enorme Expansion* der sozialen Kategorie Jugend im Lauf der Jahrhunderte und insbesondere in den letzten Jahrzehnten, so muß die Vorstellung (bzw. implizite Unterstellung) der Konstanz der Jugend als sozialer Kategorie fragwürdig werden.

Ebensowenig scheint es uns jedoch gerechtfertigt, ungeprüft den Trend der Expansion von Jugend einfach in die Zukunft zu extrapolieren und zu erwarten, daß die Jugendphase für junge Menschen aller sozialer Schichten schließlich erreichbar wird und in deren individuellem Lebenslauf eine immer länger werdende Zeitspanne ausmacht. Vor jeder Prognose ist es erforderlich, die wichtigsten Voraussetzungen für Jugend, welche von der Sozialstruktur, den Reproduktionsprozessen der Gesellschaft und der geschichtlichen Entwicklung gesetzt werden, näher zu betrachten.

8.1. Die Bedingungen des Arbeitsmarkts

Im einzelnen sind hier die Bedingungen des Arbeitsmarkts zu betrachten, die in öffentlichen Diskussionen häufig als wichtigste Strukturvoraussetzung eingeführt werden, wenn es um die Bildungsexpansion geht. Dabei ist es wichtig, für längerfristige Prognosen auch die langfristigen Entwicklungsdaten zu sehen und nicht Momentaufnahmen der Realität kurzschlüssig als Basis zu wählen (daß gegenwärtig etwa x % von Hochschulabsolventen von Institutionen der Arbeitsvermittlung als arbeitslos gezählt werden und gleichzeitig Stellen für Maurer offen sind, muß durchaus nicht beweisen, daß die Expansion der Hochschulen verfehlt war und rückgängig gemacht werden muß).

Ein Teil der Ausbreitung von Jugend in den letzten Jahrhunderten ist dadurch zu erklären, daß »die Gesellschaft« sich diese weitere Ausbreitung von Jugend *leisten* konnte. Entwickelte Gesellschaften sind gegenwärtig auf die produktive Tätigkeit der Mehrzahl ihrer jüngeren Mitglieder nicht angewiesen (von Ausnahmesituationen wie Kriegen abgesehen, in denen durch Verkürzung von Ausbildungszeiten und Einschränkung des Besuchs von Bildungsinstitutionen Umfang und Ausdehnung von »Jugend« typischerweise drastisch reduziert wird). Angesichts drohender oder vorhandener Arbeitslosigkeit mag es sogar als zweckmäßig erscheinen, die Zahl der in den Arbeitsmarkt eintretenden Personen dadurch zu verringern, daß die Verweildauer Jugendlicher in den Institutionen des Bildungswesens verlängert wird.

So könnten durch Verlängerung der Schulpflicht z. B. die geburtenstarken Jahrgänge im Schulsystem gewissermaßen »gestaut« werden. Der »Vorteil« solcher Maßnahmen zur Beseitigung von Jugendarbeitslosigkeit ist die relativ einfachere Durchführung solcher Maßnahmen. Demgegenüber ist bei Maßnahmen, die das Lehrstellenangebot und die Nachfrage nach jugendlichen Arbeitskräften mit wirtschaftlichen Anreizen (staatliche Prämien für zusätzliche Ausbildungsplätze, Entbindung von der Berufsschulpflicht, in den USA partielle Aufhebung der Mindestlohngesetzgebung[1]) zu erhöhen suchen, der mögliche Erfolg nicht im voraus quantitativ bestimmbar. Im Zuge von solch intensivierten Bemühungen um die Bekämpfung der Jugendarbeitslosigkeit, die durch das Aufeinandertreffen von wirtschaftlicher Rezession und in den Arbeitsmarkt eintretenden geburtenstarken Jahrgängen zu einem erheblichen Problem zu werden droht, mag es kurzfristig zu einer quantitativen Ausweitung von Jugend kommen; hiervon zu trennen ist die Frage der langfristigen Entwicklung.

Kann sich »die Gesellschaft« aber eine *weitere* Ausbreitung von Jugend leisten? Die Prognose der Entwicklung des Arbeitsmarkts ist deswegen besonders schwierig, weil weder die Nachfrage noch das Angebot in seiner Struktur zuverlässig für einen längeren Zeitraum im voraus bestimmt werden kann. Was die *Nachfrage* nach Arbeitskräften angeht, so sind gegenläufige Tendenzen der Struktur der Entwicklung zu berücksichtigen. Tendenziell nehmen Automatisierung und Mechanisierung weiter zu und reduzieren damit den Arbeitskräftebedarf in entwickelten Industriegesellschaften. Demgegenüber führt eine zunehmende Nachfrage nach Dienstleistungen zu einem zunehmenden Bedarf an Arbeitskräften im Servicebereich. Die Prognose des Resultats solcher gegenläufiger Tendenzen erscheint sehr problematisch.

Das *Angebot* an Arbeitskräften wird vor allem bedingt durch den Umfang der Bevölkerung im Erwerbsalter und durch die Erwerbsquote, d. h., den Anteil der Erwerbspersonen an der Gesamtbevölkerung (wir wollen Wanderungen hier einmal außer acht lassen). Projektionen der Bevölkerungsentwicklung sind insoweit zuverlässig, als sie sich auf vorhandene Grunddaten beziehen – d. h., auf bereits Geborene; die Zahl der 25jährigen im Jahr 2000 wird sich aufgrund der Daten des Jahres 1975 zuverlässig schätzen lassen. Demgegenüber ist die Prognose der jüngeren Jahrgänge im Jahr 2000 auf Vermutungen über Geburten in der Zukunft angewiesen; Erfahrungen mit Bevölkerungsprognosen zeigen aber gerade in den letzten beiden Jahrzehnten, daß die Fehlermöglichkeiten solcher Prognosen beachtlich sind. Amtliche Statistik und Bevölkerungswissenschaft sind dabei, das Instrumentarium der Bevölkerungsprognose erheblich zu verfeinern. Das Instrumentarium, das eingetretenen Entwicklungen wie Veränderung des Heiratsalters und zunehmende Geburtenplanung gerecht wird, wird uns zuverlässige Angaben über die künftige Geburtenentwicklung aber erst liefern können, wenn die Erfahrungsbasis für seine Anwendung im Zeitablauf größer geworden ist.

Ebensowenig wie die Reproduktionsrate einer Gesellschaft konstant ist, kann von einer konstanten Erwerbsquote ausgegangen werden. Wichtige Einflußgrößen hierfür sind die Altersgrenze für das Pensionsalter und die Frauenerwerbstätigkeit. In Kapitel 2 hatten wir exemplarisch die deutschen Daten über Frauenerwerbstätigkeit im Jahre 1972 nach Familienstand und Alter aufgegliedert. Die sich hierin ausdrückende Tendenz eines Rückgangs der Erwerbstätigkeit verheirateter Frauen mit steigendem Alter darf nicht bereits als Ausdruck von Stadien im Lebenszyklus interpretiert werden; dieser Fehler einer Längsschnittinterpretation von Querschnittsdaten muß vermieden werden. In diesen Daten könnten sich auch unterschiedliche Einstellungen der verschiedenen Generationen zur Frauenerwerbstätigkeit ausdrücken. Die veränderte Auffassung der jüngeren Generation über den Stellenwert von Ehe, Familie und Berufstätigkeit würde – eine Dauerhaftigkeit dieser Auffassungen unterstellt – zu einer erhöhten Erwerbsquote der Frauen führen, wenn diese neue Generation die ältere im Zeitablauf ablöst.[2]

Angesichts der dargestellten Hindernisse für eine zuverlässige längerfristige Prognose sowohl der Nachfrage nach Arbeitskräften als auch des Arbeitskräfte-Angebots kann nicht davon ausgegangen werden, daß sich die vom Arbeitsmarkt her möglichen Begrenzungen weiterer Expansion von Jugend jetzt bestimmen lassen. Dabei ist die erhebliche längerfristige Flexibilität des Arbeitsmarkts zu beachten. Die Wandlungen von Wirtschaftsstruktur und Arbeitsplatzangebot in der Vergangenheit sind eindrucksvoll; ihre Untersuchung macht deutlich, daß das Arbeitsplatzangebot nicht einfach als fixe Größe angenommen werden kann, sondern auch auf Veränderungen in der Verfügbarkeit von Arbeitskräften unterschiedlicher Qualifikationen flexibel zu reagieren in der Lage ist.

8.2. Die Abfolge von Ausbildung und Arbeit

Viel wichtiger als Aufnahmefähigkeit und Bedarf des Arbeitsmarkts scheint uns für die Zukunft der Jugend die Frage, wie lange die Kosten der gegenwärtigen Organisation der Beziehung von Ausbildungssphäre und Arbeitswelt noch tragbar sind. Schon jetzt wird die Problematik der nahezu vollständigen Trennung der institutionellen Bereiche von Ausbildung und Arbeit zunehmend prekärer. Diese Problematik ist sowohl unter dem Aspekt der Vereinbarkeit beider Bereiche als auch aus der Sicht der Individuen zu sehen, die die lebensgeschichtlichen Kosten zunehmend weniger erträglicher Arrangements von »Laufbahnen« zu tragen haben. Die Verschärfung der Problematik ist das Resultat der Beibehaltung der überkommenen strukturellen Trennung, während gleichzeitig, wenn auch graduell und allmählich, die Voraussetzungen entfielen, die diese Struktur einst sinnvoll machten.

Die Beziehung von Ausbildungssystem und Arbeitswelt ist von den dramatischen Veränderungen von Ausbildungsinhalten, Ausbildungsdauer und Anforderungen der Arbeitswelt erstaunlich wenig verändert worden. Im individuellen Lebenszyklus ist die Phase der Ausbildung in Bildungsinstitutionen historisch immer länger geworden. Die Phase der Erwerbstätigkeit dagegen wurde kürzer, begrenzt einerseits durch Verlängerung der Ausbildungsdauer und andererseits durch Altersgrenzen, früheres Pensionsalter usw. Die Verlängerung der Ausbildungsdauer wird begründet durch erhöhte Komplexität der Aufgaben und Anforderungen in der Arbeitswelt. Für diese ist jedoch ein immer rascherer Wandel charakteristisch.

Gleichwohl hat sich an der Art der Abfolge wenig geändert. Die Ausbildung sucht immer noch Ausbildung für das ganze Leben zu sein, obwohl sie diesen Anspruch immer weniger einlösen kann. Entwicklungen wie Bildungsurlaub, Kontaktstudium usw. sind zaghafte Antworten auf die sich wandelnden Anforderungen im Laufe der aktiven Teilnahme eines Menschen am Erwerbsleben. Ausbildung, die nur in einer einzigen, gesonderten Phase des Lebenszyklus stattfindet, wird den Anforderungen der modernen Arbeitswelt immer weniger gerecht.

Die Verlängerung der Ausbildungsdauer wird zugleich immer kostspieliger – sowohl für die Gesellschaft, die diese Institution ganz oder teilweise finanziert, wie für die Individuen. Dabei geht es nicht nur um die Kosten in Form während der Ausbildung entgangenen Einkommens. Wichtiger noch sind die weniger sichtbaren Kosten des unsicheren Erreichens des fernen Berufsziels.

Angesichts der durch die erhebliche Ausdehnung des Bildungswesens vergrößerten Konkurrenz beginnt der Leistungsdruck im Hinblick auf eine bestimmte Laufbahn immer früher. Wer ein begehrtes und »überlaufenes« Fach studieren will, tut jetzt gut daran, seine Pläne schon als Schüler danach auszurichten, um seine Zulassungschancen zu verbessern, und die erforderlichen Noten in entsprechenden Fächern zu erreichen. Die Wahl des Studienfaches etwa ist damit nicht mehr eine Entscheidung, welche Abiturienten zu treffen haben; die Vorentscheidungen für ein spezifisches Berufsziel und Studienfach müssen schon vorher getroffen werden.

Informationen, die in diese Vorentscheidungen über Berufe eingehen, sind jedoch günstigstenfalls zum Datum der Entscheidung selbst gültig; dies gilt besonders für die Arbeitsmarktdaten, die in solche Entscheidungen eingehen. Die Problematik ist besonders deutlich da, wo die Verzögerung zwischen Vorentscheidung und Berufseintritt besonders groß ist, d. h. z. B. bei akademischen Berufen. Der 14jährige, der sich entschließt, Arzt oder Psychologe oder Ingenieur werden zu wollen, wird in dieser Entscheidung beeinflußt von Mitteilungen darüber, ob es zuwenig/zuviele Ärze, Psychologen oder Ingenieure gibt. Solche Angaben beziehen sich jedoch auf die Gegenwart, nicht auf den Zustand 10–15 Jahre später, wenn er eine Stelle als Arzt, Psychologe oder Ingenieur sucht. Wie viele Beispiele bereits zeigen, sind Mitteilungen über einen Überschuß oder Mangel in einem bestimmten Beruf nicht von sehr langer Dauer.

Angesichts dieser bereits deutlich sichtbaren Schwierigkeiten scheint eine Extrapolation der bisherigen Entwicklung der Jugend unwahrscheinlich. Weder würde sie den Erfordernissen der modernen Gesellschaft gerecht, noch wäre dies für die Individuen erträglich.

Zusätzliche Schwierigkeiten ergeben sich aus den recht dramatischen Veränderungen des Kohortenumfangs. Die Größe der Jahrgänge, welche zu einem bestimmten Zeitpunkt in das Ausbildungssystem oder das Erwerbsleben eintreten, ist nicht konstant. Die unterschiedliche Größe der Kohorten stellt eine erhebliche Herausforderung der Institutionen sowohl des Ausbildungswesens wie der Arbeitswelt dar.

8.3. Demographische Faktoren

Auf einen erheblichen Anstieg der Geburtenzahlen folgte deren Rückgang seit Mitte der sechziger Jahre in der Bundesrepublik. Ähnliche

Entwicklungen sind in anderen Industriegesellschaften zu verzeichnen. Für die USA hat N. *Ryder* die Entwicklung im Detail beschrieben.[3] Insbesondere für das Bildungs- und Erziehungswesen stellt sich so das Problem, kurzfristig in großem Umfang seine Aufnahmefähigkeit zu erweitern und Ausbildungsplätze bereitzustellen, welche dann wenige Jahre später in diesem Umfang gar nicht mehr gebraucht werden.

Die Größenordnung des Problems in der BRD wird schon bei der Betrachtung von graphischen Darstellungen der Altersgliederung der Bevölkerung (z. B. Statistisches Jahrbuch 1975: 59) eindringlich sichtbar. Vergleicht man die Jahrgangsgrößen der Nachkriegsgenerationen, so werden markante Unterschiede der Jahrgangsstärke deutlich, wie schon wenige Zahlen über den Bevölkerungsaufbau Ende 1973 illustrieren. Zu diesem Zeitpunkt gab es in der BRD 867 Tausend 17- bis 18jährige, über eine Million (1 049 Tausend) 9- bis 10jährige und 623 Tausend unter Einjährige. Im Laufe der fünfziger Jahre nahm die Stärke eines Jahrgangs um nahezu ein Viertel (etwa 200 000) zu, so daß die Anfang bis Mitte der sechziger Jahre geborenen Jahrgänge jeweils stärker als eine Million sind. Seither geht die Jahrgangsstärke rapide zurück. Wurden 1967 noch über eine Million Kinder geboren, so sind es 1974 mit 626 Tausend Geburten nur noch wenig mehr als die Hälfte (der Rückgang wirkte noch drastischer, wenn man nur die Geburtenzahlen für Inländer vergliche).

Zum gegenwärtigen Zeitpunkt kann nicht mit Sicherheit gesagt werden, ob sich der Rückgang der Geburtenzahlen fortsetzt, auf einem niedrigeren Niveau stabilisiert, oder aber zyklische Auf- und Abwärtsbewegungen zu erwarten sind. Letzteres wäre dann vorauszusehen, wenn sich das Reproduktivverhalten nicht weiter ändert; die Größenverhältnisse starker und schwacher Jahrgänge würden sich dann, wenn diese selbst Eltern werden, in recht unterschiedlichen Geburtenhäufigkeiten zu verschiedenen Zeitpunkten reproduzieren. Ob das Ausbildungssystem in seiner gegenwärtigen Struktur hinreichend Flexibilität besitzt, um solchen drastischen Veränderungen des Kohortenumfangs sich anzupassen, darf bezweifelt werden.

Wir halten deshalb tiefgreifende Veränderungen der strukturellen Voraussetzungen von Jugend im Lauf der nächsten Jahrzehnte in den modernen Industriegesellschaften für notwendig und wahrscheinlich. Wesentliche Änderung wird die Aufhebung der starren Trennung von Ausbildungssystem und Arbeitswelt sein. Damit ändert sich sowohl die Natur der Phase Jugend im individuellen Lebenslauf als auch die soziale Kategorie Jugend selbst. Damit ändern sich die Möglichkeiten von Jugend, als Faktor des sozialen Wandels und als aktiv Handelnde im historischen und sozialen Prozeß in Erscheinung zu treten.

8.4. Hauptlinien der Entwicklung der Jugend

Die Vorstellung von Jugend als Frühempfänger und Verstärker von Innovationen geht in Europa zurück zur politischen Kultur des klassischen griechischen Stadtstaats. Jugend war damals begrenzt auf die städtischen Oberschichten. Im europäischen Mittelalter entfaltete sich eine sozial geschichtete Jugend: junge Adlige, Handwerker, Studenten. Jugend schloß die Zeitspanne ungefähr vom achten Lebensjahr bis zum Ende der Lehrzeit und/oder dem Zeitpunkt der Heirat ein. Die mittelalterlichen Studenten waren der erste Typ von Jugend, der zur gleichen Zeit abweichend und anerkannt war. Jugend als Phänomen der örtlichen und zentralen Höfe, die ihre Vorbereitungszeit für administrative und politische Rollen in der Oberschicht ableisteten, halfen, das Bild des gut erzogenen Herrn zu schaffen.

Eine wichtige Veränderung setzte mit der Aufklärung und der folgenden Romantik in Europa ein. In den Texten von Literatur und Philosophie wurde der junge Mann eine quasi göttliche Figur, die der Welt ihre Rettung vermittelte. Auserwählte aufrichtige Jugendliche wachten selbst aus Konventionen und überkommenen Normensystemen auf; viele von ihnen, die aus dem Bürgertum oder auch den Unterschichten stammten, wandten sich der Naturwissenschaft, der Philosophie, Geschichte und Literatur zu, wie aus der Ideen- und Sozialgeschichte gezeigt werden kann. Jugend war zutiefst mit Heldenverehrung verbunden, sowohl als Subjekt als auch als Objekt.

Rousseau hatte in seinem »Emile« die Grundlage für eine Erziehungsphilosophie der Jugend geschaffen, in der er ein Moratorium und eine Ausdehnung der Periode der Bildung verlangte, so daß Kultur, welche er als befreiende Kraft sah, tatsächlich übermittelt werden konnte. Während des 19. Jahrhunderts gewann Jugend einige Anerkennung durch ihre Teilnahme an den Bewegungen nationaler Verteidigung, des politischen Konstitutionalismus, der Pressefreiheit und der Redefreiheit. Keine der hiermit verbundenen Revolutionen in den 1830er Jahren und 1848 waren jedoch Jugendrevolten.

Die letzten Jahrzehnte des 19. Jahrhunderts sahen eine allgemeinere Einführung der Schulen für die Massen der Bevölkerung in Europa und in den USA und die Abschaffung der Kinderarbeit. Schule als Massenphänomen schuf das Problem der Adoleszenz. Diejenigen, die die Schule im Alter von 13 oder 14 verließen, waren in bestimmter Weise geformt und vorbereitet. Sie stellten einen Typ dar, der sich von den aufwachsenden Kindern unterschied, die entweder in ihrer eigenen oder einer anderen Familie verblieben waren, um Berufsausbildung zu erhalten.

Die Jugendbewegung, besonders stark in England, Deutschland und Österreich, setzte mit dem Beginn des 20. Jahrhunderts ein. Kirchen und neue pädagogische Kräfte reformistischer Lehrer wandten sich der neuen Sozial- und Altersschicht-Adoleszenz zu. Die Phase der Adoleszenz wurde zum Anlaß des Beginns der Jugendforschung in der Welt, die in Mitteleuropa und in den USA praktisch zur selben Zeit begann. Das wissenschaftliche Interesse an Jugend begann mit einem Interessse an der Adoleszenz, einem neuen Typ verlängerter unabhängiger Kindheit; Probleme der sozialen und psychologisch verlängerten Pubertät wurden jedoch bald entdeckt.

Es dauerte bis zur Studentenrevolte der 60er Jahre, daß der verlängerten Jugend oder dem immer noch abhängigen Status des jungen Erwachsenen neue Bedeutung im Prozeß intellektueller und beruflicher Formung zugeschrieben wurde. Ihre Voraussetzung ist ein Unschärferwerden des Übergangs vom Jugend- zum Erwachsenenstatus.

Jugend in dieser neuen Bedeutung drückt die sozio-ökonomische Notwendigkeit verlängerter Vorbereitung für komplexe Funktionen in den oberen Schichten der hierarchischen Arbeitsteilung in Verbindung mit dem Verlangen nach Autonomie in dieser Periode des Übergangs zum Vollerwachsenen-Status aus.

Die ursprüngliche bürgerliche Philosophie war es gewesen, Belohnungen hinauszuschieben, um Autonomie zu erreichen. Selbständigkeit und Berufsqualifikationen waren das Ziel, für das Frustrationen, soziale und sexuelle, ertragen werden mußten. Die immer längere Ausdehnung von Jugend bis schon zum 30. Lebensjahr (und länger) von Individuen mit ehrgeizigeren beruflichen Laufbahnen und die zunehmende allgemeine soziale Krise normativer Strukturen im Hinblick auf Autorität, Selbstkontrolle, Sexualität usw. durch zunehmende Freizügigkeit und Pluralismus führten zur Zurückweisung des Musters der verzögerten Belohnung und der Vorstellung vom Moratorium. Neue soziale Formen der Gratifikation (wie z. B. die Antizipation von Ehe in dauerhaften vorehelichen Beziehungen) wurden gesucht. Die allgemeine Verschiebung der Gratifikation wurde zunehmend weniger akzeptiert. Das Ideal des Moratoriums wurde durch die Idee der Partizipation und Mitbestimmung sowie der Selbstbestimmung der Jugend in den sie betreffenden Fragen abgelöst.

Diese Tendenzen, die sich in der Jugendrevolte ausdrückten, wurden von ihr noch verstärkt. Dabei wurden auch traditionelle normative Vorstellungen von Jugend aufgenommen und selektiv verstärkt.

Und es erwies sich als folgenreich, daß die Rolle der Massenmedien im Sozialisationsprozeß ohnehin zugenommen hatte. Die Kommunikationssysteme der Jugend und für die Jugend wurden immer weniger genau abgrenzbar. Daraus ergab sich ein gewisser Funktionsverlust für die Sozialisationsinstanzen. Zugleich wurden damit die Voraussetzungen reduziert, welche für eine wirklich autonome Subkultur von Jugendlichen erforderlich wären. Dabei ist jedoch nicht zu übersehen, daß die Massenmedien Themen und Formen aufnahmen, welche der Subkultur der Jugend zugeschrieben wurden.

8.5. Prognosen und Erwartungen

Unsere Erwartungen für die Zukunft von Jugend ergeben sich aus der Analyse des bisherigen Verlaufs. Die strukturellen Probleme, welche bereits deutlich geworden sind, machen entscheidende Veränderungen der Strukturbedingungen für Jugend wahrscheinlich.

Demographische Prognosen für die nächsten Jahrzehnte, wie sie N. *Ryder* für die USA vorgelegt hat, zeigen, daß als Folge des Geburtenrückgangs mit einer erheblichen Verringerung des Anteils von Jugendlichen und jungen Erwachsenen an der Gesamtbevölkerung zu rechnen ist. Fraglich ist jedoch, ob es nach Beginn des 21. Jahrhunderts in den entwickelten Industriegesellschaften Europas und in den Vereinigten Staaten einen stabilen Anteil Jugendlicher an der Gesamtbevölkerung geben wird, oder ob nicht vielmehr mit zyklischen Veränderungen des Anteils von Jugendlichen an der Gesamtbevölkerung zu rechnen ist.

Ein weiterer Rückgang der Bedeutung des informativen Gehalts der Sozialisation in der Familie und vermutlich auch ein Wandel der Intensität der Solidarität innerhalb der Familie sind zu erwarten. Damit fände eine Kristallisierung der Funktionen der Familie im Bereich emotionaler und grundlegender ökonomischer Unterstützung für die Heranwachsenden statt.

Als Ergebnis zunehmender Bedeutung von Entwicklung während des gesamten Lebenszyklus wird die Betonung von Jugend als einer besonderen Kraft oder Gruppe in der Gesellschaft zurückgehen. Die zu erwartende Ausbreitung von Bildungsprozessen in andere Altersgruppen hinein wird auch die einzigartige Position der Jugend in dieser Hinsicht entdramatisieren.

Neue Strukturen der Kombination von Lernen, Ausbildung und Arbeit sind zu erwarten. Damit ergibt sich eine stärkere Integration von Jugendlichen und anderen Altersgruppen. Die Bedeutung des altershomogenen Schulsystems und altershomogener Kulturelemente wird damit nachlassen.

In Verbindung hiermit wird auch damit zu rechnen sein, daß die Bedeutung von Generationen nachlassen wird. Die Erfahrungen, welche Mitglieder derselben Kohorten machen, werden weniger homogen sein als gegenwärtig. Größere Komplexität der Verbindungen von Einstellungen und Loyalitäten wird die Unterschiede der Einstellungsprofile von Individuen in unterschiedlichen Altersgruppen verwischen. Mit anderen Typen von Solidarisierung ist deswegen zu rechnen.

Aus derartigen Veränderungen ergeben sich neue Aufgaben auch für die Jugendsoziologie. Die Jugendsoziologie kann dabei eine wichtige Rolle spielen, wenn sie sich dazu versteht, an der Gestaltung neuer Formen der Jugendphase aktiv mitzuwirken. Erforderlich sind neue Entwürfe der Verbindung von Ausbildung und Arbeitswelt. Es gilt, neue institutionelle Arrangements zu erproben und experimentell zu überprüfen.

Die Notwendigkeit kontrollierter Experimente vor der Einführung umfassender und durchgreifender Änderungsmaßnahmen ist zu betonen. Nur dadurch kann mit relativ geringen Kosten für alle Beteiligten herausgefunden werden, ob solche neuen Arrangements die ihnen gestellten Ziele erreichen, ohne unbeabsichtigte und nicht erwünschte Nebenfolgen hervorzurufen.

Für Entwurf und Durchführung derartiger Experimente ist die soziologische Phantasie gefordert.

Anmerkungen

Anmerkungen zu Kapitel 1

[1] Eine treffende Kritik der mit *Schelsky* verbundenen Jugenduntersuchungen wurde seinerzeit von Erwin K. *Scheuch* vorgelegt (Untersuchungen über die heutige Situation der deutschen Jugend, Kölner Zeitschrift für Soziologie und Sozialpsychologie, 1956 (XIII), S. 124–142 und S. 329–346).

[2] Siehe hierzu den Bericht von J. *Habermas* u. a., Student und Politik, Neuwied 1961.

[3] Dementsprechend gering ist der Stellenwert der für die Studentenschaft der FU repräsentativen Umfrage innerhalb der Veröffentlichung L. von *Friedeburg* u. a., Freie Universität Berlin und politisches Potential der Studenten, Neuwied 1968.

[4] Ein Beispiel hierfür die Publikation einer *Emnid*-Untersuchung von *Fröhner* und *Flockenhaus* »Wie stark sind die Halbstarken?«, Bielefeld 1957.

[5] Für Frankreich z. B. »Bericht über die französische Jugend«, München 1968. In der BRD veröffentlicht die Bundesregierung in regelmäßigen Abständen ihren Bundesjugendbericht.

[6] Siehe hierzu die in der Zeitschrift *deutsche Jugend* (1973, Heft 4) veröffentlichte Diskussion der Mannheimer Tagung der Deutschen Gesellschaft für Soziologie 1972.

[7] Angesichts des akuten Erklärungsdrucks wurden derartige Erklärungen freigebig angeboten, ohne auch nur entsprechende empirische Untersuchungen abzuwarten. Vgl. Kapitel 6.2 in diesem Buch sowie K. R. *Allerbeck* (1973).

[8] Vgl. neben der von uns 1971 herausgegebenen Sammlung »Aufstand der Jugend? Neue Perspektiven der Jugendsoziologie.« die Aufsatzsammlungen, welche von *Wehling* (1972), *Reimann* und *Reimann* (1975) und *Silverstein* (1973) herausgegeben wurden.

[9] Der geschilderte und kritisierte Ansatz der Arbeit von M. *Riley* et al. (1972) läßt sich deutlich auf die über R. *Linton* zu Talcott *Parsons* entwickelte Spielart des Funktionalismus zurückführen. Da *Riley* selber die *Parsons*'sche Aussage zitiert, wonach Alter wie Geschlecht »strukturelle Kontinuität« erzeugen, »wodurch anderweitig differenzierte Strukturen miteinander verbunden werden« (T. *Parsons* 1949, S. 218), läßt sich der Zusammenhang leicht zeigen.

Anmerkungen zu Kapitel 2

[1] Übersetzung nach A. *Flitner*, Soziologische Jugendforschung, Heidelberg 1963.

[2] In diesem Sinne z. B. F. *Tenbruck*, Jugend und Gesellschaft, Freiburg 1962.

[3] Von *Liebel* (1974: 50) ist der hier vorgeschlagene soziologische Jugendbegriff »mystifizierender Auswirkungen« bezichtigt worden, weil er dazu dient, die soziale Kategorie Jugend zu homogenisieren, und damit den Klassencharakter der kapitalistischen Gesellschaft verschleiere. Unserer Ansicht nach ist diese Kritik weder in ihrem Inhalt noch in ihren Voraussetzungen haltbar. Unsere Ausführungen über benachteiligte und bevorzugte Adoleszenz, die sich auf eine mindestens bis an *Lazarsfeld* (1930) zurückgehende Tradition sozialwissenschaftlicher Jugendforschung stützen, beweisen, daß eine soziologische Begriffsbildung hier nicht bedeutet, die Lebensschicksale von Arbeiterkindern etwa per definitionem zu ignorieren. Im Gegenteil erlaubt sie es erst, der Überlagerung von sozialer

Schichtung und Lebensalter gerecht zu werden, und schafft damit eine Voraussetzung für eine eben alles andere als mystifizierende Jugendsoziologie. Die (typische) Voraussetzung der Kritik *Liebels* ist der Verzicht auf *jedwede* Definition von Jugend und damit ein Operieren auf der Grundlage eines vorwissenschaftlichen Konzepts von Jugend, das in unscharfer Weise am Lebensalter festgemacht und so verdinglicht wird.

[4] Die von der deutschen amtlichen Statistik gelieferten Maßzahlen für die Entwicklung des Heiratsalters sind arithmetische Mittel (»durchschnittliches Heiratsalter«) der Altersangaben für Erstehen. Diese sind in Tabelle 1 wiedergegeben. Im Text verwenden wir dagegen den Median (Zentralwert) des Alters aller Eheschließenden, den wir aus den Häufigkeitszählungen der Statistischen Jahrbücher errechneten (»mittleres Heiratsalter«). Das »mittlere Heiratsalter« besagt, daß jeweils 50 % der Eheschließenden zum Zeitpunkt der Trauung jünger als der angegebene Wert waren.

[5] »Erst- und Zweitehen und Kinderzahl von Frauen«, in Wirtschaft und Statistik, Heft 1, 1975, S. 23–30. Dort auch eine beachtliche Kohortenanalyse der Geburtenhäufigkeit, welche die Oberflächlichkeit und Unrichtigkeit der Behauptung vom »Pillenknick« in der Geburtenentwicklung zeigt.

[6] US-Daten nach *Ryder* (1974). Zu beachten ist, daß der Median (Zentralwert) der Heiratsalter im allgemeinen *niedriger* ist als das durchschnittliche Heiratsalter (arithmetisches Mittel), da er für die nur einseitig möglichen Extremwerte weniger anfällig ist. In jedem Fall ist für diese Betrachtung nur die Entwicklung des Mittels für *Erstehen* von Interesse; wenn nur die Angaben über das mittlere Alter *aller* Heiratenden vorliegen, ergeben sich notwendig höhere Werte als für die Erstehen allein.

Anmerkungen zu Kapitel 3

[1] Vgl. die zusammenfassenden Darstellungen von Problemen der Auswahl von Befragten bei E. K. *Scheuch*, Auswahlverfahren, in R. *König* (Hrsg.), Handbuch der empirischen Sozialforschung, Bd. 3, Stuttgart 1973, und in J. van *Koolwijk* und M. *Wieken-Mayser* (Hrsg.), Techniken der empirischen Sozialforschung, München 1975.

[2] Aus Untersuchungen über die Freizeitgewohnheiten Jugendlicher (vgl. z. B. *Rosenmayr* 1963) ist bekannt, wie häufig das Ausgehen von Jugendlichen gerade zu den Tageszeiten ist, zu denen nebenberufliche Interviewer gewöhnlich tätig werden, nämlich am Spätnachmittag und Abend; bei der überwiegenden Anzahl müssen mehrfache Kontaktversuche stattfinden, um die Befragung durchzuführen. Bei manchen Forschungsinstituten ist es üblich, im Fall des Scheiterns der Kontaktversuche mit einer Person, die Teil der Stichprobe ist, dem Interviewer eine »Ersatzadresse« zuzuweisen; dies Verfahren ist bei Jugenduntersuchungen besonders problematisch, weil das Nicht-Antreffen von Jugendlichen zu bestimmten Tageszeiten vermutlich in systematischer Beziehung zu anderen Merkmalen und Tätigkeiten steht, die Gegenstand der Untersuchung sind.

[3] Diese Erklärung wurde von M. *Trow* vorgeschlagen. Vgl. sein Beitrag zu Ch. *Glock* (Hrsg.). Survey Research, New York 1967.

[4] »Untersuchen wir nun noch eine spezielle Form der Elternkontrolle, die Überantwortung von Haustor- und Wohnungsschlüssel an den Jugendlichen. Vom Schlüsselbesitz ist mehr oder weniger die Wahl der Stunde abhängig, zu der der Jugendliche abends heimzukehren sich erlauben darf. Selbst wenn die Familie tolerant ist, setzt sich der abends später Heimkehrende, wenn er nicht über Schlüssel verfügt, unter Umständen dem Ärger derer aus, die bereits

ruhen und gestört werden müssen, um ihm aufzusperren. Auf jeden Fall wird so bekannt, *wann* er nach Hause gekommen ist. Ohne Schlüssel ist der junge Mensch viel stärker kontrolliert, als wenn er Schlüssel besitzt. Natürlich bedeutet Schlüsselbesitz nicht überall genau das gleiche. Wir können nicht die Möglichkeit ausschließen, daß in manchen ländlichen Gegenden entweder gar kein Haustorschlüssel existiert oder aber das Haustor abends nicht versperrt wird.«

[5] Für eine Beschreibung dieser Studie siehe *Allerbeck, Kaase* und *Klingemann* (1976).

[6] Eine zusammenfassende Darstellung der methodischen Innovationen dieser Forschungsgruppe gibt *Rosenmayr* (1962). In der neuen Diskussion sind zu beachten E. *Webb* et al., Unobtrusive Measures, Chicago 1966; eine Einführung geben W. *Bungard* und H. E. *Lück*, Forschungsartefakte und nichtreaktive Meßverfahren, Stuttgart 1974.

[7] Diese Problematik wird ausführlich diskutiert in M. *Riley* u. a., Aging and Society, Bd. 3, New York 1972.

[7a] Eine löbliche Ausnahme ist die vom EMNID-Institut 1975 durchgeführte Jugenduntersuchung, welche bewußt an frühere Jugenduntersuchungen desselben Instituts anknüpfte. Bei Drucklegung dieses Buchs lagen allerdings eingehende Vergleiche der Ergebnisse mit denen der früheren Studien noch nicht veröffentlicht vor. Das Potential des Zeitvergleichs zeigt der von V. *Graf Blücher* verfaßte Kommentarband.

[8] Ein Verfahren, welches die erforderlichen Annahmen reduziert, und so die Parameterschätzung ermöglicht, wurde jüngst von H. *Winsborough* u. a. vorgeschlagen.

[9] Eine zusammenfassende Darstellung dieser und anderer Formen der *Mehrebenenanalyse* gibt H. J. *Hummell* (Stuttgart 1972); dort auch weitere Literatur zu diesem wichtigen Thema der Forschungsmethologie.

Anmerkungen zu Kapitel 4

[1] So die Metapher des Frankfurter Instituts für Sozialforschung (siehe z. B. »Soziologische Exkurse«, Frankfurt 1955), welche freilich nicht übersehen lassen darf, daß die Funktionsweise dieser Agentur innerhalb der verschiedenen Schichten und Milieus einer Gesellschaft recht unterschiedlich ist.

[1a] Vgl. hierzu L. *Rosenmayr*, Vier Aspekte des Generationenverhältnisses in der Gegenwartsfamilie, in: Familie im Wandel, Hrsg. R. *Weiler* und V. *Zsifkovits*, Wien–Freiburg 1975.

[2] Romanliteratur und psychologische Literatur sind dabei nicht immer voneinander unabhängige Quellen, insbesondere, wenn Romanschicksale als »Datenmaterial« benutzt werden, wie noch zu zeigen ist. Es versteht sich, daß eine ganz konfliktlose Jugendphase, wie häufig auch immer sie in einer Gesellschaft sein mag, keinen Stoff für einen erfolgreichen Entwicklungsroman abgeben kann.

[3] Unter Verwendung eines semantischen Differentials kommt J. *Friedrichs* in einer Hamburger Untersuchung zu ähnlichen Ergebnissen; vgl. J. *Friedrichs*, Vater- und Mutterbild, in: E. *Pfeil*, Die 23jährigen, Tübingen 1968. Eine amerikanische Längsschnittstudie mit ähnlichen Resultaten wird berichtet in D. *Offer*, The Psychological World of the Teen-Ager, New York 1969. Eine großangelegte amerikanische Untersuchung stärkt diese Schlußfolgerungen; siehe Institute for Social Research, University of Michigan, National Survey of Youth: A Report to Participants, Ann Arbor 1967.

[4] *Sprangers* Erfahrungsgrundlage für derartige Aussagen waren keineswegs repräsentative Stichproben oder dergleichen; er stützte sich auf Romane. Der

Erfolg dieses in seiner Weise großartigen Buchs dürfte dementsprechend zum Teil darin begründet sein, daß seine Aussagen mit den Erwartungen der Leser der Romanliteratur durchaus übereinstimmten.

[5] Die folgenden Ergebnisse beziehen sich auf eine von uns durchgeführte Sekundäranalyse der Daten von *Almond* und *Verba*, welche durch das Inter-University Consortium for Political Research zugänglich gemacht wurden. Diese Untersuchung ist für die erwachsene Bevölkerung der BRD zum Erhebungszeitpunkt repräsentativ. Die folgenden Aussagen sind deswegen, streng genommen, nur für diese Grundgesamtheit von Individien gültig. Wegen der Unmöglichkeit, eine Stichprobe von Familien zu früheren Zeitpunkten zu befragen, verwenden wir diese Personen-Stichprobe als Ersatz, wobei wir uns der Problematik (z. B. sind Familien ausgeschlossen, die keine bis 1959 überlebenden Kinder hatten, kinderreiche Familien sind überrepräsentiert usw.) bewußt sind. Der im Ergebnis erkennbare Trend wird jedoch durch denkbare Korrekturen nicht wesentlich beeinträchtigt.

[6] Daten dieser Zeile aus *Kaase* (1971 b), gewonnen aus einer 1968 durchgeführten Untersuchung, welche für die westdeutsche Jugend repräsentativ ist.

[7] Kapitel 2 von »Class and Politics in Germany« (noch unveröffentlichtes Manuskript).

[8] Siehe hierzu Kapitel 3, insbesondere zu Auswahlverfahren. Ein Beispiel für angemessene Analyse von Tagebüchern von Jugendlichen ist demgegenüber die erwähnte Darstellung von *Bühler*.

[9] Siehe Talcott *Parsons* und Robert F. *Bales* »Family, Socialization and the Interaction Process«, Glencoe 1955. *Bales* selbst hat diese Konzeptualisierung der Rollendifferenzierung der Eltern inzwischen aufgegeben. Siehe sein beim Jahreskongreß der American Sociological Association 1974 vorgetragenes Referat »The Conceptualization of Family Interaction«. Schon eine genauere Lektüre des Kapitels von Morris *Zelditch* in *Parsons* und *Bales* (1955) zeigt, daß die Gültigkeit der behaupteten Rollendifferenzierung eine ungewöhnliche Definition von »instrumentell« und »expressiv« voraussetzt.

[10] Vgl. *Hamilton's* zitierte Analyse der Jugendstudie von L. v. *Friedeburg*.

[11] Einen kritischen Überblick über die vorliegenden Forschungsergebnisse auf dem Gebiet schichtspezifischer Sozialisation gibt H. S. *Erlanger*, Social Class and Corporal Punishment in Childrearing, in American Sociological Review, 39, 1974: 68–85.

[12] Das Material aus systematischen Forschungsarbeiten auf diesem Gebiet ist außerordentlich umfangreich. An neueren Darstellungen und Untersuchungen sind hier vor allem die Arbeiten von Melvin *Kohn* zu nennen. Nennenswerte nationale Unterschiede hinsichtlich dieser Schichtdifferenzen wurden unseres Wissens bisher nicht gefunden.

[13] Siehe Anmerkung 5 zu Kapitel 3.

[14] Auf vergleichbare Konstruktionen von Gegensatzpaaren etwa bei Max *Scheler* oder Martin *Heidegger* weist *Rosenmayr* (1976 b) hin.

[15] Dieser Prozeß wird von den meisten klassischen Soziologen analytisch ähnlich beschrieben. *Tönnies* selbst betont den Einfluß von *Marx* auf seine Darstellung der modernen Gesellschaft. Allerdings wird *Tönnies*' Bewertung nicht durchweg geteilt; so sieht E. *Durkheim* in der modernen Gesellschaft eine höhere Entwicklungsstufe, d. h. er beschreibt den Prozeß der sozialen Entwicklung als positiv, der *Tönnies* als Verfall erscheint. M. *Weber* zog es vor, von »Vergemeinschaftung« und »Vergesellschaftung« als Tendenzen zu sprechen, statt diese Begriffe zu reifizieren. Vgl. hierzu E. *Durkheim* »De la division du travail social« und *Weber* »Wirtschaft und Gesellschaft«.

[16] Die »Enge der Lebensverhältnisse« und die »Gleichförmigkeit... (der) Umwelt« existierten so uneingeschränkt sicher nicht; diese Formeln stellen eine ungeheure *Vereinfachung historischer Verhältnisse* dar, welche Soziologen durch kleinliche Begriffsbildung vorzunehmen geneigt sind. Gruppen wie Landsknechte, Studenten und Handwerksburschen waren nicht nur auf der Wanderschaft, sondern spielten auch die Rolle abweichender Gruppen, welche die Gleichförmigkeit der Lebensverhältnisse auch für andere durchaus unterbrachen. Man denke nur an die Ausschreitungen der Landksnechte, studentischen »Ulk« und das »Über die Schnüre schlagen« der Handwerksburschen.

[17] Übersetzung z. T. übernommen aus *Friedeburg* (1965).

[18] Für eine Darstellung der Kontroverse siehe *Rosenmayr* (1966: XXXVIII ff.).

[19] F. *Elkin* und W. A. *Westley*, The Myth of Adolescent Culture, in: American Sociological Review, Bd. 20 (1955), S. 680-684. Eine deutsche Übersetzung findet sich in *Friedeburg* (1965).

[20] Eine Darstellung des Hintergrunds der Studie gibt *Coleman* in seinem Beitrag in der von Philip *Hammond* herausgegebenen lesenswerten Sammlung »Sociologists at Work«, New York 1967.

[21] Die Mängel dieses Berufsausbildungssystems wurden in der öffentlichen Diskussion in Deutschland in den letzten Jahren viel beachtet. Vgl. die Darstellung von Dietrich *Winterhager*, Lehrlinge - Die vergessene Majorität, Weinheim 1972.

[22] Sowohl bei großstädtischen als auch bei ländlichen Untersuchungen von Jugendlichen ergibt sich, daß die Freunde der Jugendlichen zumeist in unmittelbarer Nachbarschaft und selten mehr als auch nur 1 km entfernt wohnen.

Anmerkungen zu Kapitel 5

[1] So noch kürzlich in Tennessee.

[2] OECD, The Educational Situation in OECD Countries. Paris 1974. Die Tabelle faßt die dort auf den Seiten 27 und 34 (Tables 3 und 5) zusammengestellten Daten zusammen.

[3] »Youth - Transition to Adulthood«. Chicago 1974. Die folgenden Bemerkungen zu Konsequenzen und Aspekten der Alterssegregation entsprechen z. T. den Überlegungen des *Coleman*-Berichts.

[4] Es versteht sich, daß ein solcher »Schonraum« nur vor den spezifischen Zwängen der Arbeitswelt schont und durchaus Ort anderer Zwänge sein kann, für die etwa die Verschärfung des Leistungsdrucks durch Institutionen wie Numerus Clausus nur ein Beispiel ist.

[5] Zur Identitätsentwicklung im Jugendalter vgl. insbesondere die Arbeiten von E. *Erikson*; die Bedeutung der Identitätsentwicklung für das Verständnis von Abweichung betont sein Aufsatz »Der Dissens der zeitgenössischen Jugend« in *Allerbeck* und *Rosenmayr* (1971), S. 202-228. Siehe hierzu neuerdings auch R. *Döbert* und G. *Nunner-Winkler*, Adoleszenzkrise und Identitätsbildung, Frankfurt 1975.

[6] Ansätze zur Überwindung dieses Mangels der Entwicklungspsychologie finden sich in leider unveröffentlicht gebliebenen Arbeiten von Ernst August *Dölle*, die insbesondere von Ch. *Bühler* angeregt wurden; vgl. hierzu den Beitrag von A. *Stapf* in der *Dölle*-Festschrift (Th. *Hermann*, Hrsg. Dichotomie und Duplizität, Bern 1974).

[7] Diese Angaben sind der Analyse von Hartmut *Kaelble* (Chancenungleichheit und akademische Ausbildung in Deutschland 1910-1960, in Geschichte und Gesellschaft I, 1975, S. 121-149) entnommen.

[8] Gerda *Kasakos*, Zeitsperspektive, Planungsverhalten und Sozialisation. München 1971.

[9] Die These von der Dominanz erblicher Faktoren für Intelligenz ist durch Schriften von amerikanischen und englischen Psychologen wie *Jensen*, *Herrnstein* und *Eysenck* wieder zu einem Diskussionsthema geworden; diese Diskussion ist durch Vorherrschen politischer und ideologischer Momente bei Anhängern und Gegnern der These gekennzeichnet. Die genannten Psychologen haben selbst durchweg keine *eigenen* Untersuchungen über Erblichkeit von Intelligenz unternommen, sondern stützen sich auf unkritisch präsentierte und z. T. falsch interpretierte Untersuchungsergebnisse früherer Forscher. Die schwerwiegenden methodischen Mängel dieses angeblichen Beweismaterials wurden jüngst von *Leon Kamin* ausführlich dargestellt. Die logischen und statistischen Fehler des in der Psychologie hier vorherrschenden Ansatzes werden von D. *Layzer* (»Heritability analyses of IQ scores: Science or numerology?«, in SCIENCE, 1974, 183, 1259 bis 1266) im einzelnen nachgewiesen. Eine zusammenfassende Darstellung der Kontroverse und eine Einführung in die Literatur geben *Loehlin*, J. C., G. *Lindzey* und J. N. *Spuhler*, Race Differences in Intelligence, San Francisco: W. H. Freedman 1975).

[10] H. *Heckhausen*, Leistungsmotivation, in Handbuch der Psychologie Bd. 2, Göttingen 1965; dort auch weiterführende Literatur.

[11] Die Untersuchungen von Basil *Bernstein* sind in seiner dreibändigen, jüngst erschienenen Aufsatzsammlung »Class, Codes and Control« (London 1975) zusammengestellt. Siehe auch Ulrich *Oevermann*, Sprache und soziale Herkunft, Frankfurt 1972. Aus linguistischer Perspektive kritisch auch Gisela *Klann*, Aspekte und Probleme der linguistischen Analyse schichtenspezifischen Sprachgebrauchs, Berlin 1975 (Studien und Berichte des Max-Planck-Instituts für Bildungsforschung 31).

[12] Vgl. hierzu insbesondere die Zeitschrift »Schule und Psychologie«, in der eine Reihe regionaler Untersuchungen erschienen sind.

[13] Anschließend an W. I. *Thomas'* Konzept der »Definition der Situation« beschrieb Robert K. *Merton* in einem klassischen Aufsatz den Mechanismus der »self-fulfilling prophecy«.

[14] Robert *Rosenthal* und L. *Jacobsen*, Pygmalion in the Classroom (deutsche Übersetzung Pygmalion im Unterricht, Weinheim 1973); diese Studie ist allerdings nicht unumstritten.

[15] Die zunehmende Bedeutung der Schule für soziale Mobilität wurde von H. *Daheim* mit deutschen und jüngst von J. *Ridge* in seiner Re-Analyse der von *Glass* erhobenen britischen Daten überzeugend nachgewiesen.

[16] Ein Beispiel für den Zusammenhang von Ausbildung und Einkommen stellt F. *Fürstenberg*, Die Sozialstruktur der Bundesrepublik Deutschland Opladen[2] 1972, S. 121 (Tabelle 6) dar.

[17] Ein Beispiel ist Walter *Jaide*, Die Berufswahl, München 1961. Vgl. zur Problematik neuerdings E. *Lange* und G. *Büschges*, Aspekte der Berufswahl in der modernen Gesellschaft, Frankfurt 1975.

[18] Diese Untersuchung *Lazarsfeld*'s über »Jugend und Beruf« ist trotz ihres Erscheinungsjahres (1931) noch heute lesenswert; in ihrem methodischen Bewußtsein und in ihrer einfallsreichen und kritischen Verwendung des Datenmaterials ist sie vielen modernen Untersuchungen überlegen.

[19] Siehe z. B. U. *Schwarz* und F. *Stooß*, Zur regionalen Ungleichheit der beruflichen Bildungschancen und Vorschläge zum Abbau des Gefälles, in Mitteilungen aus der Arbeitsmarkt- und Berufsforschung, Heft 2, 1973, S. 121–176.

[20] Vgl. das Datenmaterial bei *Schwarz* und *Stooß* (Anm. 19).

[21] Die Arbeit von *Schefold* (1972) enthält eine sorgfältige Diskussion und Bewertung der Mitgliedszahlen von Jugendverbänden. Viggo Graf *Blücher* untersucht vergleichend Angaben der Meinungsforschung und eigene Angaben der Verbände (1967).

[22] Vgl. hierzu *Allerbeck, Kaase* und *Klingemann* (1976).

[23] Eine ausgezeichnete, materialreiche Geschichte der Students for a Democtatic Society gibt Kirkpatrick *Sale*, SDS, New York 1974.

[24] Ein ausführlicher Hinweis auf *Aristoteles'* Sicht der verschiedenen Altersgruppen ist in Kapitel 7 in diesem Band enthalten.

[25] Dieses *Goethe*-Zitat wird berichtet von Helmut *Schelsky* (in: Kölner Zeitschrift für Soziologie und Sozialpsychologie, Jg. 17, 1965, S. 404).

[26] Walter *Jens*, Das Bild des Jugendlichen in der modernen Literatur (in: Die Jugend in den geistigen Auseinandersetzungen unserer Zeit, Göttingen 1962, S. 103–118), stellt die Entwicklung des literarischen Jugendbilds in der Neuzeit ausgezeichnet dar.

[27] Zitiert in »Die skeptische Generation« (1957).

[28] Pretests 1 und 2 des in *Allerbeck* et al. (1976) beschriebenen Forschungsprojekts. Die Durchführung der Feldarbeit bei disproportional geschichteten Stichproben im Umfang von jeweils rund 100 Befragten lag in den Händen von Infratest, München.

[29] Einzelheiten der Analyse und des Materials wurden ausführlicher dargestellt in K. *Allerbeck*, Opposition as Conformity. Referat beim Weltkongress für Politische Wissenschaft, Montreal 1973.

[30] Siehe zu einer Darstellung und Kritik von *Ingleharts* Ansatz auch Max *Kaase*, Jugend und Politik, in *Reimann*, H. und H. *Reimann*, Die Jugend, München 1975.

Anmerkungen zu Kapitel 6

[1] »*m*oglie, *m*oneta, *m*achina«. Vgl. Gianni *Statera*, Die Utopie der italienischen Studentenbewegung, in Kölner Zeitschrift für Soziologie und Sozialpsychologie, Jg. 23, 1971, Heft 3.

[2] Siehe hierzu die in *Friedeburg* (1965) enthaltenen empirischen Untersuchungen aus der BRD und Polen und die ebenfalls enthaltenen eher impressionistischen Untersuchungen aus USA und UdSSR.

[3] Diese und die folgenden Resultate sind der Untersuchung von *Allerbeck, Kaase* und *Klingemann* (1976) entnommen.

[4] Die – insbesondere amerikanische – Literatur zur politischen Sozialisation ist inzwischen außerordentlich umfangreich. Siehe Jack *Dennis*, Political Socialization Research: A Bibliography, Beverly Hills (Sage) 1974.
Eine der methodisch überzeugendsten Untersuchungen, die Hauptthemen der politischen Sozialisationsforschung enthält, ist *Jennings* und *Niemi* (1974).

[5] Die sozialwissenschaftliche Literatur über die Studentenbewegungen und Studentenunruhen ist überaus umfangreich; neben einer Fülle spekulativer Überlegungen steht eine große Anzahl von empirischen Untersuchungen an jeweils einer Universität. Übersichten über die Diskussion finden sich bei *Lipset* (1972) und *Allerbeck* (1973); umfassende Bibliographien wurden von *Keniston* u. a. (1973) und *Altbach* (1972) vorgelegt.

[6] Diese Erklärungen von *Habermas* beruhen nicht auf eigenen systematischen Untersuchungen, sondern stellen eine Interpretation von Primärerfahrungen und Sekundärliteratur dar.

[7] Die Fehlinterpretation der *Flacks'*schen Daten zeigt sich bereits bei genauerer Betrachtung der veröffentlichten Daten (*Allerbeck* 1973). Robert *Lichter* hat jüngst

durch Berechnung von Assoziationsmaßen für die veröffentlichten Daten die Unhaltbarkeit der verbreiteten Folgerungen überzeugend nachgewiesen (Ph. D. Dissertation, Harvard University 1975).

[8] Allerdings ist nicht zu übersehen, daß sich als Folge die Parteiensysteme in gewissem Umfang änderten und so der Verlagerung der Konflikte entsprachen. Die Umorientierung von Jungsozialisten und Teilen der SPD und die Nominierung von George McGovern durch die Demokraten im Jahre 1972 illustrierten dies ebenso wie die stärkere Rechtsorientierung traditionell konservativer Parteien wie CDU/CSU und Republikaner.

[9] Zur Diskussion des Konzepts der »totalen Rolle« vgl. Erving *Goffman*, Asylums, Indianapolis 1963.

Anmerkung zu Kapitel 7

[1] Die Entwicklung des Jugendbegriffs seit dem 18. Jahrhundert und des Jugendlichen-Konzepts im 19. Jahrhundert wird hier nicht dargestellt; hier geht es uns vor allem um die Gegenüberstellung bestimmter historischer Perioden. Für eine kontinuierliche Darstellung siehe *Rosenmayr* (1976 b).

Anmerkung zu Kapitel 8

[1] Die Aufhebung der bisherigen US-Mindestlohngesetzgebung für Jugendliche wird von einem Teil der Coleman-Kommission vorgeschlagen, um Anreize für die Schaffung von Arbeitsplätzen für Jugendliche zu schaffen (*Coleman* 1974).

[2] Der säkulare Trend der Zunahme der Frauenerwerbstätigkeit wird bei Kohortenanalysen der Erwerbsquote deutlich. Ein Kohortenvergleich zeigt deutliche Generationsunterschiede, deren Extrapolation eine weitere Zunahme der Erwerbstätigkeit von Frauen erwarten läßt (siehe K. *Allerbeck*, Demokratisierung und sozialer Wandel in der BRD, Düsseldorf 1976).

[3] *Ryders* Analyse (in *Coleman* 1974) zeigt, daß in den USA die geburtenstarken Jahrgänge vom expandierenden Bildungswesen stärker absorbiert wurden; die Expansion des Bildungswesens zur Zeit der Zunahme der Kohorten im College-Alter reduzierte bzw. verhinderte so eine Belastung des Arbeitsmarkts durch das relativ plötzliche Hinzutreten zusätzlicher junger Arbeitsuchender.

Bibliographie

Die folgende kurze Bibliographie enthält Literatur nur insoweit, als im Text dieses Buches *direkt* darauf Bezug genommen wird. Sie kann deswegen nur eine Auswahl aus der umfangreichen Literatur sein. Für ausführlichere Bibliographien zur Jugendsoziologie sei auf den von den Verfassern erstellten Trend Report »Sociology of Youth« (in »Current Sociology«, 1976, im Erscheinen) und auf den Beitrag von L. Rosenmayr, Schwerpunkte der Jugendsoziologie (im von René König herausgegebenen Handbuch der empirischen Sozialforschung, Band 6, Stuttgart 1976) verwiesen.

Allen, Sheila, Soziale Klasse und Generationsbildung, in K. Allerbeck und L. Rosenmayr (1971)

Allerbeck, Klaus R., und Leopold Rosenmayr (Hrsg.), Aufstand der Jugend? Neue Aspekte der Jugendsoziologie, München 1971

Allerbeck, Klaus R., Soziologie radikaler Studentenbewegungen. Eine vergleichende Untersuchung in der BRD und den USA. München 1973 a.

Allerbeck, Klaus R., Opposition as Conformity, Referat beim Weltkongreß der International Political Science Association. Montreal 1973 b.

Allerbeck, Klaus R., Max Kaase und Hans-Dieter Klingemann, Wertorientungen, politisches Verhalten und Generationen, München 1976 (im Erscheinen)

Almond, Gabriel, und Sidney Verba, The Civic Culture, Princeton 1965

Altbach, P., und D. H. Kelley, American Students: A Selected Bibliography of Student Activism and Related Topics, Lexington, Mass. 1973

Ariès, Philippe, L'enfant et la vie familiale dans l'ancien régime, Paris 1960

Baumert, Gerhart, Einige Beobachtungen zur Wandlung der familialen Stellung des Kindes in Deutschland, in Nels Anderson (Hrsg.), Untersuchungen über die Familie, Göttingen 1957

Bednarik, Karl, Der junge Arbeiter von heute – ein neuer Typ. Stuttgart 1953

Bernfeld, Siegfried, Über eine typische Form der männlichen Pubertät, in Imago Bd. 9 (1923)

Bernfeld, Siegfried, Vom Begriff der Jugend, Wien, Diss. 1914/15

Blos, Peter, On Adolescence, New York 1962

Blücher, Viggo Graf, Die Generation der Unbefangenen, Düsseldorf 1966

Boll, Franz, Die Lebensalter. Ein Beitrag zur antiken Ethologie und zur Geschichte der Zahlen, in Johannes Illberg (Hrsg.), Neue Jahrbücher für das klassische Altertum, 16. Jg. 1. Abt. Heft 2 (1913)

Borst, Arno, Lebensformen im Mittelalter, Frankfurt 1973

Bronfenbrenner, Urie, Two Worlds of Childhood, New York 1971 (deutsche Ausgabe Stuttgart 1972)

Bronson, W. C., Central Orientations: A Study of Behavior Organization from Childhood to Adolescene, Child Development, 37 (1966), 125–155

Bühler, Charlotte, Das Seelenleben des Jugendlichen, Versuch einer Analyse und Theorie der psychischen Pubertät, Jena 1922

Bühler, Charlotte, Drei Generationen im Jugendtagebuch, Quellen und Studien zur Jugendkunde, Jena 1930

Bühler, Charlotte, Zwei Mädchentagebücher, Jena 1927

Coleman, James, The Adolescent Society, New York 1961
Coleman, James, u. a., Equality of Educational Opportunity, Washington 1966
Coleman, James, u. a., Youth–Transition to Adulthood, Chicago 1974
Connell, R. W., Political Socialization in the American Family: The Evidence Re-Examined, Public Opinion Quarterly, 36, 1972, 323–33
Converse, Philip, und Roy Pierce, Die Mai-Unruhen in Frankreich – Ausmaß und Konsequenzen, in Allerbeck, K., und L. Rosenmayr (1971)

Dilthey, Wilhelm, Über das Studium der Geschichte der Wissenschaften vom Menschen, der Gesellschaft und dem Staat (1875), in W. Dilthey, Gesammelte Schriften, Bd. V, Stuttgart 1961³

Eckert, Roland, Idealistische Abweichung – Die Soziologie vor dem Problem politischer Jugendbewegungen, in H. G. Wehling (1973)
Eisenstadt, Shmuel N., From Generation to Generation, Glencoe 1956; deutsch: Von Generation zu Generation, München 1966
Elder, Glen H., Children of the Great Depression, Chicago 1974
Elder, Glen H., The social context of youth groups, in: International Social Science Journal, XXIV (2) 1972, 271–289

Falletti-Villafalletto, G. C. Pola, La Gioventu attraverso i secoli, Mailand 1953
Feilzer, Heinrich, Jugend in der mittelalterlichen Ständegesellschaft, Ein Beitrag zum Problem der Generationen. Diss. Wien 1971
Friedeburg, Ludwig von, Zum Verhältnis von Jugend und Gesellschaft, in: Zeugnisse, Festschrift für Theodor W. Adorno, Frankfurt 1963
Friedeburg, Ludwig von (Hrsg.), Jugend in der modernen Gesellschaft, Köln 1965
Friedeburg, Ludwig von, u. a., Freie Universität und politisches Potential der Studenten, Neuwied 1968
Flacks, Richard, The Liberated Generation: Explorations of the Roots of Student Protest, Journal of Social Issues, Bd. 23 (1967)
Foner, Anne, Age Stratification and Age Conflict in Political Life, American Sociological Review, Bd. 39 (1974)

Gaudart, Dorothea, und Wolfgang Schulz, Mädchenbildung – wozu? Einstellung von Müttern und ihren Töchtern in Ausbildung, Haushalt und Beruf, Wien 1971
Gillis, John R., Youth and History, Tradition and Change in European Age Relations 1770–Present, New York 1974
Goldsen, Rose, u. a., What College Students Think, New York 1960
Gottlieb, David, und Charles E. Ramsey, The American Adolescent, Homewood, Ill. 1964
Gottlieb, David, und John Reeves, Adolescent Behavior in Urban Areas, New York 1963
Gresser-Spitzmüller, Ruth, Lehrerurteil und Bildungschancen, Weinheim und Basel 1973

Hagen, Wilhelm, und Hans Thomae, 10 Jahre Nachkriegskinder, München 1962
Hartup, Willard W., Adolescent Peer Relations, A Look to the Future, Jeugdprofiel 2000, International Colloquium Amsterdam 1975
Heyns, Barbara, Social Selection and Stratification within Schools, in American Journal of Sociology, Bd. 79 (1974), S. 1434–1451

Hill, John P., Adolescence, in D. Allen & E. Seifman, Teachers Handbook, Chicago 1970
Hollingshead, August B., Elmtown's Youth, New York 1949
Hornstein, Walter, Jugend in ihrer Zeit, Hamburg 1966

IMAS (Institut für Markt- und Sozialanalysen), Die jungen Österreicher. Ergebnisse einer repräsentativen Jugendumfrage, Linz 1973
Inglehart, Ronald, The Silent Revolution in Europe, in American Political Science Review, LXV (1971), S. 991 ff.

Jaide, Walter, Jugend und Demokratie, München 1970
Jencks, Christopher, Inequality, New York 1973
Jennings, Kent, Youthful Orientations towards Political Change and Diversity in Germany, Mannheim 1973 (hektographiert)
Jennings, Kent, und Richard Niemi, The Political Character of Adolescents, Princeton 1974

Kaase, Max, Die politische Mobilisierung von Studenten in der BRD, in Allerbeck und Rosenmayr (1971)
Kaase, Max, Demokratische Einstellungen in der Bundesrepublik, Deutschland in R. Wildenmann u. a. (Hrsg.), Sozialwissenschaftliches Jahrbuch für Politik, München 1971
Kaase, Max, Jugend und Politik, in H. Reimann und H. Reimann (Hrsg.), Die Jugend, München 1975
Kandel, Denise, und Gerald Lesser, Youth in Two Worlds, San Francisco 1972
Keniston, Kenneth, Radicals and Militants: An Annotated Bibliography of empirical Research on Campus Unrest, Lexington 1973
Klingemann, Hans-Dieter, und Franz Urban Pappi, Politischer Radikalismus, München 1972
Kob, Janpeter, Elternhaus und Schule, Stuttgart 1963
Kreutz, Henrik, Empirische Jugendsoziologie beim Wort genommen, in: deutsche jugend, April 1973, S. 162–165
Kreutz, Henrik, Soziologie der Jugend, München 1974
Kon, Igor, Soziologie der Persönlichkeit, Köln 1971
Küppers, Waltraud, Mädchentagebücher der Nachkriegszeit, Stuttgart 1964

Lazarsfeld, Paul F., Jugend und Beruf, Jena 1931
Lazarsfeld, Paul F., und Käthe Leichter, Erhebungen bei Jugendlichen über Autorität und Familie, in Max Horkheimer (Hrsg.), Autorität und Familie, Paris 1936
Lessing, Hellmut, und Manfred Liebel, Jugend in der Klassengesellschaft, Marxistische Jugendforschung und antikapitalistische Jugendarbeit. München 1974
Lewin, Kurt, Some Social Psychological Differences between the United States and Germany, in Character and Personality, 4, 1936, S. 265–293
Liebel, Manfred, Überlegungen zum Praxisverständnis antikapitalistischer Jugendarbeit, in H. Lessing und M. Liebel (1974)
Linton, Ralph, The Study of Man, New York 1936
Lipset, Seymour Martin, Rebellion in the University, Boston 1972
Lorenz, Konrad, Das sogenannte Böse, Wien 1964

Mannheim, Karl, Das Problem der Generationen, Kölner Vierteljahreshefte für Soziologie, VII (1928), 158–187 und 339 ff.

Marrou, Henri-Iréné, Geschichte der Erziehung im klassischen Altertum, Freiburg und München 1957
Mead, Margaret, Growing up in New Guinea, New York 1930
Mewes, Bernhard, Die erwerbstätige Jugend, Berlin 1929
Mitscherlich, Alexander, und Margarete Mitscherlich, Die Unfähigkeit zu trauern. München 1967
Muchow, Hans-Heinrich, Sexualreife und Sozialstruktur der Jugend, Reinbek 1959
Mühlmann, Wilhelm E., Kindheit und Jugend in traditionalen und progressiven Gesellschaften, in: Jugend in der Gesellschaft, München 1975
Musgrove, Frank, Youth and the Social Order, London 1964

Neidhardt, Friedhelm, Bezugspunkte einer soziologischen Theorie der Jugend, in Neidhardt u. a., Jugend im Spektrum der Wissenschaften, München 1970

Oswald, Hans, und Ingrid Völker, Gymnasiasten – Religiöse Partizipation und politische Orientierung unter dem Einfluß der Eltern, in Wehling (1973), S. 116–147

Parsons, Talcott, Age and Sex in the Social Structure of the United States, in American Sociological Review, Bd. VII, Oktober 1942 (abgedruckt in T. Parsons, Essays in Sociological Theory Pure and Applied, Glencoe 1949, S. 218–232)
Parsons, Talcott, The Social System, Glencoe, Ill. 1951
Parsons, Talcott, Youth in the Context of American Society, in E. Erikson (Hrsg.), The Challenge of Youth, Garden City 1965 (deutsche Fassung in Friedeburg [1965]).
Parsons, Talcott, und Robert F. Bales, Family, Socialization and the Interaction Process, Glencoe 1955
Philibert, Michel, L'échelle des ages, Paris 1968
Pipping, Knut, u. a., Gespräche mit der deutschen Jugend, Helsingfors 1954
Popitz, Heinrich, Die Ungleichheit der Chancen im Zugang zur höheren Schulbildung, in: Arbeid en Samenleving, Rotterdam 1964
Porter, John, u. a., Does Money Matter? Studies of Access to Higher Education in Ontario, Toronto 1973

Rassem, Mohammed, Einleitung in die vergleichende Morphologie der Hochschulen, in: Chr. Helfer und M. Rassem (Hrsg.), Student und Hochschulen im 19. Jahrhundert, Göttingen 1975
Reimann, Helga, und Horst Reimann (Hrsg.), Die Jugend, München 1975
Richter, Horst-Eberhard, Die Gruppe, Hamburg 1972
Riley, Matilda, u. a., Aging und Society Bd. 3, A Sociology of Age Stratification, New York 1972
Roff, M., Childhood Social Interaction and Young Adult Psychosis, Journal of Clinical Psychology 19, 1963, 152–157
Roff, M., S. B. Sells und M. M. Golden, Social Adjustment and Personality Development in Children, Minneapolis 1972
Rosenmayr, Leopold, Geschichte der Jugendforschung in Österreich 1914–1931, Wien 1962
Rosenmayr, Leopold, Familienbeziehungen und Freizeitgewohnheiten jugendlicher Arbeiter, Wien 1963
Rosenmayr, Leopold, Kulturelle Interessen von Jugendlichen (mit Eva Köckeis und Henrik Kreutz), München–Wien 1966

Rosenmayr, Leopold, Eltern und Gleichaltrige als Faktoren sozialen Einflusses bei jugendlichen und ›jungen Erwachsenen‹ (mit H. Kreutz), in G. Wurzbacher (Hrsg.), Die Familie als Sozialisationsfaktor, Stuttgart 1968

Rosenmayr, Leopold, Barrieren im beruflichen Aufstieg. Studien über die junge Arbeitnehmerin im Spannungsfeld von Beruf, Haushalt und Familie (mit Max Haller und Maximiliane Szinovácz), Wien 1973

Rosenmayr, Leopold, New Theoretical Approaches to the Sociological Study of Young People, International Social Science Journal, 24/2 (1972), 216–256

Rosenmayr, Leopold, Jugendbewegung und Jugendforschung, in Walter Rüegg (Hrsg.), Jugendbewegung und Jugendforschung, Frankfurt/Main 1974

Rosenmayr, Leopold, und Henrik Kreutz, Rollenerwartungen der weiblichen Jugend, Wien 1973

Rosenmayr, Leopold, Jugend, in R. König (Hrsg.), Handbuch der empirischen Sozialforschung, Bd. 6, Stuttgart 1976

Ryder, Norman B., The Demography of Youth, in J. Coleman (1974)

Schefold, Werner, Die Rolle der Jugendverbände in der Gesellschaft, München 1972

Schelsky, Helmut, Schule und Erziehung in der industriellen Gesellschaft, Würzburg 1957

Schelsky, Helmut, Die skeptische Generation, Düsseldorf 1963^2 (zuerst 1957)

Schlee, J. Sozialstatus und Sprachverständnis, Düsseldorf 1973

Schmidt-Wellenburg, Angelika, Gymnasiasten im Konfliktfeld Schule, München 1974

Schmuck, Richard, und Anita Lohman, Peer Relations and Personality, Social Science Research Council, Institute for Social Research, June 1965

Seidenspinner, G., Lehrlinge im Konfliktfeld Betrieb, München 1974

Siercks, Hans, Jugendpflege, Berlin und Leipzig 1913

Spranger, Eduard, Psychologie des Jugendalters, Heidelberg 1924

Spranger, Eduard, Kulturfragen der Gegenwart, Heidelberg 1953

Tanner, J. M., Wachstum und Reifung des Menschen, Stuttgart 1962

Tönnies, Ferdinand, Soziologische Studien und Kritiken. Erste Sammlung. Jena 1925

Wehling, H. G. (Hrsg.), Jugend zwischen Auflehnung und Anpassung, Stuttgart 1973

Weiss, R., Die Zuverlässigkeit der Ziffernbenotung bei Aufsätzen und Rechenarbeiten, in K. Ingenkamp (Hrsg.), Die Fragwürdigkeit der Zensurgebung, Weinheim 1971

Willmott, Peter, Adolescent Boys of East London, London 1966

Winch, Robert F., Identification and its Familiar Determinants, Indianapolis und New York 1962

Wurst, Franz, u. a., Entwicklung und Umwelt des Landkindes, Wien und München 1961

Yankelovich, Daniel, The New Morality. A Profile of American Youth in the 70's. New York 1974

Zagorski, Krzysztof, Changes of Social Structure and Social Mobility in Poland, in: Transformations of Social Structure in the USSR and Poland, Moskau–Warschau 1974

Personenregister

Sachregister